사회복지행정실무의 이해(2판)

강순화 이경진 안수경 공저

신정

머리말

Preface

『사회복지행정실무의 이해』 초판이 출간된 지 4년이 좀 넘었다. 그동안 4차 산업혁명이 가속화되었고, 범지구적 팬데믹(pandemic)이 지나고 엔데믹(Endemic) 시대로 접어들면서 사회복지를 둘러싼 대내외적 환경과 여건이 빠르게 변화하였고, 변화하는 환경에 맞춰 사회복지 현장에서의 행정실무의 내용과 정보도 많이 바뀌었다. 당연히 교육현장에서도 복지환경에 맞춰 새로운 정보와 기술, 가치들을 바탕으로 한 교육의 변화가 필요할 것이다. 그런데 사회복지행정실무에서 꼭 알아야 할 기초적인 개념이나 이론 등에 관한 지식과 가치, 기본소양 등은 여전히 큰 변화 없이 현시점에도 중요하다는 점이다.

이에 필자들은 이번 개정판을 준비하면서 꼭 필요한 행정실무 기초 이론 영역을 토대로 하고, 실무영역에서는 대내외적 환경변화를 반영한 최신정보를 가능한 한 행정실무에 적용할 수 있도록 실질적인 내용으로 구성하고 수록하고자 하였다. 특히 필자들이 강의를 하고 사회복지 실천현장과 호흡하면서 각자의 경험을 토대로 학생들이 보다 쉽게 이해할 수 있도록 새롭게 바뀐 행정실무 정보를 최대한 담아내기 위해 고민하고 논의하였다.

개정판은 초판의 골격을 유지하되 그간의 이론적, 실천현장의 현실적 변화를 반영하여 새롭게 수정하고 보완되었으며, 다음의 측면에서 초판과 차이가 있다.

기본 구성은 초판과 같이 기초 이론 영역과 실무 영역의 2부 13장으로 구성하였다. 세부적으로 사회복지행정의 기초 영역인 1부는 1장 사회복지행정의 이해, 2장 사회복지조직 이론, 3장 동기부여 이론, 4장 리더십으로 초판의 사회복지행정의 기본 이론들을 중심으로 수정, 보완하였다. 2부 사회복지행정의 실무영역에서는 각 장 별로 사회복지현장의 환경 변화에 따라 필요한 지식과 정보를 반

Part 02 사회복지행정의 실무영역 / 75

Chapter 5 인적자원관리 / 77

Chapter 6 노무관리 / 93

Chapter 7 재정관리 / 109

Chapter 01

사회복지행정의 이해

Social Welfare Administration

01 Chapter

사회복지행정의 이해

사회복지행정은 한 사회가 추구하는 사회복지 이념 및 정책을 직접 서비스 실천으로 전환시키는 모든 활동과정으로 사회복지의 제반 활동을 조직화하고 관리하는 것이다. 본 장에서는 이러한 측면에서 사회복지의 개념과 사회복지행정의 개념 정의, 특성에 대해 알아본다.

01 | 사회복지의 개념과 사회복지행정

사회복지는 인간의 기본적인 욕구를 충족시키고 사회적 기능을 유지 또는 증진시키기 위한 모든 사회적 개입이다. 사회복지(社會福祉, social welfare)의 어의적 개념은 인간사회 내에서 인간이 누려야 할 바람직한 상태, 또는 그러한 상태를 유지하기 위한 사회적 수단을 의미한다. 바람직한 상태란 그 사회의 문화, 제도, 정책 등에 의해서 사회구성원 누구나 차별 없이 누릴 수 있는 삶의 조건 또는 그러한 상태를 말한다. 그런데 이러한 삶의 조건을 유지하기 위해서는 무엇보다도 인간 상호 간의 관계가 중요하다. 인간의 모든 생활은 이러한 상호관계를 통해 영위된다. 따라서 사회복지는 상호관계를 통해 개인의 행복뿐만 아니라 사회 전체의 행복과 안녕을 이루기 위해 사회 구성원들 간의 공동의 노력이 요구된다.

이러한 공동의 노력은 경제적 수단뿐만 아니라 상부상조(mutual aid)와 이타주의(altruism)와 같이 공동체적 가치를 토대로 실현될 수 있다.

그림 1-1 사회복지의 어의적 개념

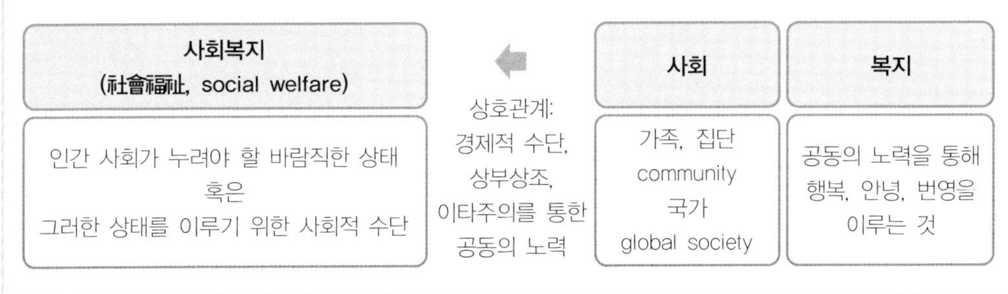

기본 소득보장 중심의 전통적 사회복지는 후기 산업사회로 진입하면서 등장한 신사회 위험(new social risk)[1]에 대비하기 위한 사회적 욕구의 증가와 더불어 사회복지조직의 양적 증대로 인해 체계적이고 조직적인 사회복지서비스에 대한 욕구가 커졌다. 따라서 이러한 욕구에 적응하기 위한 방안으로 사회복지조직에서의 사회복지행정에 대한 수요가 증대되고 있으며, 지역사회 내의 자원개발 및 효율적인 자원 활용을 위해서도 사회복지행정의 중요성이 부각되고 있다. 그런데 사회복지서비스의 질은 사회복지행정의 질에 의해 크게 좌우된다. 사회복지행정은 거시적 접근방법과 미시적 접근방법을 통해 실현된다.

사회복지행정의 거시적 접근방법은 사회과학적 지식과 관리를 강조하면서 사회정책을 사회복지서비스로 전환시키는 총체적인 활동을 의미한다. 먼저 거시적 접근은 사회복지조직에 다양하게 기여하는 조직구성원들을 대상으로 조직구성들이 협동하도록 조정하는 활동이 있다. 둘째, 국가의 사회복지정책을 사회복지서비스로 구체화시키는 데 필요한 다양한 사회과학적 지식을 접목시키는 활동이 있다.

미시적 접근방법은 사회복지행정을 사회복지실천방법 중 하나로 본다. 사회복

1) 신사회 위험은 이전 산업사회와는 다른 새로운 유형의 위험으로 노동시장의 불안정성, 여성의 역할변화로 인한 양육, 돌봄문제, 고령화로 인한 노인문제, 다문화집단의 사회통합의 문제 등을 들 수 있다.

지실천방법에는 전통적으로 직접실천방법인 개별사회사업(case work), 집단사회사업(group work), 지역사회조직(community organization)으로 3대 방법론이 있다. 그리고 간접실천방법으로 사회복지조사와 사회복지행정, 사회복지정책이 있다. 이중 사회복지행정은 사회복지기관에서 조직관리자가 사회복지서비스를 계획하고 시행해 나가는 과정을 통하여 변화를 이루어가는 실천방법론이다. 즉, 사회복지조직의 목표달성을 위하여 조직관리자가 체계적으로 개입하여 수행하는 실천과정을 의미한다.

표 1-1 사회복지행정의 정의와 접근방법

접근방법	내용
거시적 접근방법	• 사회정책을 사회복지서비스로 전환시키는 총체적 활동 • 조직구성원들의 협동을 조정하는 활동 • 사회과학적 지식을 접목하는 활동
미시적 접근방법	• 사회사업실천의 한 방법 • 조직관리자가 서비스를 계획하고 수행하는 실천과정

02 사회복지행정의 정의

사회복지행정은 사회복지와 행정의 합성어로서 사회복지를 행정으로 관리한다는 뜻이다. 사회복지행정의 일반적 정의를 살펴보기 전에, 사회복지행정의 개념에 대한 학자들의 견해를 제시하면 다음 〈표 1-2〉와 같다.

사회복지행정은 지역사회와 협동체계를 확립하기 위한 사람들과의 공동 활동의 과정(Trecker)으로, 사회정책을 사회적 서비스로 전환하기 위한 직원들의 활동(Skidmore)이면서, 사회정책을 사회적 서비스로 전환시키는 과정(Kidneigh)이라고 본다. 또한 조정, 협력, 활동체계를 통해 조직의 목표를 달성하고 성취하는 과정(Stein)으로, 조직의 목표를 위한 상호의존적 과업이나 기능 활동의 개입적 과정

(Patti)으로 정의하고 있다. 그리고 사회적 서비스 제공에 있어 필수 또는 부수적인 활동의 지원(Dunham)으로 사회적 서비스가 클라이언트에게 전달되기 위한 인적 조직과 기구(Titmuss)로 보기도 한다.

표 1-2 학자들의 사회복지행정의 개념

학자	사회복지행정의 개념
Trecker	지역사회와 협동체계를 확립하기 위한 사람들과의 공동 활동의 과정
Skidmore	사회정책을 사회적 서비스로 전환하기 위한 직원들의 활동
Kidneigh	사회정책을 사회적 서비스로 전환시키는 과정
Stein	조정, 협력, 활동체계를 통한 조직의 목표 달성과 성취하는 과정
Patti	조직목표를 위해 상호의존적 과업, 기능 활동의 개입적 과정
Dunham	사회적 서비스 제공에 있어 필수 또는 부수적인 활동의 지원
Titmuss	사회적 서비스가 클라이언트에게 전달되기 위한 인적 조직과 기구

이러한 학자들의 견해를 바탕으로 사회복지행정의 정의와 기능 및 활동을 제시하면 [그림 1-2]와 같다.

사회복지행정은 사회복지 이념 및 정책을 직접 서비스의 실천으로 전환시키는 모든 활동과정을 말한다. 또한 사회복지행정은 단순히 사회복지 이념이나 정책을 실천현장에 하향 전달하는 일방향이 아니라 현장의 욕구를 파악하여 정책으로 반영하는 양방향 활동과정이다. 이러한 활동과정이 원활히 진행되기 위해서는 공공이나 민간영역의 공식 조직들에 의해 전달체계, 조직, 프로그램, 서비스가 제공되어야 한다.

사회복지행정의 기능으로는 사회적 욕구충족을 위한 정책과 목적 전환이 있으며, 복지사업 프로그램의 디자인과 실행, 자원(물적, 인적, 클라이언트, 사회적 안정 등)의 확보와 할당 및 조직내부와 조직들 간의 운영관리가 있다. 특히 조직 내 인력관리와 슈퍼비전, 지역사회교육 등을 통해 조직을 대표하고 사회적 관계를 형성하여 유지하기 위해 사회복지행정이 기능하고 있다. 그리고 마지막으로 생산성 증진을 위한 모니터링, 평가, 개선 등의 노력에도 사회복지행정이 기능하고 있다.

그림 1-2 사회복지행정의 활동과 기능[2]

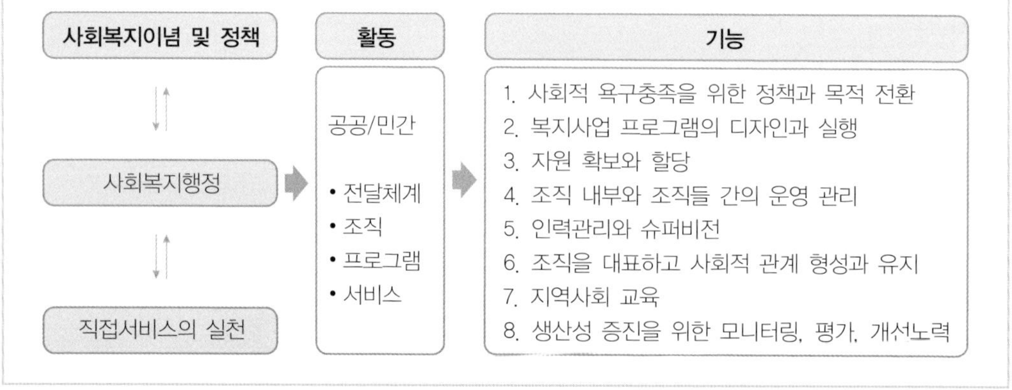

사회복지행정은 사회복지조직에서 필요 불가결하고 필연적인 것으로, 사회복지행정이 없다면 사회복지조직은 존재할 수 없다. 특히 현대사회의 복잡성과 사회복지의 확대로 인해 보다 공식적이고 체계적인 조직들을 중심으로 실천활동이 필요하기 때문에 사회복지행정은 더욱 중요하게 고려되고 있다. 이는 사회복지의 이념이나 목적을 달성하기 위한 수단으로 공공이나 민간부문에서 공식조직들에 의해 이루어지는 모든 사회복지적 활동을 관리하는 것이 바로 사회복지행정이기 때문이다.

03 | 사회복지행정의 특성

1) 휴먼서비스 관점에서 사회복지행정의 특성

사회복지행정의 고유한 특성은 휴먼서비스에서 출발한다. 휴먼서비스는 인간에게 직접적으로 제공하는 서비스를 모두 포괄하는 개념이다. 휴먼서비스의 본질은

2) 김영종(2010) 재구성.

서비스 대상이 '사람' 그 자체이다. 서비스 이용자에게 직접적으로 서비스를 전달하고, 서비스 이용자가 그 전달과정에 참여한다. 따라서 휴먼서비스를 실천하는 사회복지행정에서는 인간의 고유한 가치와 특성을 이해하는 것이 무엇보다 중요하다. 즉, 인간은 도덕적 존재이며, 그 자체로서 고귀한 존재이기 때문에 획일적인 서비스 제공이 아닌 개별화된 서비스를 제공해야 한다. 휴먼서비스로서 사회복지행정의 특성을 조직의 지향점과 조직의 목표, 조직의 기술, 서비스전달과정, 성과평가관점에서 살펴보면 다음 〈표 1-3〉과 같다.

| 표 1-3 | 휴먼서비스 관점에서 사회복지행정의 특성

조직의 지향점	도덕적 가치와 사회적 책임성	• 사회복지행정은 인본주의 가치를 지향한다. • 사회복지조직은 상당수가 외부의 인적·물적 자원을 동원하여 비영리를 기초로 운영되므로 사회적 책임성에 대한 요구를 받는다. • 사회복지조직에서 활용하는 기술은 사회적으로 정당성을 인정받아야 한다.
조직의 목표	목표의 모호성	• 사회복지조직은 목표를 수치화하거나 계량화하기 어려운 경우가 많다. • 운영자금을 지역사회의 후원자로부터 받기 때문에 그 후원집단에 의존하기 쉽고 외부 환경의 영향을 쉽게 받는다. • 정부의 정책 방향과 다양한 이해관계자의 목표를 수용하는 과정에서 조직의 목표는 한두 가지로 정의 내리기 어려워지고, 결과적으로 모호하거나 불확실해질 수밖에 없다.
조직의 기술	기술의 불확실성	• 인간은 복잡한 형태로 서로 연관되어 있고 다양한 속성을 지녔으며, 변동적이고 불안정한 존재이다. • 인간을 대상으로 하는 사회복지행정 역시 이러한 속성을 가진다. • 서비스를 제공하는 전문가의 재량에 의존하는 경우가 많으므로, 기술은 명료하지 못하고 불확실하다.
서비스 전달 과정	전문가와 대상자의 상호작용 강조	• 사회복지조직의 핵심 활동은 전문가와 클라이언트의 상호작용에 의해 이루어지므로, 전문가의 재량이 많이 발휘된다. • 전문가와 클라이언트의 상호작용의 질이 조직의 목표달성에 중요한 요인이 된다.
성과 평가	성과를 측정할 척도의 부재	• 인간의 심리·정서적 변화 양상은 측정하기 쉽지 않다. 따라서 성과평가가 용이하지 않다. • 인간의 심리·정서적 변화를 측정할 수 있는 신뢰도와 타당도가 확보된 척도를 찾기도 어렵다.

먼저, 휴먼서비스로서 사회복지행정은 조직의 지향점이 도덕적 가치와 사회적 책임성을 가지고 있다. 특히 사회복지행정은 인본주의를 지향하기 때문에 가치

중립적이지 않고 가치지향적인 행정기술을 활용해야 한다. 또한 사회복지조직은 외부의 인적·물적 자원을 동원하여 비영리를 기초로 운영되므로 사회적 책임성에 대한 요구를 받는다. 따라서 사회복지조직에서 활용하는 기술은 사회적으로 반드시 정당성을 인정받아야 한다.

둘째, 사회복지조직은 조직의 목표를 명확하게 설정하는 것이 쉽지 않다. 특히 조직은 목표를 수치화하거나 계량화하기 어려운 경우가 많다. 사회복지행정은 클라이언트와 조직의 변화라는 목표달성을 위해서 조직 간 연계와 협력을 강조한다. 그러다 보니 변화하는 클라이언트의 욕구와 지역사회의 특성에 맞추어 조직의 목표를 끊임없이 수정할 수밖에 없기 때문에 구체적이고 명확하게 목표를 설정하기가 쉽지 않다. 더구나 사회복지조직의 운영자금을 지역사회의 후원자로부터 받기 때문에 그 후원집단에 의존하기 쉽고 외부 환경의 영향에 자유로울 수 없다. 따라서 정부의 정책 방향과 다양한 이해관계자의 목표를 수용하는 과정에서 조직의 목표는 한두 가지로 정의 내리기 어려워지고, 결과적으로 모호하거나 불확실해질 수밖에 없다.

셋째, 사회복지조직의 기술은 불확실하다. 인간은 복잡한 형태로 서로 연관되어 있고 다양한 속성을 지녔으며 변동적이고 불안정한 존재이다. 인간을 대상으로 하는 사회복지행정 역시 이러한 속성을 가진다. 따라서 서비스를 제공하는 전문가의 재량에 의존하는 경우가 많으므로 기술은 명료하지 못하고 불확실하다.

넷째, 사회복지행정은 서비스 전달과정에서 전문가와 클라이언트 간의 상호작용이 강조된다. 사회복지조직의 핵심활동은 전문가와 클라이언트의 상호작용에 의해 이루어지므로 전문가의 재량이 많이 발휘되어야 한다. 따라서 전문가와 클라이언트의 상호작용의 질이 조직의 목표달성에 중요한 요인이 된다. 즉, 사회복지행정은 아무나 할 수 있는 일이 아니라 전문사회복지사에 의해 전달되어야 하며, 전문사회복지사에 대한 의존도가 높다.

다섯째, 사회복지행정은 성과를 측정할 척도가 부재하다. 인간의 심리·정서적 변화 양상은 측정하기 쉽지 않다. 인간의 심리·정서적 변화를 측정할 수 있는 신뢰도와 타당도가 확보된 척도를 찾기도 어렵다. 따라서 성과평가가 용이하지 않다. 이는 사회복지행정의 전문성을 높이기 위해 앞으로 해결해야 할 중요한 과제이기도 하다.

2) 사회복지행정과 일반행정의 비교

사회복지행정은 일반행정의 원리에 포함되면서도 일반행정과는 차별되는 특성을 가지는데, 이는 사회복지조직이 직접 사람을 다루기 때문이다. 사회복지조직의 핵심활동은 기관 직원과 서비스 사용자(클라이언트) 간의 상호작용이다. 또한 사회복지조직은 주로 전문가에 의존하며, 환경의 영향을 중요시한다.

먼저 사회복지행정이 일반행정 원리에 포함되는 공통점으로 둘 다 조직의 목표달성과 문제해결의 과정으로 볼 수 있는데, 조직 내 개인과 집단이 목표달성을 위해 상호협력하는 것이다. 또한 대안선택에 있어서 가치판단기준을 적용하고 창의적인 지식을 활용하는 공통점이 있다. 문제해결 시 대안선택을 위한 합리적인 의사결정과정을 거치고, 공공의지(public will)를 실행시키기 위해 인적·물적자원을 동원하고 조직화하는 점에서도 유사하다.

표 1-4 사회복지행정과 일반행정의 비교

공통점	차이점
• 조직의 목표달성과 문제해결의 과정	• 지역사회 내 클라이언트 욕구충족
• 목표달성을 위한 협력의 과정	• 일반행정과 관리에 필요한 지식을 초월하는 범위
• 대안선택에 있어서 가치판단기준 적용	• 사회복지조직의 운영과 지역사회에 대한 책임
• 창의적인 지식 활용	• 지역사회와 밀접한 관련성
• 공공의지(public will)를 실행	• 모든 구성원들의 행정과정 참여
• 인적·물적자원을 동원한 조직화 기능	• 전문사회복지사의 직무수행에 의존

그런데 사회복지행정이 일반행정과 차별되는 특성은 사회복지조직을 다른 관료제 조직들과 비교했을 때 두 가지 측면에서 찾을 수 있다. 먼저 사회복지조직은 클라이언트와 직접 접촉하여 활동을 한다. 그리고 또 하나는 클라이언트의 복지를 유지하고 증진시킬 수 있도록 그 권한을 사회로부터 위임을 받아서 활동하는 것이다. 이러한 특징이 바로 사회복지행정과 일반행정의 차이점을 만든다.

사회복지행정과 일반행정의 차이점은 사회복지행정은 지역사회 내 클라이언트의 욕구 충족을 위한 독특한 성격의 서비스를 산출한다. 그리고 일반 행정의 관리에 필요한 지식을 초월하는 더 넓은 범위의 지식을 필요로 한다. 특히 사회복지서비스는 일반행정 서비스들과는 차별되는 독특한 가치와 실천방법을 구현하기 위한 기술이 필요하다. 그런데 사회복지조직이 사용하는 기술은 클라이언트를 대상으로 하기 때문에 표준화하기 어렵다. 또한 사회복지조직의 목표는 명확하게 구체화하기 힘든 모호함이 존재하고, 사회복지서비스에 대한 효과성, 효율성을 측정할 수 있는 척도가 부재한 실정이다. 이러한 측면에서 패티(Patti)는 사회복지행정의 특성으로 모호성과 의존성, 다양성, 불확실성을 제시하기도 한다.

두 번째, 사회복지행정가는 사회로부터 권한을 위임받았기 때문에 사회복지조직의 운영에서 지역사회에 대한 책임을 갖고 있으며, 실천을 수행할 때도 지역사회와 밀접한 관련을 가져야 한다. 특히 사회복지서비스는 조직적 과정을 통해 전문사회복지사와 클라이언트 간의 상호작용과 체계적 연계를 통해 제공된다. 이러한 서비스 속성을 적절히 반영하려면 참여적이고도 수평적인 조직구조를 통해 연계를 중요시하면서 목표달성을 추구하여야 한다. 따라서 조직을 운영할 때도 행정가 또는 관리자가 아닌 모든 구성원들이 행정과정에 참여하도록 유도하며, 이 과정에서 조직의 목표달성이 가능할 수 있도록 역할을 해야 한다. 그러므로 사회복지행정은 일반행정에 비해 전문사회복지사의 직무수행에 크게 의존할 수밖에 없으며, 지역사회에서 위임한 사회적 책임을 수행해야만 한다.

Chapter 02

사회복지조직 이론

Social Welfare Administration

02

Chapter

사회복지조직 이론

사회복지행정의 기본 단위인 조직을 설명하고 이해를 돕게 하는 것이 바로 조직 이론이다. 사회복지행정에는 서비스 전달체계, 조직관리, 프로그램 기획과 평가, 서비스 활용 등을 설명할 수 있는 다양한 이론이 필요하다. 이 장에서 소개되는 각 이론들은 휴먼서비스를 관리하는 사회복지조직과 구성원들의 행동을 이해하는 데 유용한 이론이다.

01 | 사회복지행정의 조직 이론

사회복지행정과 관련된 조직 이론에서 가장 많이 사용되는 분류는 스콧(Scott)의 조직분류와 하젠펠드(Hasenfeld)의 사회복지조직 분류이다. 먼저 스콧(Scott)은 조직을 합리체계관점, 자연체계관점, 개방체계관점, 통합적 관점을 기준으로 분류하였다. 합리체계관점은 목표달성의 능률성을 추구하며 테일러(Taylor)의 과학적 관리론, 베버(Weber)의 관료제 이론이 여기에 속한다. 자연체계관점은 사회심리학적 요인을 강조하며 메이요(Mayo)의 인간관계론이 있으며, 환경과의 상호작용을 강조하는 개방체계관점의 이론으로는 상황적합이론이 있다. 그리고 통합적 관점의 이론으로 에치오니(Etzioni)의 구조주의 모델과 로렌스와 로쉬(Lawrence &

Lorsch)의 상황이론이 있다.

| 표 2-1 | 스콧(Scott)의 조직이론 분류

관점	추구 가치(강조점)	관련 이론
합리체계적 관점	목표달성의 능률성	• 테일러의 과학적 관리론, 베버의 관료제이론
자연체계적 관점	사회심리학적 요인	• 메이요의 인간관계론
개방체계적 관점	환경과의 상호작용	• 상황적합이론
통합적 관점	위의 관점의 통합	• 에치오니의 구조주의 모델 • 로렌스와 로쉬의 상황이론

하젠펠드(Hasenfeld)의 사회복지조직분류는 환경과의 관계를 중심으로 조직의 운명결정력을 의도적, 적응적, 반응적(수동적)으로 나누고, 환경요소 포함 여부에 따라 폐쇄적 조직이론(환경요소 미포함)과 개방적 조직이론(환경요소 포함)으로 분류하였다.

| 표 2-2 | 하젠펠드(Hasenfeld)의 사회복지조직이론

환경과의 관계		폐쇄적 조직이론	개방적 조직이론
조직의 운명 결정력	의도적	합리-합법적 모델 (과학적 관리론, 관료제이론)	상황적합이론
	적응적	인간관계론	정치경제이론
	반응적(수동적)		제도이론

이러한 이론들 중 사회복지조직과 실무에 적용할 수 있는 이론들을 중심으로, 현대조직이론도 함께 설명하고자 한다.

1) 고전적 이론

고전적 이론에는 과학적 관리론(scientific management theory)과 관료제이론(bureaucracy theory)이 있다. 고전적 이론은 조직은 경제의 목적과 연관이 있는 성과를 성취하기 위해 체계적이고 과학적인 방법을 통해서 성과를 달성하는 것을 목표로 한다. 성과는 노동분업과 전문화를 통해 달성하며, 생산성을 강조한다.

(1) 과학적 관리론

과학적 관리론은 미국의 경영학자 테일러(Frederick W. Taylor)에 의하여 주창된 이론으로, 조직의 능률과 이윤의 극대화를 위해 고안된 과학적이고 합리적인 조직관리 기법이다. 테일러는 '일이란 과학적으로 분석될 수 있으며, 일에다 과학적 지식을 적용해 생산성을 높이면 경영자와 노동자 모두에게 이익이 된다'고 믿었다. 그는 시간동작연구를 통해 일의 과학적 분석을 시도하였고 노동자의 육체적 능력의 중요성을 강조하고 과업수행에 필요한 시간과 동작을 연구하였다. 이 연구결과로 테일러는 작업과정을 표준화하였고, 고도의 분업화를 통한 합리성과 효율성을 추구하는 과학적 관리기법을 제시하였다. 또한 과업달성 정도에 따라 차등으로 임금이 지불되는 차별적 성과급제[1]를 통해 과업관리를 하였다.

그림 2-1 과학적 관리론 전개기법

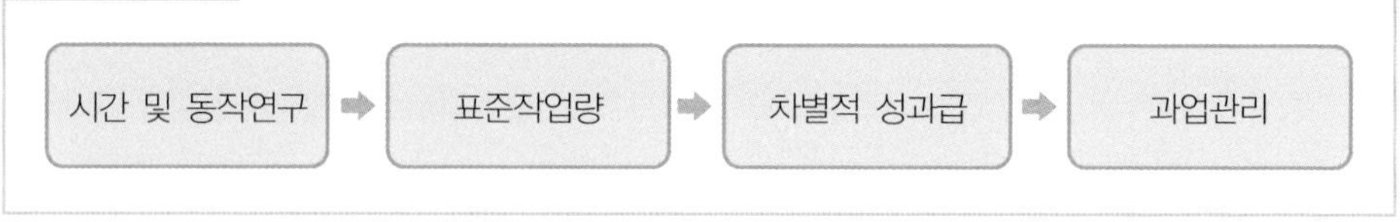

이러한 과학적 관리론은 체계적 지식을 적용해서 효율성과 생산성을 극대화하려는 규범적 관리이론이다. 따라서 사회복지조직의 효율성을 높이기 위해 부서별로 업무표준화와 관리의 전문화를 추구하는 데 적용할 수 있다. 또한 업무분담과 과업분석의 영역에서 직원들의 생산성과 과업관리를 높이기 위한 방법으로 성과급을 적용할 수 있다. 그러나 이러한 장점에도 불구하고 과학적 관리론은 사회복지조직에 적용하기에는 몇 가지 한계점이 있다.

첫째, 과학적 관리론은 조직과 관련된 외부환경을 중요하게 고려하지 않는 폐

1) 차별적 성과급제란 표준화된 하루의 작업량, 즉 과업을 설정해 두고 그것을 기준으로 과업을 달성한 사람과 달성하지 못한 사람에 따라 임금을 차별하여 지급하는 제도이다.

쇄체계로 접근한다는 것이다. 사회복지조직은 지역사회 등과 호의적인 관계를 유지하는 것이 매우 중요하고, 클라이언트에 대한 개입이 필요할 때 그를 둘러싸고 있는 다변적인 환경을 고려해야 한다. 따라서 과학적 관리론의 환경을 고려하지 않는 폐쇄체계의 접근은 사회복지조직에 한계가 있다.

둘째, 과학적 관리론에서는 조직은 생산성에 따라 우선순위를 정할 수 있는 명백하고 확실한 목적을 제시할 수 있다고 본다. 그러나 사회복지조직은 구성원이나 클라이언트를 둘러싸고 있는 이해집단의 상이한 규범이나 가치체계에 따라 목표가 달라질 수 있다. 따라서 과학적 관리론은 이러한 인간을 대상으로 하는 사회복지조직의 모호하고 불확실한 목표를 다루는 데 어려움이 있다.

셋째, 과학적 관리론은 조직의 목표 설정은 행정감독관에게만 책임을 부여하는 엘리트주의적인 특징을 가진다. 그런데 사회복지행정조직은 의사결정에 있어 전 직원의 참여를 통한 민주적 절차를 추구하므로, 과학적 관리론과는 괴리가 있다.

(2) 관료제이론

관료제이론은 베버(Max Weber)가 주장한 이론으로 전문화된 지식을 기초로 만들어진 합리적이고 합법적인 규칙을 바탕[2]으로 한다. 관료제이론에서 조직구성원에게 부여되는 권한[3]은 합리 · 합법적 권한이다. 이러한 권한은 조직의 규칙과 절차에 의해 부여되는 정당성과 전문성에서 나온다. 따라서 공적인 지위에 기반을 둔 위계적인 권위 구조를 강조하고, 권위를 규정하는 규칙과 실적을 중심으로 기술이나 지식에 의한 신분보장을 중시한다. 따라서 구성원들의 직무 경력은 중요하며, 모든 직위는 공식적 명령계통을 통해 전달된다. 이러한 관료제의 특성은 인간관계에 있어 개인적인 감정을 떠나 원리원칙에 의해 이루어지므로 비인간적이고 몰인정적인 결과를 초래하기도 한다. 관료제의 특성에 따른 순기능과 역기능은 [그림 2-2]와 같다.

---

2) 합리적(rational)이란 목적 성취에 최적의 수단이 선택되는 것을 말하고, 합법적(legal)이란 조직의 구성과 운영이 보편적이면서 객관적 규정에 의해 진행됨을 말한다.

3) 베버(Max Weber)는 권한을 전통적 권한, 카리스마적 권한, 합리합법적 권한으로 유형화하였다.

그림 2-2 관료제이론의 특성과 기능

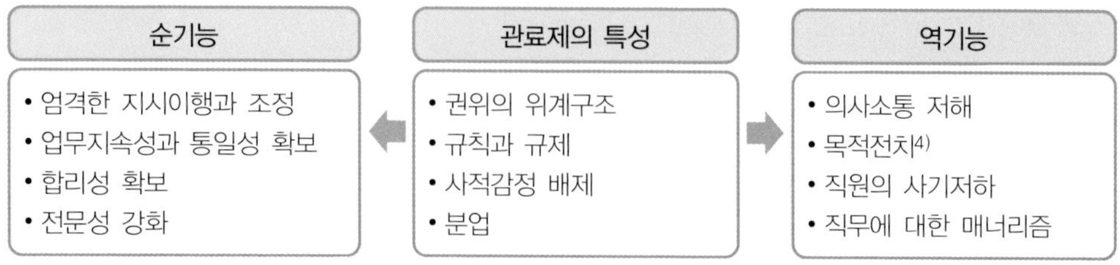

사회복지조직에서 관료제이론은 서비스의 합리화와 효율성을 증대시킬 수 있고, 개선된 서비스 기술을 가져올 수 있는 장점이 있다. 그러나 사회복지조직의 과업의 다양성을 고려하지 못하거나 위계적인 권위와 규칙에만 의존하는 경우에 서비스 전달에 있어 융통성이 결여될 수 있다. 또한 성과중심의 직원평가는 클라이언트의 소외, 비인간화를 초래할 수 있다.

(3) 공공행정론

공공행정론은 집권화된 통제의 필요성을 강조하고 가장 단순한 형태로 소단위의 분업을 바탕으로 한다. 대표적인 학자로 굴릭과 어윅(Gulick & Urwick)이 있으

표 2-3 관리자의 기능 POSDCoRBE

구분	내용
기획(Planning)	목표설정, 활동 대상과 방법을 개괄적으로 확정하는 일
조직(Organizing)	공식적인 권한 구조를 설정하고 직무내용을 배분, 규정하는 일
인사(Staffing)	직원을 채용, 배치, 교육훈련 및 근무조건을 유지하는 일
지시(Directing)	결정사항을 각 부서에 명령하고 지시하여 구체화하는 일
조정(Coordinating)	부서별 업무를 상호관련시키고 통합, 조절하는 일
보고(Reporting)	작업을 기록, 조사, 연구, 감독하여 정보를 제공하는 일
재정(Budgeting)	예산을 편성하고 회계, 예산통제, 결산 등을 하는 일
평가(Evaluating)	서비스의 효과성과 효율성 평가

4) 사람보다 규칙이나 규정을 중요하게 생각한 나머지 목적과 수단이 뒤바뀌는 현상. 수단이 목적 자체가 되어버리는 조직의 병폐를 말한다.

며, 이상적인 조직구조화의 원칙을 바탕으로 행정에 수반되는 전형적인 관리기능을 행동규범으로 제시하였다. 공공행정론에서 제시하는 관리자의 기능은 기획, 조직, 인사, 지시, 조정, 보고, 재정, 평가로 보통 POSDCoRBE로 앞의 〈표 2-3〉과 같다.

공공행정이론은 가장 단순한 형태로 과업을 분류하므로 사회복지조직과 관련하여 클라이언트, 목적, 과정, 지리적 영역에 따른 조직단위 간의 전문화를 강조하는 데 적용할 수 있다. 그러나 슈퍼비전과 연관하여 공공행정이론을 적용할 때, 슈퍼비전을 자주하게 되면(1:1 책임의 통제범위) 생산성이 낮아지고 창의성이 떨어질 수 있으며, 슈퍼바이저에 대한 의존성이 높아질 수 있다.

2) 인간관계론

인간관계(Human Relations)론은 인간의 사회적 특성과 욕구를 중요하게 인식하는 이론으로, 고전이론에서 제시한 인간에 대한 소외 및 기계화, 경제적 동기를 비판하면서 등장하였다. 고전이론들이 조직의 공식적 목적이나 규범적 관리기능을 중요하게 여기지만 조직 내의 구성원들이 만들어내는 비공식적 조직에 대해 무관심한 것을 비판하면서, 인간관계론자들은 조직을 이해하는 데 있어 이러한 비공식적 조직의 중요성을 주장하였다. 이 이론은 메이요(Elton Mayo)의 호손공장 실험에서 시작되었으며, 인간의 사회적·심리적 욕구와 구성원의 사회적인 상호작용의 중요성을 강조한다.

인간관계론의 특성을 살펴보면, 인간관계 접근은 공식적 조직을 설명하는 데 비공식집단의 존재와 영향력을 강조한다. 작업능률과 생산성은 물리적 환경조건보다는 동료나 상사와의 인간관계에 의해 좌우되고, 조직 내 비공식집단이 개인의 생산성에 영향을 미친다고 간주한다. 즉 근로자는 개인으로서가 아니라 집단의 일원으로서 행동하고 경제적 욕구보다는 집단 내의 인간관계와 같은 정서적인 요소에 따라 비합리적으로 행동한다고 밝혔다. 조직 속의 구성원들은 금전적 보상이나 물리적 위협으로 억압할 수 없는 많은 사회심리적 욕구들이 있으며, 이러한 욕구들은 공식적 구조를 통해 충족되기는 어렵고, 비공식적·사회적 관계를 통해 충족될 수 있다고 주장하였다.

맥그리거(McGregor)는 인간관계를 조직관리자들의 관점과 자세 등에 따른 접근 차이를 기초로, 관리와 조직에서의 인간관과 인간 유형을 X이론과 Y이론으로 제시하였고 다음 〈표 2-4〉와 같다.

| 표 2-4 | X이론과 Y이론

X이론	Y이론
• 인간은 본래 일을 싫어한다. 이러한 속성 때문에 인간은 통제와 지시가 필요 • 엄격한 통제와 중앙집권적인 의사결정이 필요	• 인간은 본래 일하기 좋아하는 존재 • 목표가 주어지면 자기통제와 자기지시를 할 수 있음 • 자율성, 참여, 동기부여를 통한 분권적 의사소통

룬트스테트(Lundstedt)는 맥그리거의 인간유형에 대한 이분법적 접근을 비판하면서, 중간유형으로 연구자나 과학자와 같은 특수 분야 종사자들의 관리이론으로 Z이론을 제시하였다. Z이론에서의 인간은 가만히 내버려 두어도 자유방임적이고 고도로 자율적이기 때문에 구성원의 자유의지에 따라 행동하도록 분위기만 조성하면 성과를 낼 수 있다고 보았으며, 관리자는 통제하거나 지시해서는 안 된다고 주장하였다.

사회복지조직에서 인간관계론은 사회복지사와 클라이언트와의 관계 속에서 이루어지는 활동과 관련하여 적용하는 데 유용성이 있다. 또한 사회복지사와 슈퍼바이저와의 관계에서도 통제보다는 자율성을 인정하고 참여를 권장하는 방식에 부합될 수 있다. 그러나 인간의 정서적 측면과 사회·심리적인 측면을 지나치게 강조하기 때문에 조직에 중요하게 미치는 환경을 간과하고 조직 내의 정치, 경제적 과정을 무시하는 경향이 있다.

3) 구조주의이론

구조주의이론은 고전이론과 인간관계론에서 간과했던 조직의 환경적 요인과 영향을 중요시하는 이론이다. 또한 조직과 환경과의 상호작용에 초점을 두고 경제적 · 사회적 · 법적 · 정치적 · 기술적 등 일반환경의 변화가 조직에 미치는 영향의 중요성에 관심을 두었다. 대표적 구조주의자인 에치오니(Etzioni)는 구조주의 이론을 합리성과 공식성에 초점을 두는 고전이론과 비공식집단들 간의 사회적 관계를 중요시하는 인간관계론의 총합으로 보았다. 구체적으로 구조주의는 조직의 공식적 요인 대 비공식적 요인, 비공식집단의 범위 대 조직내외 비공식집단의 관계와 사회적인 보수 대 금전적인 보수에 초점을 두고 접근하였다. 특히 구조주의자들은 개인과 조직에서 서로 다른 가치관과 규범의식으로 인해 늘 불가피하게 발생하는 갈등에 주목하였으며, 갈등의 순기능으로 노출된 갈등은 조직구성원들 간의 공개적인 의사소통을 통해 해결책을 찾을 수 있다고 보았다.

그림 2-3 구조주의이론에서 갈등의 순기능

사회복지조직의 환경에는 조직이 변화시킬 수 없는 일반 환경인 정치적 환경, 경제적 환경, 사회적 환경, 법적 환경, 인구통계학적 환경, 제반 기술적 환경이 있다. 그리고 조직이 과업을 하면서 변화시킬 수 있는 과업환경인 재정자원 제공자, 권한의 제공자, 클라이언트의 제공자, 보조적 서비스의 제공자, 소비자 및 수혜자 경쟁조직이 있다(Hasenfeld, 1983: 51-63).

표 2-5 사회복지조직의 일반환경과 과업환경

구분	내용
일반환경	정치적 환경, 경제적 환경, 사회적 환경, 법적 환경, 인구통계학적 환경, 제반기술적 환경
과업환경	재정자원 제공자, 권한의 제공자, 클라이언트의 제공자, 보조적 서비스의 제공자, 소비자 및 수혜자 경쟁조직

구조주의 이론은 조직과 환경의 상호작용을 중시하는 데, 이러한 특성은 환경

과의 상호작용을 간과할 수 없는 사회복지조직에서 유용하게 적용할 수 있다.

4) 체계이론

체계이론(System theory)은 조직을 형성하고 있는 다양한 구성체와 단위 간의 상호의존성을 강조하며 유기체적인 상호 연관관계[5]를 통해 전체적인 안정을 유지한다는 생물학적 이론을 기반으로 한다. 체계이론은 고전이론과 인간관계이론, 구조주의 이론들이 하나로 통합될 수 있다고 본다. 또한 조직은 각각의 기능을 수행하는 하위체계로 구성된 복합체로 투입과 산출을 통해 계속해서 내부에서 일어나는 상호작용을 강조하고 있다. 체계이론은 조직의 문제를 체계를 통해 분석할 수 있으며, 하위체계는 역동적으로 상호작용을 한다고 보았다. 생산하위체계, 유지하위체계, 경계하위체계, 적응하위체계, 관리하위체계로 구성되고 관리체계가 하위체계들을 조정한다.

그림 2-4 체계모형과 하위체계

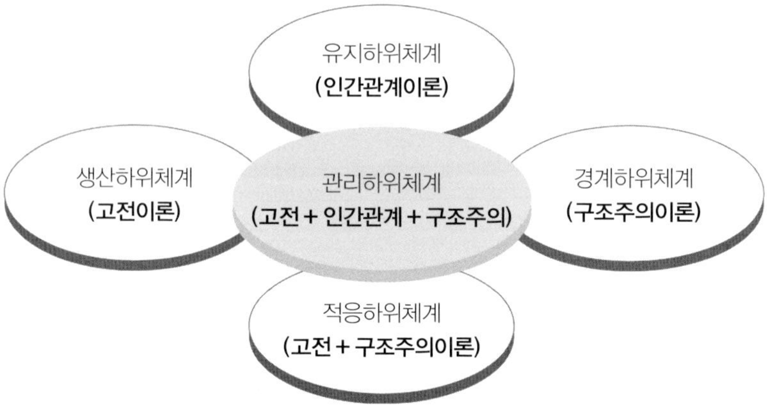

생산하위체계는 생산과 관련된 과업을 수행하는 모든 조직과 관련이 있다. 조

5) 유기체적 상호작용은 균형(Equilibrium)과 항상성(Homoostasis)을 유지하여 전체의 안정을 취한다. 균형은 외부환경과의 교류나 체계의 구조변화가 거의 없는 고정된 평형상태를 말하고, 항상성은 균형을 잃어버렸을 때 일관성을 유지하려는 기능이다(이효선 · Garz, 2007: 312-313).

직의 과업 설계에 있어서 숙련성과 합리성을 바탕으로 분업과 기술을 중요시하고 전문화의 원리가 요구된다. 이는 고전이론을 기초로 한다. 유지하위체계는 인간관계이론을 기초로 조직의 목표와 개인의 목표 통합을 강조한다. 조직의 목적은 유지이며, 조직의 계속성을 유지하기 위해서는 보상체계 확립, 새로운 직원의 선발 및 훈련이 중심이 된다. 경계하위체계는 구조주의 이론을 기초로 조직이 외부환경의 변화를 이해하고 조직의 외부환경의 영향에 대비하여 조직의 생존과 발전을 위한 활동이 중심이 된다. 적응하위체계는 고전이론의 합리성과 구조주의이론의 환경을 중요시한다. 변화하는 환경을 직시하고 이에 대응하기 위한 프로그램을 계획, 연구 활동하는 것에 초점을 둔다. 마지막으로 관리하위체계는 고전이론의 통제와 구조주의이론의 환경, 인간관계이론의 타협에 기초하여 4가지 하위체계를 통합하고 조정하기 위해 리더십이 요구된다. 즉 체계 간의 갈등을 해결하고 타협을 통해 하위체계를 조정하며 외부환경과의 조화를 도모한다.

표 2-6 체계이론의 하위체계와 사회복지조직에 적용

구분	사회복지조직 적용
생산하위체계	• 클라이언트에게 서비스 제공 • 역할과 업무의 특수화를 통한 업무의 숙련화
유지하위체계	• 인간과 조직의 욕구를 통합 • 조직활동의 공식화, 보상체계의 확립, 조직성원의 사회화, 직원선발과 훈련
경계하위체계	• 사회복지조직의 생존과 발전을 위한 체계 • 생산지원(협상과 타 조직과 관계)과 제도화(주변환경의 지원과 정당성 확보)
적응하위체계	• 조직변화를 위한 연구와 기획 • 조직의 업무수행능력에 대한 평가와 외부환경 변화에 대한 모니터링
관리하위체계	• 위 네 가지 하위체계 조정, 통합을 위한 리더십 제공 • 갈등해소, 타협을 통한 하위체계 조정, 자원증진, 외부환경 조정

5) 상황이론

상황이론(contingency theory)은 개연성이론으로 조직을 개방체계로 본다. 조직의 양식과 과정들은 고정적이지 않고 상황적이며 조직을 구조화하는 최선의 길은 조직이 환경에 의존한다는 점을 인식하는 것이다. 즉 폐쇄이론이 제시하는 보편적 조직이란 없다고 생각하며, 효과적인 조직이란 두 가지 외부조건들인 환경과 기술이 제시하는 개연성에 적합하게 반응하며 조직의 합리적인 선택에 의한 적응을 가정한다.

상황이론에 의하면 상황은 조직이 처해 있는 배경을 말하는 데 조직의 환경, 기술, 규모이며, 조직의 구조를 결정하는 데 중요한 영향을 미친다. 즉 환경의 변화와 안정성 정도, 사용되는 기술의 복잡성의 정도, 조직의 규모에 따라 조직의 구조가 적절히 결정된다고 본다.

그림 2-5 상황이론에 근거한 조직구조 결정요인

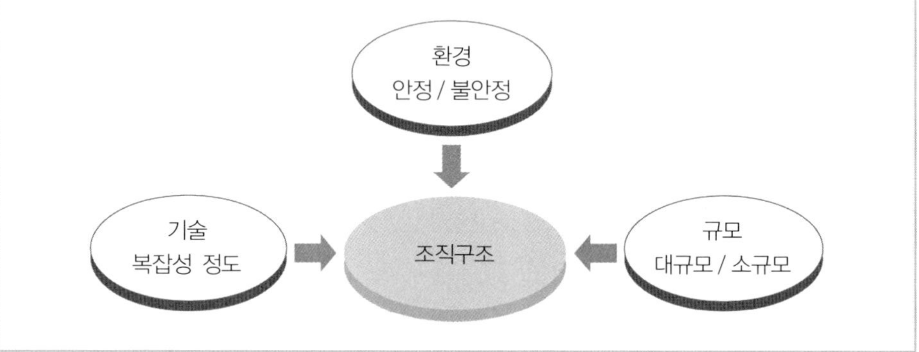

상황이론은 조직이 처한 상황이 달라지면 조직구조도 달라질 수 있다고 본다. 따라서 가장 효율적이면서도 생산성이 높은 조직구조를 결정하는 요인은 당면하고 있는 구체적인 상황에 의존한다. 즉, 조직은 환경에 적합해야 효과적으로 작동된다고 보기 때문에 상황적합이론이라고 한다.

상황이론은 외부환경에 민감한 사회복지조직에서 매우 유용하게 적용될 수 있는 이론이다. 사회복지조직은 클라이언트 집단에 따라 그 조직의 구조와 사용기술이 매우 다르고, 다양한 환경을 고려하여 서비스를 제공해야 한다. 따라서 상황적 특성을 충분히 검토하고 조직관리방법이나 서비스의 형태를 결정해야 한다는 점에서 상황이론은 매우 유용하다. 그러나 어떤 상황에 어떤 조직이 적합한지에 대한 지침을 제공하지 않아 적용하는 데 어려움이 있는 것이 한계점이다.

6) 현대조직이론

(1) 목표관리이론

목표관리(management by objective: MBO)[6]란 참여의 과정을 통해 조직단위와 구성원들에게 측정 가능한 목표를 명확하고 구체적으로 설정하고 그에 따른 업무수행과 활동의 결과를 평가 및 환류시키는 관리체계이다.

표 2-7 목표관리이론의 단계

구분	내용
목표 설정	• 공식적 목표를 실체화하는 과정 • 목표는 성과지향적, 긍정적, 측정가능하도록 설정 • 명확한 목표설정과 책임한계 규정
참여	• 상하 직원 간의 참여와 협조 • 조직 참여자의 동기유발
평가 및 환류	• 목표달성과 업적평가를 통해 개선 도모 • 개선을 통한 관리계획 도모 • 궁극적으로 조직의 효율성 증진

목표관리이론은 조직의 목표를 명확히 하고, 그러한 목표에 조직활동을 집중시킴으로써 조직을 효율적으로 관리할 수 있다. 또한 조직구성원들을 의사결정에 참여하게 하여 사기를 높여주는 효과가 있어 관료제의 단점을 보완할 수 있다. 그러나 상황이 불확실한 경우 의도된 목표를 달성하기가 쉽지 않으며, 실현가능성에 맞춘 단기적 목표를 세우게 되어 장기적이며 이상적인 목표를 소홀하게 다루는 단점이 있다.

따라서 사회복지조직에서 목표관리이론의 적용은 참여를 강조하고 목표를 달성하기 위해 자발적 업무수행을 하는 것은 매우 유용하다. 그러나 사회복지조직에서 제공하는 휴먼서비스는 상황 자체가 불확실할 경우 목표설정과 성과측정이

6) 목표를 보다 합리적이고 과학적으로 관리하는 조직관리기법으로 1954년 드러커(Drucker)의해 최초로 주창되었으며, 1957년 맥그리거(McGregor)에 의해 소개되었나.

어렵기 때문에 단기목표와 계량하기 쉬운 업무에만 초점을 맞추고 계량하기 어려운 업무에는 소홀할 수 있다. 또한 목표관리를 수행하기 위한 운영절차가 복잡하고 시간이 많이 걸리기 때문에 신속한 휴먼서비스가 필요할 경우에는 적합하지 않다.

(2) 총체적 품질관리

총체적 품질관리(total quality management: TQM)는 조직이 산출하는 서비스의 질을 향상시켜 궁극적으로 고객의 만족을 위해 총체적으로 품질을 향상시키는 경영기법이다. 고객의 만족을 높이기 위해 서비스의 품질을 중심으로 조직을 관리하는 고객중심관리이다. 항상 고객만족을 충족시키기 위해 고품질의 제품 및 높은 수준의 서비스를 제공할 수 있도록 통합시스템을 활용하여 지속적인 개선을 추구하는 조직관리이다. 즉 총체적 품질관리는 고객의 요구 확인에서부터 시작하고 고객의 만족도 평가까지 모든 업무 수행에서 질적인 측면을 고려하며, 품질을 높이기 위한 지속적 질 관리를 추구한다. 다음 〈표 2-8〉은 총체적 품질관리의 기본요소와 주요 품질차원을 제시하고 있다.

| 표 2-8 | 총체적 품질관리의 기본요소와 품질차원

기본요소
• 품질은 기획단계부터 고려 • 품질의 최종결정자는 고객 • 서비스 개선은 지속적 • 팀과 팀워크에 의해 수행 • 고객은 품질판정자

➡

주요 품질차원	내용
신뢰성	일관된 방식의 서비스제공
즉응성	필요시기, 짧은 시간 내 제공
확신성	직원은 친절, 공손, 신중, 풍부한 지식 준비
감정이입	고객 개별화된 관심
가시성	서비스 전달과 관련된 시설, 인력 등의 적절성

사회복지조직에서 총체적 품질관리는 클라이언트의 만족을 위해 모든 부서가 협력하여 지속적으로 서비스의 질 개선과 향상을 위해 수행하는 모든 활동을 의미한다.

사회복지조직은 기관에서 클라이언트에게 제공하는 서비스의 질에 영향을 받고 있으며, 서비스의 질을 향상시키기 위해서는 물적 요소도 중요하지만 인적 요소가 더욱 큰 영향을 미칠 수 있으므로 총체적 품질관리는 매우 적합하다고 볼 수 있다. 즉 클라이언트의 욕구를 개입단계에서부터 서비스의 질을 고려하고, 클라이언트의 자기결정을 독려하며, 서비스 전달과정에서 모든 구성원들의 팀워크에 의해 서비스를 제공하는 데 도움이 된다. 또한 클라이언트가 만족할 때까지 지속적으로 개별화된 서비스 관리는 사회복지조직에 적합하다. 그러나 이러한 관리방식은 사회복지조직이 산출하는 서비스의 효과성과 서비스의 질을 객관적으로 측정하고 평가할 수 있는 척도가 부족하거나 리더의 확고한 의지와 직원의 자발적 참여가 선행되지 못할 경우에는 조직에 적용하는 데 한계가 있다.

(3) 학습조직이론과 임파워먼트

학습조직이론은 구성원들이 조직의 비전을 공유하고, 팀 학습을 통해 스스로의 변화를 독려하는 조직 내 학습을 강조하는 이론이다. 학습조직이란 조직구성원이 진정으로 바라는 성과를 창조할 역량을 확장하고 새롭고 포용력 있는 사고능력을 함양하는 조직이다. 학습의 일상화와 습관화로 지속적으로 변화하고 조직에 적응할 수 있는 능력을 학습조직을 통해 추구한다. 학습조직은 〈표 2-9〉와

표 2-9 학습조직의 특징

학습조직의 특징	내용
공유된 비전	모든 구성원들이 동의할 수 있는 공유된 비전이 존재한다.
새로운 아이디어 학습	구성원들은 문제해결과 업무수행에서 낡은 사고방식과 표준화된 규칙에서 탈피하고 항상 새로운 아이디어를 학습을 통해 습득한다.
상호연결된 시스템	구성원들은 조직의 프로세서, 활동, 기능, 환경과의 상호작용을 상호연결된 시스템의 한 부분으로 생각한다.
개방적 의사소통	구성원들은 수직적·수평적 경계를 가로질러 비판이나 처벌에 대한 두려움 없이 개방적으로 의사소통한다.
비전 달성을 위한 노력	구성원들은 개인적인 이익이나 자기 부서의 이익을 승화시켜 조직 전체의 공통비전을 달성하기 위해 함께 노력한다.
지식이전과 변화추구	습득된 아이디어나 지식은 조직 안에 두루 이전되어야 하고, 새로운 지식은 행동으로 실행되어 조직 내 새로운 변화를 추구한다.

같은 특징을 갖는다.

학습조직이론의 학습의 조직화는 매우 어렵고 오랜 시간과 많은 자원이 소요된다. 하지만 학습을 강조하는 조직문화와 리더십을 갖추어 새로운 지식과 기술을 축적하여 활용한다면 그 조직은 경쟁력 있는 조직으로 변모될 수 있으며, 궁극적으로 조직의 역량을 크게 강화시킬 수 있다. 따라서 사회복지조직은 학습조직을 통해 조직 구성원들이 낡은 사고방식을 버리고 서로 열린 마음을 갖고 학습하는 것이 필요하다. 조직이 실제로 어떻게 움직이는지를 이해하고, 모든 구성원이 동의할 수 있는 계획이나 비전을 세우고, 그러한 비전을 달성하기 위해 구성원 모두가 변화를 추구해야 한다.

이러한 학습조직은 구성원들을 임파워먼트(empowerment)를 강화시킬 수 있다. 임파워먼트는 관리자가 보유하고 있는 권한을 실무자에게 위임하고 책임 범위를 확대시킴으로써 스스로의 잠재능력과 창의력을 최대한 발휘토록 동기부여를 하게 만드는 관리기법을 말한다. 임파워먼트는 사회복지사에게 권한을 강화시켜 줌으로써 직무에 더욱 몰입하게 만들어 주고, 창의성과 잠재능력을 개발해 준다. 이러한 임파워먼트를 통해 클라이언트에게 제공하는 서비스의 질을 향상시킬 수 있다. 또한 상급자의 하급자에 대한 지시, 감독, 감시 등에 필요한 비용과 시간을 절약할 수도 있다(원석조, 2009). 따라서 학습조직이론과 임파워먼트는 클라이언트 집단에 효과적인 서비스를 제공하는 것을 목표로 하는 사회복지조직에서 매우 유용하게 적용할 수 있다.

02 | 조직의 개념과 구성요소

조직이란 주어진 목표나 목적을 달성하기 위해 자원과 기술의 사용을 조정하는 사람들의 공식화된 집단이다. 조직은 사회적 체계로 상호의존적인 관계를 가지고 있다. 즉 조직의 특성적 요소들이 독립적인 특성을 가지면서 다른 구성요소들에 영향을 주기도 하고 그것들로부터 영향을 받기도 하는 상호의존적인 관계를 유지한다.

조직을 유지하는 특성적 구성요소는 사회적 구조와 목표, 기술이다. 먼저 사회적 구조는 조직의 가치·규범 및 역할기대 등에 의거하여 구조화된 규범적 구조와 행동적 구조로 접근할 수 있다. 그리고 조직의 목표는 참여자들이 과업 활동을 통하여 이루고자 하는 바람직한 미래의 상태를 의미하며, 조직이 존재하게 되는 궁극적인 원인으로 볼 수 있다. 기술은 물질적 장비와 비물질적 지식과 기법을 모두 포함한다. 이러한 구조와 목표, 기술에 의해 조직의 특성이 구성된다.

| 표 2-10 | 조직의 특성적 구성요소

조직의 특성적 구성요소	내용
사회적 구조	규범적 구조와 행동적 구조
목표	바람직한 미래상태
기술	물질적 장비와 비물질적 지식과 기법

조직의 구조를 결정하기 위해 고려해야 할 기본요인으로 복잡성과 공식성, 집권을 들 수 있다. 조직의 구조는 복잡성에 따라 수평적 분화, 수직적 분화, 공간적 분화를 결정하게 된다. 조직의 분화는 복잡성을 고려하여 이루어지는데, 직무확대를 통해 횡적분화를 꾀하거나 직무의 전문화 정도를 고려하여 수평적 분화가 이루어진다. 또한 수직적 분화는 계층성을 확보하여 직무충실을 통해 이루어지며, 지역적 분화를 통한 공간적 분화도 복잡성과 관련 있다. 공식성은 직무의 표준화 정도와 문서중심의 업무 여부에 따라 조직을 구조화하는 것이다. 그리고 의사결정권한의 분산 정도에 따라 조직을 구조하는 요인은 집권성이다.

그 외에 상황요인에 속하는 요인은 규모와 기술, 환경이다. 업무량, 조직의 물적 수용능력, 구성원 수, 투입 및 산출의 양에 따라 조직의 규모가 결정될 수 있다. 또한 투입을 산출로 전환시키는 기술 수준에 따라 조직의 외부환경의 불확실성과 안정성에 따라 조직의 구조는 달라질 수 있다.

표 2-11 조직의 구조변수와 내용

구분	변수	내용
기본요인	복잡성	• 수평적 분화(직무확대): 횡적분화, 직무의 전문화 정도 • 수직적 분화(직무충실): 계층성 • 공간적 분화: 지역적 분화
	공식성	• 직무의 표준화 정도, 문서중심의 업무
	집권성	• 의사결정권한의 분산 정도(상부 또는 하부)
상황요인	규모	• 업무량, 조직의 물적 수용능력, 구성원의 수, 투입 및 산출의 양
	기술	• 투입을 산출로 전환시키는 방법
	환경	• 조직의 외부환경

03 | 조직의 유형과 형태

1) 권력의 형태에 따른 분류

에치오니(Etzioni)는 조직의 유형을 복종관계[7]를 중심으로 권력의 형태와 관여를 기준으로 하여 분류하였다. 복종관계의 유형을 위협이나 신체적 탄압과 같은 강제적 권력과 물질 또는 금전과 같은 보상적 권력, 지위의 상징, 존엄과 같은 규범적 권력으로 구분하였다. 복종은 강한 부정과 같은 소외적 관여와 획득한 보상에 따라 무관심을 드러내는 타산적 관여, 강한 긍정을 나타내는 도덕적 관여로 나누었다.

7) "상급자가 하급자를 통제하기 위해 사용하는 권력과 이에 대한 하급자의 태도에 의해 이루어지는 관계"를 말한다.

| 표 2-12 | 에치오니(Etzioni)의 복종관계에 의한 9가지 조직의 유형

권력의 종류 \ 관여의 종류	소외적 관여	타산적 관여	도덕적 관여
강제적 권력	유형1 수용소, 정신병원, 형무소 등	유형2	유형3
보상적 권력	유형4	유형5 산업조직	유형6
규범적 권력	유형7	유형8	유형9 종교조직, 정치조직, 학교조직, 병원조직, 사회복지조직 등

에치오니는 조직의 9가지 유형에서 유형1과 유형5, 유형9를 가장 효과적인 조직으로 분류하였다. 유형1은 강제적 조직으로 강제적 권력과 소외적 관여로 구분되며, 수용소 정신병원, 형무소 등이 속한다. 유형5는 공리적 조직으로 보상적 권력과 타산적 관여로 산업조직이 여기에 속하며, 사회복지조직이 속한 유형9는 규범적 조직으로 규범적 권력과 도덕적 관여로 이루어지며, 종교, 정치, 학교, 병원 등의 조직이 속한다.

2) 클라이언트(수혜자)의 종류에 따른 분류

블라우와 스콧(Blau & Scott)은 일차적인 클라이언트(수혜자)가 누구인가에 따라 조직을 분류하였다. 먼저 조직의 회원이 1차적인 클라이언트로 보는 정당, 종교단체, 노동조합 등을 상호수혜조직으로 유형화하였다. 그리고 사업체의 소유자를 수혜자로 보는 상업적인 회사, 은행 등을 사업조직, 클라이언트를 수혜자로 보는 사회복지조직을 서비스조직으로 유형화하였다. 그리고 일반대중이 수혜자가 되는 행정기관, 군대조직 등을 공공조직으로 분류하였다.

| 표 2-13 | 블라우와 스콧(Blau & Scott)의 조직의 유형

구분 / 조직 유형	1차적인 클라이언트	조직의 종류
상호수혜조직	조직의 회원	정당, 종교단체, 노동조합 등
사업조직	사업체의 소유자	상업적인 회사, 은행 등
서비스조직	클라이언트	사회복지조직
공공조직	일반 대중	행정기관, 군대조직 등

3) 업무의 통제성에 따른 분류

길버트 스미스(Gilbert Smith)는 업무의 통제에 따라 사회복지조직을 관료제와 일선조직, 전면적 통제조직, 투과성 조직으로 나누어 설명하였다. 〈표 2-14〉에서 관료조직은 공식적인 조직과 규정을 중시하며 계층적인 권위구조를 가지고 있다. 또한 명확하고 전문화된 분업과 문서에 의한 업무처리를 규정화한다. 그리고 기술에 의한 신분을 보장하는 합리적인 통제조직이다. 일선조직의 특성은 주도권이 일선에 있는 조직으로 각 업무단위는 독립적으로 상호업무를 수행한다. 업무단위의 직접적인 통제가 어려운 점이 있다. 다음으로 전면적 통제조직은 관리

| 표 2-14 | 스미스(Smith)의 조직의 유형

구분	특성
관료조직	• 공식적인 조직과 규정 • 계층적인 권위구조 • 명확하고 전문화된 분업 • 문서에 의한 업무처리 • 기술에 의한 신분보장 • 합리적인 통제조직
일선조직	• 주도권이 일선에 있는 조직 • 각 업무단위는 독립적으로 상호업무를 수행한다. • 업무단위의 직접적인 통제가 어렵다.
전면적 통제조직	• 관리자가 전면적으로 강한 통제를 갖는 조직이다. • 정신병원, 기숙사, 교도소, 요양시설이 있다.
투과성 조직	• 조직구성원, 클라이언트의 자발적인 참여 • 업무와 사적 활동에 분명한 구분이 있어 가정과 사생활을 침해하지 않음 • 조직의 통제가 약하며 조직의 활동이 노출되는 조직 • 자원봉사활동 조직이 해당된다.

자가 전면적으로 강한 통제를 갖는 조직이다. 정신병원, 기숙사, 교도소, 요양시설 등이 여기에 속한다. 마지막으로 투과성 조직은 조직구성원과 클라이언트의 자발적인 참여를 바탕으로 이루어지고 있으며, 업무와 사적 활동에 분명한 구분이 있어 가정과 사생활을 침해해서는 안 된다. 따라서 조직의 통제가 약하며 조직의 활동이 노출되는 조직으로 주로 자원봉사활동 조직이 여기에 해당한다.

4) 클라이언트의 상태와 조직의 기술에 따른 분류

하젠펠드(Hasenfeld)는 사회복지조직이 사용하는 기술에 따라 조직을 6가지 유형으로 구분하였다. 즉 기술 유형을 인간식별기술, 인간유지기술, 인간변화기술로 구분하고, 클라이언트 유형을 정상기능과 비정상기능으로 나누어 유형화하였다.

먼저 클라이언트의 정상기능을 중심으로 인간식별기술을 사용하는 유형1에는 대학교(신입생선발)와 신용카드 회사가 속하고, 인간유지기술을 사용하는 유형2에는 사회보장청과 휴양시설이 있다. 그리고 인간변화기술을 사용하는 유형3에는 공립학교, YMCA가 있다. 다음으로 클라이언트의 비정상기능을 중심으로 인간식별기술을 사용하는 유형4에는 소년법원과 진료소가 속하며, 인간유지기술을 사용하는 유형5에는 공공부조사무소와 요양시설이 있다. 마지막으로 인간변화기술을 사용하는 유형6에는 병원과 수용치료센터가 속한다.

❙ 표 2-15 ❙ 하젠펠드(Hasenfeld)의 조직의 유형

기술의 유형 / 클라이언트 유형	인간식별기술	인간유지기술	인간변화기술
정상기능	유형1	유형2	유형3
	대학교(신입생 선발) 신용카드 회사	사회보장청 휴양시설	공립학교 YMCA
비정상기능	유형4	유형5	유형6
	소년법원 진료소	공공부조 사무소 요양시설	병원 수용치료센터

04 사회복지조직의 조직화 방법

사회복지조직은 문제나 욕구를 지닌 클라이언트와 직접 접촉하여 서비스를 제공하기 때문에 조직성원과 클라이언트와의 관계가 핵심적 활동이다. 이러한 활동은 모두 공공의 이익을 위한 것으로 사회적으로 물질적 및 비물질적으로 후원을 받는다. 특히 사회복지조직이 활동하는 '원재료(raw material)'는 소비자나 클라이언트 그 자체이다. 소비자에게 직접 서비스의 전달을 통해 정상적인 인간 활동을 지원하는 것에 중점을 두고 있다. 따라서 클라이언트에 대한 모든 활동이 도덕적으로 정당화되어야 할 필요성이 있기 때문에 기술과 활동에서 제한이 많다.

사회복지조직의 조직모형은 크게 생산일선조직과 연계조직, 고객서비스조직으로 나뉜다. 먼저 생산일선조직(production line organization)은 표준화된 서비스 위주의 업무를 하는 조직으로 사회보험 관리 및 전달조직 또는 정신건강서비스 조직 등에서 가능하다. 그리고 연계조직(linkage organization)은 사람과 서비스를 연결시켜 주는 활동을 하는 조직으로 입양기관 및 사회복지서비스 안내 및 의뢰기관 등이 속하다. 마지막으로 고객서비스조직(custom service organization)은 개인 및 집단의 특수성과 문제의 특수성에 맞게 개별화된 서비스를 제공하는 조직이다.

표 2-16 사회복지조직의 모형

모형	내용	조직
생산일선조직	표준화된 서비스 제공	• 사회보험 관리 및 전달조직 • 정신건강서비스조직
연계조직	사람과 서비스 연결활동	• 입양기관 • 사회복지서비스 안내 및 의뢰기관
고객서비스조직	개별화된 서비스 제공	• 사회복지관 및 요양기관 • 정신보건센터

사회복지조직을 부문화하는 방법은 수, 시간, 기능, 지리적 영역, 서비스, 고객, 서비스 접근통로를 기준으로 할 수 있다.

| 표 2-17 | 사회복지조직의 부문화 기준과 방법

기준	방법
수기준	같은 역할의 구성원을 한 명의 감독자의 통솔하에 두는 방식
시간기준	24시간 복지운영조직에서 근무교대 근무방식으로 부문화
기능기준	주요 기능(인사, 재무 등)에 따라 동질 업무를 조직하는 방식
지리적 영역기준	수혜자의 거주지역에 따라 업무를 부문화
서비스기준	사회사업 실천방법에 따라 부문화하는 방법
고객기준	수혜자에 따라 부문화하는 방법
서비스 접근통로기준	수혜자가 서비스에 접근이 가능한 경로별로 업무를 부문화

수기준 부문화는 수에 의해서 업무를 부문화하는 것으로 가장 큰 단점은 개인의 능력차를 고려하지 못하는 점이다. 시간기준 부문화는 업무시간을 2교대 혹은 3교대로 하여 업무를 부문화하는 방법이다. 요양시설, 의료 및 보건서비스조직, 24시간 서비스를 요하는 시설에서 주로 채택한다. 주말이나 야간근무 관계로 능력 있는 요원을 채용할 수 없는 경우가 많고, 교대하는 업무자 간의 연결이 제대로 되지 않아 조직의 기능이 단편화될 가능성이 단점이다. 기능기준 부문화는 조직구성원의 능력, 선호도, 관심 등에 근거하여 직무상 적성이 맞는 분야에 사람을 배치하는 식으로 부문화하는 방법이다. 단점은 업무단위 간 경쟁심이 발생할 경우 업무단위 간의 협조가 부족할 수 있고, 업무단위 위주로 일하는 편협함이 문제가 된다. 지리적 영역기준 부문화는 잠정적 고객(소비자) 또는 클라이언트의 거주지역에 따라 부문화하는 방법이다. 서비스의 효율성을 높이고 고객에 대한 서비스 책임자를 분명히 할 수 있다는 장점이 있다. 그러나 장기적으로 보면 업무단위 간의 업무량의 격차가 생기기 쉽다. 특히 지리적 구분의 엄격성으로 인하여 인근지역이면서도 다른 업무단위에서 서비스를 제공하는 비효율적인 문제도 발생할 수 있다. 서비스기준 부문화는 사회사업적 서비스의 방법에 따른 분화이다. 즉 개별사회사업(case work), 집단사회사업(group work), 지역사회조직사업

(community organization)에 따라 부문화하는 것이다. 이러한 방법은 서비스별로 전문화를 촉진하는 장점이 있는 반면 고객의 문제가 복합적이고 동시에 여러 가지의 서비스를 제공해야 할 경우 서비스를 통합적으로 할 수 없는 단점이 있다. 고객기준 부문화는 클라이언트의 문제와 종류에 따라 부문화하는 방법으로 클라이언트를 아동, 장애인, 노인, 부녀자 등으로 나누거나, 아니면 비행문제, 가족문제, 학업문제, 고용문제, 경제적 문제 등으로 나누어 업무를 부문화하는 것이다. 이 방법은 한 사람의 서비스 제공자가 한 클라이언트를 상대할 수 있는 장점이 있는 반면, 클라이언트의 문제가 다양한 경우 한 사람의 서비스 제공자의 제한된 지식과 기술로는 다룰 수 없는 문제가 있는 경우, 효과적으로 서비스를 제공할 수 없는 단점도 있다. 마지막으로 서비스 접근통로기준 부문화는 클라이언트가 어떤 서비스에 접근할 수 있는 통로별로 업무를 부문화하는 것이다. 이 방법도 현재로서는 사회복지서비스의 접근통로가 확실하지 못하고 제한되어 있는 것이 일반적이어서 별로 효과적이라 할 수 없다. 그러나 서비스에 따라 확실하고 다양한 접근통로가 있을 수 있기 때문에 그러한 서비스를 제공하는 사회복지조직에서는 적용 가능하다고 본다.

05 | 조직문화

1) 조직문화의 개념

문화는 한 사회의 구성원들이 공유하고 있는 가치, 신념, 이념, 관습, 규범, 전통, 상징체계, 지식기술체계 등을 총칭하는 말로 그 문화권에 속한 인간의 행동에 영향을 미치는 가장 거시적인 개념이다. 따라서 조직문화는 조직마다 제각기 독특하게 갖고 있는 보편화된 생활양식, 조직구성원 대다수가 공통적으로 가지고 있는 신념, 가치관, 인지, 행위규범, 행동양식을 통틀어 이르는 말이다. 즉, 조직구성원의 가치관, 사고방식, 행동양식을 지배하는 근본 요소이다.

조직문화의 개념에는 두 가지 요소가 혼재되어 있다. 첫째, 조직구성원이 보유하는 가치, 신념 및 규범체계와 둘째, 외부에 표출되는 조직의 상징체계, 즉 언어, 일화, 의례, 의식, 영웅, 신화, 규칙, 구조, 제도 등이 그것이다.

2) 조직문화의 기능

조직문화의 일반적 기능을 살펴보면, 조직문화는 조직구성원의 공통된 경험을 바탕으로 하여 이루어진 것으로, 조직이라는 하나의 공동체를 결속시켜 주고 구성원들에게 일체감과 조직에 대한 충성심을 갖도록 해준다. 조직문화는 또한 조직에 안정감을 주고 집단의 정체성을 부여하고, 조직의 의사결정방식과 과업수행방식에 영향을 미친다. 이러한 관행이 몇 세대가 흘러가면 예전 문화가 정착단계에 이르러 전통으로 자리매김한다. 이것이 보수적인 요소로 작용하여 결국 그 조직문화는 과거의 가치관을 강화시키는 역할을 한다. 이러한 조직문화는 조직구성원을 결속시켜 주는 공유가치 및 의미체계 기능을 가지고 있기에 구성원 행동의 당위성과 방향을 제시한다.

표 2-18 조직문화의 순기능과 역기능

기능	내용
순기능	• 조직구성원의 일체감을 유도한다. • 조직구성원의 개인적인 이익보다 조직의 목표를 위해 헌신하도록 한다. • 조직체계의 안정성을 높여준다. • 조직구성원의 태도와 행동을 지도하는 통제수단이다. • 조직구성원의 행동뿐만 아니라 선발과 승진에 영향을 끼친다.
역기능	• 가치가 조화를 이루지 못할 때 조직에 부담이 된다. • 조직혁신이 필요한 상황에서 강한 조직문화는 장벽으로 작용한다.

조직문화의 순기능을 살펴보면, 조직구성원들의 일체감을 유도하여 조직구성원들이 개인적인 이익보다 조직의 목표를 위해 헌신하도록 한다. 그리고 문화자체가 조직체계의 안성성을 높여주며, 조직구성원들의 태도와 행동을 지도하는

통제수단으로서의 역할을 할 수 있다. 그러나 역기능으로는 공유된 가치가 조직 유효성을 촉진시키는 가치 등과 조화를 이루지 못할 때 조직에 부담이 된다. 즉, 안정적인 환경에서 강한 문화에 의한 행동의 일관성은 조직의 자산이 되지만, 급변하는 환경 속에서는 조직이 변화에 민감하게 반응하지 못하게 저해하기 때문에 조직에 부담이 된다. 또한 조직문화가 너무 강하면 구성원들의 생각과 행동이 지나치게 유사해져 새롭고 참신한 아이디어를 받아들이는 데 걸림돌이 된다. 특히 조직혁신이 필요한 상황에서 강한 조직문화는 오히려 장벽으로 작용한다.

Chapter 03

동기부여이론

Social Welfare Administration

03 Chapter 동기부여이론

동기부여는 인간행동의 주요 원인으로 최고관리자는 목표지향적인 조직구성원들의 행동을 자극하고 유발시켜야 한다. 최고관리자는 무엇이 조직구성원들에게 동기를 유발시키는가에 대해 이해하지 않고서는 효율적인 인적관리를 할 수 없다. 따라서 최고관리자는 동기부여에 관한 지식을 기초로 하여 인적자원을 관리해야 한다. 본 장에서는 이러한 측면에서 동기부여이론을 내용이론과 과정이론으로 분류하여 알아본다.

01 | 동기부여의 개념과 동기부여이론

사회복지행정에서 동기는 사회복지사와 클라이언트들에게 구체적이며 바람직한 행동을 하게 하고 이를 지속시킬 수 있도록 하는 힘이다. 동기부여는 인간이 가지는 욕구에서 출발하는 것으로 욕구와 관련된 행동을 유발시키는 개념이다. 즉 동기부여(motivation)는 근무의욕을 북돋아 사기를 진작시켜 업무의 생산성을 향상시키며 나아가 사회복지서비스를 제공하는 데 효과성과 효율성을 높이기 위한 요소이다. 동기부여이론은 개인의 욕구충족이 동기부여로 연결되어 생산성 증가를 위한 행위로 이어지는 측면을 연구하는 행동과학이론이다. 동기부여이론은 크게 내용이론(욕구이론)과 과정이론(기대이론)이 있다.

표 3-1 동기부여이론의 종류

구분	해당 이론
내용이론(욕구이론)	① 매슬로(Maslow)의 욕구위계이론(욕구5단계) ② 알더퍼(Alderfer)의 ERG ③ 허즈버그(Herzberg)의 동기위생요인(욕구충족이원론) ④ 맥그리거(McGregor)의 XY론 ⑤ 아지리스(Argyris)의 성숙/미성숙이론
과정이론(기대이론)	① 브룸(Vroom)의 기대이론 ② 아담스(Adams)의 형평성(공평성)이론

02 | 내용(욕구)이론

내용이론은 개인의 특정 행동을 유도하는 원인을 중시한다. 무엇이 동기를 유발하는가에 관심을 가지고 있으며, 어떻게 동기가 유발되는가에 초점을 맞춘다. 내용이론은 동기유발이 인간의 욕구를 충족시키기 위하여 동기가 부여된다고 보기 때문에 욕구이론이라고도 한다. 즉 욕구충족이 동기부여로 연결되어 생산성을 향상시킨다는 전제에서 출발한다.

먼저 내용에 속하는 이론으로 대표적인 매슬로(Maslow)의 욕구위계이론(욕구5단계이론)이 있다. 그리고 매슬로의 이론을 비판한 알더퍼(Alderfer)의 ERG이론이 있으며, 허즈버그(Herzberg)의 동기위생이론, 맥그리거(McGregor)의 X/Y이론, 그리고 아지리스(Argyris)의 성숙/미성숙이론이 있다. 이러한 이론은 맥그리거의 X/Y이론을 중심으로 구분하여 접근할 수 있으며, 다음 〈표 3-2〉와 같다.

| 표 3-2 | 동기부여이론의 X/Y론적 구분

<table>
<tr><th colspan="5">내용이론: 욕구충족 → 동기부여 → 생산성 향상
⇨ X/Y론적 구분</th></tr>
<tr><th>McGregor</th><th>Maslow</th><th>Alderfer</th><th>Herzberg</th><th>Argyris</th></tr>
<tr><td rowspan="2">X론</td><td>생리적 욕구</td><td rowspan="2">생존욕구(E)</td><td rowspan="2">위생요인(불만족)</td><td rowspan="2">미성숙인</td></tr>
<tr><td>안전욕구</td></tr>
<tr><td rowspan="3">Y론</td><td>사회적 욕구</td><td rowspan="2">사회적(관계적) 욕구(R)</td><td rowspan="3">동기요인(만족)</td><td rowspan="3">성숙인</td></tr>
<tr><td>존경의 욕구</td></tr>
<tr><td>자아실현 욕구</td><td>성장욕구(G)</td></tr>
</table>

1) 매슬로의 욕구단계이론

매슬로(Maslow)의 욕구단계이론은 인간의 욕구를 가장 낮은 곳에서 가장 높은 곳으로 올라가는 계층(hierarchy)의 형태로 욕구가 발생되고 충족된다고 보았다. 인간의 욕구를 가장 낮은 단계인 생리적 욕구로부터 다음 단계인 안전의 욕구, 사회적 욕구, 존경의 욕구, 최상의 단계인 자아실현의 욕구 순으로 피라미드 5단계로 분류하였다(그림 3-1).

가장 낮으면서 기본적인 차원의 생리적 욕구는 의식주와 같은 삶 자체를 유지하기 위한 가장 원초적이고 기초적인 욕구이다. 그리고 다음 단계인 안전의 욕구는 외부로부터 자신을 보호받고, 보장받고 싶어 하는 욕구이다. 기본적으로 위험으로부터 안전해지려는 욕구이다. 사회적 욕구는 사회적 존재인 인간이 집단에 받아들여져 소속되기를 바라는 욕구이다. 즉 동료집단에 소속되고 싶어 하고, 그들과 우의 및 애정을 갖고자 하는 욕구이다. 그리고 존경의 욕구는 자존의 욕구로 다른 사람들로부터 인정과 존경을 받고자 하는 욕구이다. 마지막으로 최상의 단계인 자아실현의 욕구는 자기발전을 위해서 자신의 잠재능력을 극대화하려는 욕구이다. 이러한 각 단계별 욕구는 어느 정도 충족되면 다음 단계로의 욕구충족을 위해 동기부여가 발생한다는 이론이다. 따라서 생존의 욕구가 충족되면 안전의 욕구를 추구하는 동기가 유발되어 안전의 욕구를 목표로 하는 행동으로 옮겨지고, 그 결과 안전의 욕구를 충족하게 된다는 것으로 이렇게 가장 높은 단계인 자아실현의 욕구까지 추구된다는 것이다.

그림 3-1 매슬로의 욕구단계이론

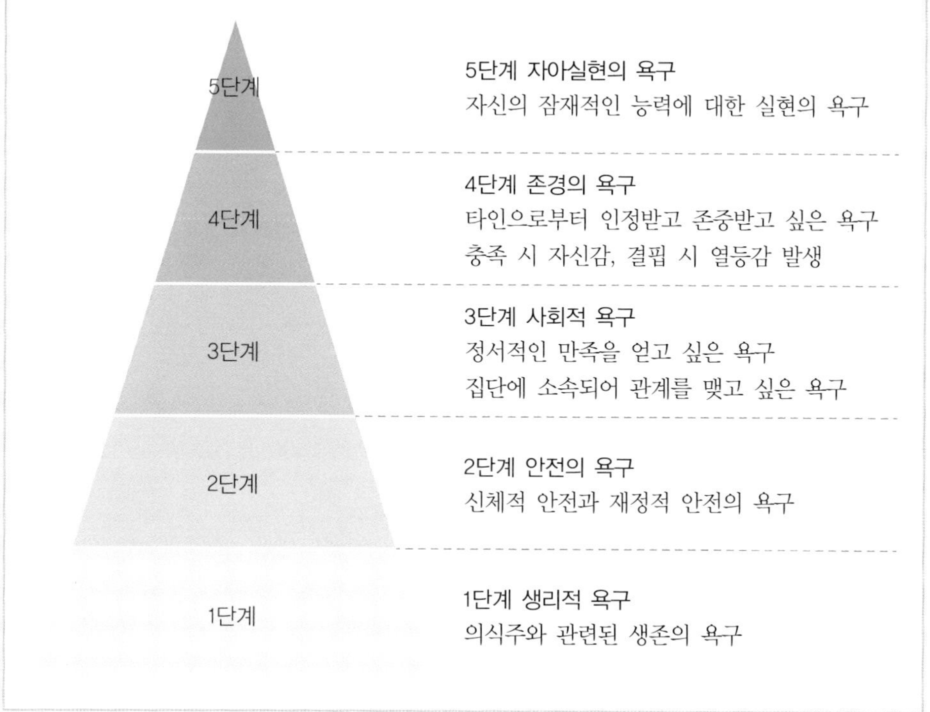

2) 알더퍼의 ERG이론과 허즈버그의 동기위생이론

다음으로 알더퍼의 ERG이론은 매슬로의 욕구 5단계를 바탕으로 인간이 지닌 욕구를 3가지 핵심욕구로 나누어 설명하였다. 즉 인간의 생존에 관계되는 욕구와 신체적 안전에 대한 욕구를 바탕으로 한 생존(존재)의 욕구(existence)와 인간의 사회적 측면과 관련하여 인간답게 살기 위하여 타인과의 관계를 유지하려는 사회적(관계적) 욕구(relatedness), 인간 내면의 정신적인 측면과 관련하여 자신을 개발하고 창조적인 일을 통해 개인적인 성장을 추구하는 성장욕구(growth)로 분류하였다. ERG이론은 한 가지 욕구가 만족되면 다음 단계로 진보하고, 만약 좌절되면 아래 단계로 퇴보한다고 주장하고 있으며, 두 가지 욕구가 동시에 발생할 수 있다고 보았다.

| 표 3-3 | 알더퍼의 ERG이론

Alderfer	내용
생존욕구(E)	생존에 관한 욕구와 신체적 안전에 대한 욕구
사회적(관계적) 욕구(R)	타인과의 관계를 유지하려는 욕구
성장욕구(G)	개인의 성장과 잠재력을 극대화하려는 욕구

허츠버그(Hersberg)의 동기위생이론은 매슬로의 이론을 확대하여 직무에 만족을 주는 동기요인(motivator factor)과 불만을 초래하는 위생요인(hygiene factor)으로 구분하여 동기부여를 연구한 이론이다. 동기요인은 직무성취감, 인정감, 보람, 책임의식, 발전 및 성장(승진) 등과 같은 요인으로 충족되면 만족하게 되고, 이는 동기를 부여하여 생산성을 높인다고 보았다. 이러한 요인은 매슬로의 상위욕구에 해당되며, 맥그리거의 Y이론과 유사하다. 즉 동기요인은 인간의 잠재력과 자아실현욕구를 중심으로 발생하고, 직무 그 자체에 관심을 가지게 되며 직무만족과 관련이 있다. 그러나 위생요인은 감독, 규정, 정책, 보수, 상하 및 동료와의 대인관계, 근로조건, 기술, 지위, 안전 등과 같은 요인으로 미충족될 경우 구성원들의 불만을 초래하며, 이러한 요인이 충족된다고 해도 구성원들의 동기를 부여하지는 않는다고 보았다. 이러한 요인은 매슬로의 하위욕구인 생리적 욕구와 안전의 욕구와 관련이 있으며 맥그리거의 X이론과 유사하다. 동기부여를 위해서는 동기요인에 초점을 맞출 필요가 있다.

그림 3-2 허츠버그의 동기위생이론

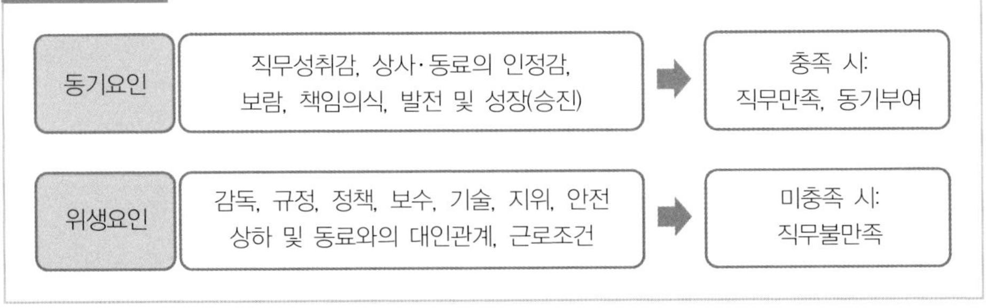

3) 맥그리거의 X/Y이론과 아지리스의 성숙/미성숙이론

맥그리거(McGregor)는 리더십의 유형을 X이론과 Y이론으로 분류하였다. X이론에 의하면 인간은 본래 일하기 싫어하고 가능하면 일하지 않으려고 하므로 통제와 지시는 불가피하다고 보았다. 그리고 Y이론에서는 인간은 본래 일하기 좋아하고 뚜렷한 목표가 생기면 스스로 창의력을 발휘하여 일하므로 굳이 통제하거나 지시할 필요가 없다고 보는 이론이다. 맥그리거는 전문 조직사회에서 관리자는 X이론보다는 Y이론에 기반을 두고 조직을 관리해야 한다고 보았다. Y이론은 매슬로의 상위 욕구에 초점을 맞춘 이론으로 자아실현 욕구를 가진 사람에게 먼저 동기를 부여해야 한다는 것이다.

아지리스(Argyris)의 성숙/미성숙이론의 핵심은 인간은 성숙된 사람과 미성숙한 사람이 있으며, 대개는 미성숙한 상태에서 성숙한 상태로 진전되는 과정이 바로 조직관리의 효율적 전략이 된다는 것이다. 즉 조직의 목표가 성공적으로 수행되기 위해서는 조직의 참여자들이 성숙된 인간으로 관리되어야 한다는 것이다. 아지리스가 말하는 미성숙상태는 수동적이며 의존적이고 단기적 시야에서 자아인식의 결여로 제한된 행동을 한다는 것이다. 이러한 미성숙의 상태는 능동적이고 독립적이며 장기적 시야에서 자아인식과 자기통제를 통해 다양한 행동을 수행하는 성숙의 상태로 발전해야 조직관리가 효율적이 된다고 설명한다. 이러한 이론의 본질은 맥그리거의 X/Y이론과 일맥상통한다. 아지리스의 성숙/미성숙이론은 맥그리거의 X이론의 가정처럼 인간은 게으르고 타성적이며 이기적인 성향을 갖고 있을 때 미성숙한 존재로 보고 있으며, 이러한 미성숙한 인간은 과업을 회피하거나 수동적이고 소극적인 성향을 보인다고 주장한다. 그리고 아지리스는 Y이론의 가정처럼 인간은 부지런하고 자율적이며 헌신과 책임감을 가지고 자이실현을 이루는 존경 지향적 성향을 가질 때를 성숙한 존재로 인식하였다.

03 | 과정(기대)이론

과정이론은 내용이론과는 달리 욕구충족이 바로 동기부여가 되지 않는다고 본다. 개인의 기대치를 충족시킬 때에만 동기가 부여되어 생산성을 향상시킨다고 보는 이론으로 기대이론이라고도 한다. 기대이론의 핵심은 직무수행을 통해서 장차 개인이 바라는 좋은 성과를 얻을 수 있다고 하는 기대와 그러한 성과가 개인에게 얼마나 매력적인가를 보여주는 유의성 정도에 따라 행동하게 된다고 보는 이론이다. 다시 말해서 직무에서 열심히 일함으로써 긍정적 유의성이 높은 성과들을 얻을 확률이 높다고 지각하면 동기부여의 힘이 커진다고 본다. 과정이론을 대표하는 학자는 브룸(Vroom)과 아담스(Adams)이다.

표 3-4 과정(기대)이론

과정이론: 욕구충족 → 개인 기대치 충족 → 동기부여 → 생산성	
브룸의 기대이론	• 행위의 결과에 따라 바라는 개인적 기대치가 만족되어야 동기유발 • 기대와 수단, 가치부여의 세 가지 인지요소의 결합
아담스의 공정성이론	• 타인과 비교하여 불공정한 대우를 받았을 때 불만족 • 타인과 비교하여 공정하게 대우받을 때 만족하며 동기유발

브룸(Vroom)의 기대이론은 행위의 결과에 따라 바라는 개인적 기대치가 모두 다르다는 것을 인식하고 각 개인은 이 기대치가 만족되어야만 동기가 유발된다고 보았다. 즉 기대와 수단, 가치부여의 세 가지 인지요소가 결합하여 만족될 때 동기부여가 된다고 보았다. 그러나 아담스(Adams)의 공정성이론의 경우, 개인의 기대치보다는 타인과 비교하여 불공정한 대우를 받았을 때 또는 지나친 대우를 받았을 때 불만족을 가져오며, 타인과 비교하여 공정하게 대우받을 때 만족하게 되고 동기가 유발된다고 보았다. 즉 자신이 처해 있는 상황이 타인과 비교했을 때 공평한지의 여부가 만족과 불만족에 대한 규정요인이 되는 것이다. 따라서 조직구성원은 타인과의 관계에서 공평성(공정성)을 유지하는 방향으로 동기부여를 한다는 것이다.

04 | 동기부여의 공통적 요소

지금까지 살펴본 동기부여이론인 내용이론과 과정이론들은 정도의 차이가 있지만 몇 가지 공통적인 동기부여 요소가 있다. 먼저 동기부여를 위해서는 조직과 과업에 대한 개인의 관심을 불러일으킬 필요가 있다. 왜냐하면 개인적 관심은 동기부여와 양질의 사회서비스를 제공하는 데 매우 중요하기 때문이다. 개인의 관심은 조직에서 사례와 경험을 공유하거나 조직의 운영에서 중요한 기획과 의사결정 과정에 참여시킴으로써 개발될 수 있다. 두 번째로 행정적 지지이다. 사회복지조직에서 행정가란 공동의 목표를 달성하기 위해 함께 일하면서 조직의 생산성을 높이고 직원들의 사기를 진작시키기 위해 도움을 주는 사람이다. 모든 조직구성원들은 인정받고 싶고, 성취감과 가치를 달성하고자 한다. 따라서 이러한 감정을 지지해 주고 충족시켜 줌으로써 조직구성원들이 다른 구성원들과 더불어 일할 의욕과 동기를 부여해 줄 수 있다.

세 번째로 책임 및 권한의 명확화이다. 조직구성원들이 자신들의 특수한 책임을 이해하고 그 책임을 수행하기 위한 권한이 부여될 때, 긍정적인 감정을 갖게 되고 조직의 이익과 서비스의 질을 높이기 위해 최선을 다하는 동기가 부여될 수 있다. 넷째로 승인과 칭찬을 통해 동기가 부여될 수 있다. 조직구성원들이 조직의 목표를 잘 수행하고 직무를 잘 수행했을 때 상관으로부터의 칭찬을 통한 환류는 동기부여의 커다란 요소로 작용된다. 마지막으로 가치 있는 무엇인가를 할 수 있는 성취기회는 조직구성원들의 동기부여와 사기진작을 위해 매우 중요하다. 조직구성원들은 가치 있는 어떤 일을 성취하는 것으로부터 진정한 만족과 긍정적 감정을 얻는다. 이러한 성취기회는 동기부여의 중요한 요인으로 작용한다.

| 표 3-5 | 동기부여의 공통적 요소

공통요소	내용
개인적 관심	동기부여와 양질의 사회서비스 제공에서 중요
행정적 지지	조직구성원들의 사기진작과 일할 의욕부여
책임 및 권한의 명확화	책임수행을 위한 권한의 긍정적 감정으로 인한 동기부여
승인과 칭찬	목표달성과 직무성과에 대한 승인과 칭찬으로 인한 동기부여
성취기회	가치 있는 일의 성취로부터 만족과 긍정적 감정으로 인한 동기부여

Chapter 04

리더십

Social Welfare Administration

04

Chapter

리더십

리더십은 사회복지조직과 프로그램의 유효성을 좌우하는 수많은 요인들 중에서 전략적으로 적용할 수 있기 때문에 사회복지행정에서 매우 중요하다. 조직의 목표 결정이나 실행, 유지, 변화 등 제반 조직활동들은 리더십의 형태에 따라 크게 좌우되기 때문이다. 본 장에서는 이러한 측면에서 리더십의 개념과 유형, 사회복지조직에서의 리더십 유형에 대해 알아본다.

01 | 리더십의 개념과 필요성

리더십이란 조직의 목표달성에 있어서 어떤 주어진 상황에서 조직의 구성원들이 조직과 관련된 행동에 자발적으로 종사할 수 있도록 공식적 직위에 있는 사람이 영향력을 행사하는 과정을 의미한다. 또한 리더십은 조직의 목표를 달성하기 위한 관리능력 및 구성원에 대한 동기부여 능력 등과 관련이 있다. 따라서 조직의 성과를 달성하기 위해서는 리더십이 요구된다. 특히 많은 전문가가 고용되어 있는 사회복지조직에는 전문가의 자율성 욕구와 조직의 통제욕구 사이에 늘 긴장이 존재하기 때문에 이러한 조직 안에서 구성원들이 조직의 규칙과 규정을 준수할 수 있도록 동기부여할 리더십을 필요로 한다. 또한 사회복지조직이 직면하고 있는 끊임없이 변화하는 환경적 압력과 외부의 요구 및 변화에 적절히 대응하기 위한 리더십이 필요하다. 더불어 새로운 기술 또는 새로운 구조의 모임과 같은 중요한 내부적 변화를 조직에 통합될 수 있도록 이끌고, 구성원의 목표와 조직의 목표 사이에 가능한 한 많은 일치를 가져올 수 있도록 노력하는 리더십이 요구된다.

02 리더십의 이론

리더십은 크게 시대적 흐름에 따라 특성이론과 행동이론, 상황이론으로 나누어 살펴볼 수 있다. 타고난 천부적 리더의 특성에 초점을 둔 특성이론과 리더의 행동에 따라 리더십의 효과가 다르다는 관점의 행동이론과 상황에 따라 리더십의 효과가 달라진다고 보는 상황이론이 있다. 행동이론에는 오하이오주립대학과 미시간대학의 연구, 관리격자이론이 있으며, 상황이론에는 피들러의 상황이론, 허쉬와 블랜차드의 상황이론, 에반스와 하우스의 경로-목표이론이 있다.

그림 4-1 리더십이론

특성이론	행동이론	상황이론
1940~1950년대 리더는 천부적인 개인특성	1950~1960년대 리더 행동에 따라 리더십 효과가 다름	1970년대 상황에 따라 리더십 효과가 다름
리더 특성 연구	오하이오주립대학 연구 미시간대학 연구 관리격자이론	피들러의 상황이론 허쉬와 블랜차드의 상황이론 에반스와 하우스의 경로-목표이론

1) 특성이론

특성이론(trait theory)은 1940~1950년대에 리더의 특성 또는 자질을 중심으로 연구한 이론으로 성공한 리더들은 공통적으로 어떤 특정한 특성이나 자질을 갖고 있다는 것이다. 성공한 리더들의 특성과 자질을 파악한 결과, 성공한 리더들은 육체적 특성과 사회적 배경, 지능, 퍼스널리티, 과업과 관련된 특성, 사회적 특성 등을 가지고 있다고 보았다.

| 표 4-1 | 특성이론의 특성

특성이론	• 리더는 남다른 특성을 타고난다는 입장 • 성공적인 리더와 그렇지 않은 리더를 구별할 수 있는 일련의 특성 존재

그러나 이 이론은 모든 리더가 보편적으로 소유하고 있는 구체적인 특성을 발견하는 데 실패한 점과 리더가 하위자의 행동에 영향을 미치기 위해 나타날 수 있는 행동 유형을 알려주지 못한 점 등에서 비판을 받고 있다.

2) 행동이론

행동이론(behavior theory)은 특성이론을 비판하면서 1950~1960년대에 등장한 이론으로 리더십의 가장 중요한 측면은 리더의 특성이 아니라 다양한 상황에서 발휘하는 리더의 행동 유형에 의해 성공적인 리더와 그렇지 않은 리더가 결정된다는 이론이다. 행동이론에는 리더의 행동 중심으로 리더를 판단하는 관점인 오하이오(Ohio)주립대학과 미시간(Michigan)대학의 연구가 있고, 과업(생산)과 구성원을 기준으로 한 리더십 유형을 분류한 블레이크와 머튼(Blake & Morton)의 관리격자이론이 있다.

| 표 4-2 | 행동이론의 특성과 종류

행동이론 특성	• 리더의 가장 중요한 측면은 리더가 여러 상황에서 실제로 대응하는 행동에 의해 성공적인 리더와 그렇지 않은 리더가 구별
오하이오 연구	• 구조주도 행동과 배려행동 • 구조주도 행동과 배려행동이 둘 다 높을 때 조직성과가 가장 높게 나타남
미시간 연구	• 직무중심적 리더와 구성원 중심적 리더 • 구성원 중심적 리더십이 업무성과에 가장 효과적
관리격자이론	• 생산에 대한 관심과 인간에 대한 관심 • 생산과 인간에 대한 관심이 높은 팀형 리더십이 업무성과에 가장 효과적

오하이오주립대학의 연구에서는 리더십을 구조주도와 배려를 행동의 두 축으로 하여 4가지로 유형화하였다. 구조주도 행동은 과업을 조직화하고 업무를 할당하며 의사전달 통로를 확립하는 등 직무나 구성원들을 조직화하는 것이다. 그리고 배려행동은 부하에 대한 관심과 우호, 지지, 상호 존중, 복지에 대한 관심 등을 의미한다. 4가지 유형 중 높은 배려행동과 높은 구조주도 행동을 동시에 추구하는 리더십이 과업성과를 높이는 가장 이상적인 리더십으로 규정하였다.

그림 4-2 오하이오주립대 리더십이론

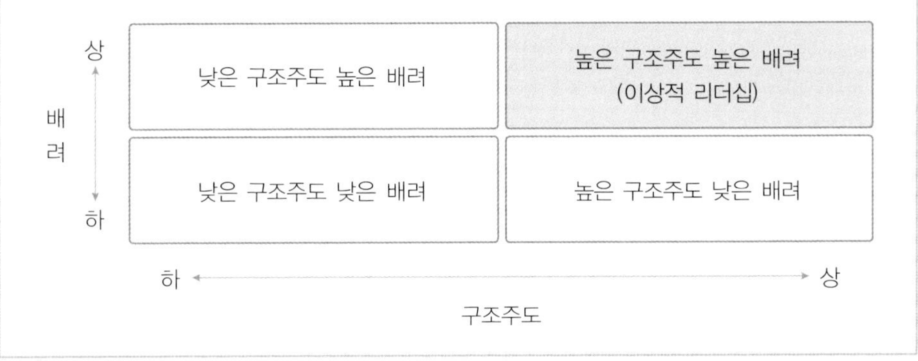

미시간대학교 연구에서도 오하이오 연구와 마찬가지로 리더의 어떤 행동이 집단의 성과와 구성원의 만족도를 높이는지를 밝히고자 하였다. 리더의 행동을 직무중심적 리더십과 구성원 중심적 리더십으로 유형화하였다. 먼저 직무중심적 리더십은 세밀한 감독과 합법적이고 강제적인 권력을 활용하며 업무계획표에 따라 이를 실천하고 업무성과를 평가하는 유형이다. 그리고 구성원 중심적 리더십은 인간 지향적이며 책임의 위임과 구성원의 복지, 욕구, 승진, 개인적인 성장에 관심을 강조하는 유형이다. 미시간 연구의 결과, 직무중심적 리더십보다는 구성원 중심적 리더십이 더 업무성과에 효과적인 것으로 나타났다.

마지막으로 관리격자(managerial grid)이론은 블레이크와 머튼이 주도한 연구이다. 오하이오 연구를 발전시킨 것으로 어떤 방향에서 리더의 행동을 개발하는 것이 가장 효과적인가를 제시한 이론이다. 리더의 생산에 대한 관심과 인간에 대한 관심을 두 축으로 하여 리더십을 유형화하는 개념틀을 관리격자를 사용하여 분류하였다. 격자는 생산에 대한 관심인 가로축과 인간에 대한 관심인 세로축을 9칸으로 나눠 81칸의 격자를 나눈 후 특징을 가진 리더십 유형을 정리한 결과 5개의 리더십 유형이 제시되었고, 유형과 특성은 〈표 4-3〉과 같으며, 이 중 팀형(9,9형)에 속한 리더와 구성원들의 업무성과가 가장 높게 나타났다.

| 표 4-3 | 관리격자이론의 유형

구분	특성
무관심형(1,1형)	생산에 대한 관심이 낮고, 인간에 대한 관심도 낮은 유형
컨트리클럽형(1,9형)	생산에 대한 관심은 없고 인간에 대한 관심만 높은 유형
중도형(5,5형)	생산에 대한 관심과 인간에 대한 관심 둘 다 보통 수준인 유형
과업중시형(9,1형)	생산에 대한 관심만 있고 인간에 대한 관심은 없는 유형
팀형(9,9형): 이상적 유형	생산에 대한 관심도 높고 인간에 대한 관심도 높은 유형

3) 상황이론

1970년대 이론으로 등장한 상황이론은 리더십의 환경을 둘러싸고 있는 상황에 의해 리더의 효과성이 결정된다는 이론이다. 즉 특정한 상황에 따라서 효과적인 리더십 유형이 다르고 성공적인 리더십도 상황에 따라 다를 수 있음을 전제한다.

상황이론의 종류에는 리더와 부하와의 관계와 과업상황에 따른 리더십 형태를 설명하는 피들러(Fiedler)의 상황적합이론과 부하의 업무 성숙도에 따라 네 가지

리더십으로 분류한 허쉬와 블랜차드(Hersey & Blanchard)의 상황이론이 있다. 그리고 브룸의 기대이론을 결합하여 리더의 핵심은 부하 직원의 동기를 높이는 것이라고 주장하는 에반스와 하우스(Evans & House)의 경로-목표이론이 있다.

| 표 4-4 | 상황이론의 종류와 효과적 리더십

상황이론	종류
피들러 상황적합이론	• 상황의 호의성에 의해 좌우 • 관계지향적 리더십: 상황이 유리하지도 불리하지도 않은 경우에 적용 • 과업지향적 리더십: 상황이 매우 유리하거나 불리할 경우에 효과적
허쉬와 블랜차드 상황이론	• 부하의 업무성숙도 상황에 따라 좌우 • 지시형 리더십: 능력도 없고 의지도 없는 경우 • 제시형 리더십: 능력은 없고 의지는 있는 경우 • 참여형 리더십: 능력은 있지만 의지가 없는 경우 • 위임형 리더십: 능력과 의지가 있는 경우
에반스와 하우스 경로-목표이론	• 조직의 목표 성취를 위한 가장 중요한 요인은 부하직원의 동기 • 리더의 핵심역할은 부하직원의 동기부여

피들러(Fiedler)의 상황적합이론에서 가장 효과적인 리더십은 상황의 호의성에 따라 좌우된다고 보았다. 피들러는 리더 유형을 구성원과의 관계에 중심을 두는 관계지향적 리더십과 업무성과 측면에 역점을 두는 과업지향적 리더십으로 분류하였다. 관계지향적 리더십은 상황이 유리하지도, 불리하지도 않은 중간 정도일 때 효과적이며, 과업지향적 리더십은 상황이 리더에게 매우 호의적이거나 매우 비호의적일 경우에 효과적이라고 주장하였다.

다음으로 허쉬와 블랜차드(Hersey & Blanchard)의 상황이론은 부하의 업무성숙도 상황에 따라 효과적인 리더십 유형이 달라진다고 보았다. 부하의 업무성숙도란 목표설정능력, 책임의식과 노력, 교육과 경험 등을 말한다. 부하가 능력도 없고 의지도 없는 경우에는 지시형 리더십이 효과가 있고, 능력은 없지만 의지가 있는 경우에는 제시형 리더십이, 능력은 있지만 의지가 없는 경우는 참여형 리더십이, 능력과 의지가 모두 있는 경우에는 위임형 리더십이 효과적이라고 보았다.

에반스와 하우스의 경로-목표이론(path-goal theory)은 리더의 핵심역할은 조직의 목표를 성취하고 업무성과를 높이기 위해 부하직원의 동기를 높이는 것이라 보았다. 리더의 행위스타일이 부하의 특성과 환경적 요인이 결합하여 부하들에 의해 그들의 목표달성에 도움이 되는 것으로 지각되는 경우에 부하들은 리더에게 만족하고 리더의 영향력을 받아들이게 되어 효과적이라 보았다. 그러나 부하들에 의해 그들이 목표달성에 도움이 되지 않는 것으로 지각되는 경우 부하들은 리더에게 만족하지 못하고 리더의 영향력을 받아들이지 않는다고 보았다.

4) 현대 이론

현대 리더십 이론으로 거래적-변혁적 리더십 이론과 경쟁적 가치 리더십이론이 있다. 번스(James MacGregor Burns)는 리더십을 서로의 동기 수준을 높이고, 구성원과 상호작용 또는 교환과정을 통한 리더십으로 정의하면서 거래적 리더십과 변혁적 리더십으로 분류하였다. 경쟁적 가치(competing value) 리더십 이론은 기존의 이론이 과업과 관계중심에서 벗어나 통합적 관점에서 접근하는 리더십 이론이다.

표 4-5 현대 이론의 종류와 내용

현대 이론	종류와 내용
거래적-변혁적 리더십	• 거래적 리더십의 특성: 교환관계, 현상유지, 조직안정 • 변혁적 리더십의 특성: 변화 추구적, 개혁적, 지적 자극, 개별적 고려
경쟁적 가치 리더십	• 외부지향-유연성에 근거한 경계잇기 기술: 비전제시형↔분석형 • 내부지향-유연성에 근거한 인간관계 기술: 동기부여형↔목표달성형 • 외부지향-통제에 근거한 지시기술: 목표달성형 • 내부지향-통제에 근거한 조정기술: 분석형

거래적 리더십(transactional leadership)은 리더와 구성원 간의 거래관계, 교환관계에 바탕을 둔 리더십 이론이다. 구성원들이 조직의 목표를 달성하고자 노력과 성과를 보이면 그에 대해 보상하는 것이 거래적 리더십이다. 심리적 일체감보다는 합리적이고 타산적인 교환관계를 중시하며, 리더가 보너스를 주거나 승진시켜주는 것처럼 무엇인가 가치 있는 것을 교환함으로써 구성원에게 영향력을 행

사하는 것을 말한다. 거래적 리더십에서 리더는 조직의 변화나 혁신보다는 현상유지, 조직안정에 관심이 더 많기 때문에 전통적 리더십이라고도 부른다.

변혁적 리더십(transformational leadership)은 관행을 거부하고 위험을 감수하고도 도전하는 변화 추구적이고 개혁적인 리더십이다. 리더는 환경변화에 대처하기 위해 구성원에게 비전을 제시해 주거나 긍지를 심어주어 존경과 신뢰를 얻는다. 변혁적 리더는 강한 자기 확신과 이념적 신념을 보유하고 있어 카리스마가 있으며 구성원의 동기 신념, 가치관에 큰 영향을 미친다. 중요 사안에 대해 자신의 입장을 분명히 밝히면서 구성원들의 잠재력을 끌어올리는 등 구성원들을 개별적으로 고려한다. 따라서 변혁적 리더는 강한 카리스마를 지녀야 하며 조직변화의 필요성을 감지하고, 그러한 변화를 이끌어낼 수 있는 새로운 비전을 제시하는 능력이 있어야 한다.

경쟁적 가치(competing value) 리더십 이론에서 경쟁적 가치의 의미는 비전제시형 리더인 환경적응, 목표달성형 리더인 목적달성, 분석형 리더인 형태 유지, 동기부여형 리더인 통합으로 나타난다. 특히 리더십의 초점을 외부지향－내부지향의 연속선과, 유연－통제의 연속선이라는 두 가지 축을 바탕으로 리더십의 기술영역을 4가지로 제시하였다. 외부지향과 유연성에 근거한 경계잇기 기술에는 비전제시형 리더십으로 유형화되었고, 그 반대편에 내부지향과 통제에 근거한 조정기술인 분석형 리더십이 존재한다. 그리고 내부지향과 유연성에 근거한 인간관계 기술은 동기부여형으로 그 반대편에 외부지향 통제에 근거한 지시기술인 목표달성형 리더십으로 분류하였다. 비전제시형 리더는 외부지향적이며 개방적이고 조직활동의 유연성을 추구한다. 그리고 목표달성형 리더는 조직의 생산성을 확대하기 위한 통제와 규율 위주의 공식적 리더십을 지향한다. 그리고 분석형 리더는 내부지향적이고 구조화된 통제 위주의 상반된 가치를 요구하며, 동기부여형 리더는 조직구성원 간 인간관계 향상에 가치를 둠으로써 유연성과 비집권적인 특성을 보유하고 있다.

| 표 4-6 | 경쟁적 가치 리더십이론의 유형의 특성

비전제시형 리더	목표달성형 리더	분석형 리더	동기부여형 리더
외부지향-유연성	외부지향-통제	내부지향-통제	내부지향-유연성
• 변화선도 • 창의적 사고 • 변화관리 • 권력구축 유지 • 협상관리 • 아이디어 제공	• 생산적인 작업 • 생산적인 작업환경조성 • 시간/스트레스 관리 • 솔선수범 • 목표설정, 조정 • 효과적 권한 위임	• 정보입수 • 조직수행관리 • 정보전달 • 계획수립 • 작업설계 • 통제관리	• 자신 · 타인이해 • 효과적인 의사소통 • 부하육성 • 팀빌딩 • 참여적 의사결정 • 갈등관리

03 | 사회복지조직에서의 리더십 유형

사회복지조직은 대부분 법령과 규칙, 절차에 의해 민주적으로 리더십을 부여한다. 민주적 리더십을 기반으로 하여 칼리슬(K. Carlisle)은 사회복지조직의 리더십을 지시적 리더, 참여적 리더, 자율/위임적 리더로 분류하여 제시하였다.

지시적 리더는 명령과 복종을 강조하고, 조직구성원을 보상-처벌이란 연속선에서 통제한다. 징책이 일관성이 있고 신속한 결정이 가능하며 위기 시에 신속하게 대응할 수 있다는 장점이 있다. 그러나 통제가 많을수록 조직구성원들의 사기가 저하되고 경직될 수 있는 단점이 있다. 지시적 리더십은 주로 상급자 중심의 리더십이다.

다음으로 참여적 리더십은 민주적 리더십의 전형적이 모습을 보여준다. 의사결정과정에 부하직원을 폭넓게 참여시키고 의사소통의 경로를 개방하여 더 많은 정보를 얻고, 동기유발을 통해 개인의 지식과 기술을 활용한다. 따라서 집단지식과 기술을 이용할 수 있고, 직원들을 의사결정에 참여시켜 일에 대한 적극적 동기부여가 가능하다. 그러나 책임분산으로 인해 조직이 무력해질 수 있으며, 구성원들의 참여로 많은 시간이 소요될 수 있어 위기 시 긴급한 결정을 내릴 때 효율적이지 못하다.

자율/위임적 리더는 자유방임적 리더십이다. 의사결정권을 부하직원들에게 위임하여 스스로 목표를 세우고, 계획을 수립하여 시행하도록 하는 것이다. 전문적인 특정과업을 수행하는 데 적합한 리더십이지만, 업무처리에 대한 정보가 부족하고 내부갈등이 발생할 경우 구성원들 간 조정이나 해결이 어려워 혼란이 발생할 수 있다. 위임적 리더십은 주로 하급자 중심의 리더십이다.

다음으로 사회복지조직의 리더십 수준을 관리층을 중심으로 최고관리층, 중간관리층, 하위관리층으로 분류하여 리더십을 기술하면 다음 〈표 4-7〉과 같다.

| 표 4-7 | 관리자 유형별 리더십 수준과 역할

관리자 유형	리더십
최고관리자	• 행정 목표의 설정과 정책결정 • 변혁을 위한 의사결정과 수행 • 자원의 동원 및 관리 • 행정의 통제 및 조정 • 조직의 일체성과 환경에 대한 적응성 확보
중간관리자	• 최고관리층과 직원의 연결 • 하급자에 대한 감독 및 통제기능 • 동료 간의 협조 및 조정의 수평적 기능
하위관리자	• 슈퍼바이저 • 업무의 기술적 측면에 대한 충고와 지지 제공 • 슈퍼비전을 위한 전문적 기술 필요

최고관리층이라 함은 사회복지조직을 이끌어 나갈 전반적인 책임을 지니고 있는 사람들(executive managers)을 말한다. 최고관리층에게 가장 필요한 리더십 기술은 변화주도와 의사결정이다. 최고관리자는 행정목표의 설정과 정책결정, 변혁을 위한 의사결정과 수행을 하여야 한다. 또한 자원의 동원 및 관리, 행정의 통제 및 조정, 조직의 일체성과 환경에 대한 적응성 확보 등도 수행해야 한다. 따라서 최고관리층이 달성해야 할 중요한 과업으로 두 가지가 있다. 첫 번째 과업은 내부운영을 지시하고 조정하는 것으로, 내부운영의 경우 조직의 기본적 임무를 선정하고 임무를 수행하기 위한 기술의 선정과 내부구조를 발전시키고 유

지하는 것이다. 두 번째 과업은 환경과의 관계를 확립하는 것이다. 환경과의 관계 확립은 외부의 이해관계 집단과 교섭하고 중재함으로써 조직의 전통성을 확립하고, 변화를 주도하고 수행하는 것이다.

최고관리자의 의사결정형태들은 조직의 발전단계에 따라 달리 적용된다. 설립단계(founding stage)에서는 최고관리자가 조직구성원들의 임무를 정의하고 조직을 정당화시키는 것과 관련된 의사결정을 내릴 수 있는 리더십 유형을 필요로 한다. 또한 조직의 업무와 이념에 헌신할 수 있는 직원의 모집이 중요하다. 이 단계에서 필요한 리더십 기술에는 지지와 정통성을 확보하기 위해 지역사회에 조직을 대표할 능력을 반드시 포함시켜야 한다. 생산단계(production stage)에서는 효과적인 서비스 전달을 위해 필요한 기술적 체계와 분업의 형태를 이해할 수 있는 리더십을 필요로 한다. 그리고 확장 및 분화단계(expansion and differentiation stage)에서는 조직 내에서 여러 하위집단이 생겨나고 조직이 더욱 복잡해지므로, 여러 하위집단을 조정하고 하위집단들 간에 생겨나는 갈등을 해결할 리더십 기술이 필요하다. 안정 및 예측단계(stability and predictability stage)에서는 외부의 반대세력으로부터 조직을 보호하는 의사결정을 내려야 한다. 마지막 혁신단계(innovation stage)에서는 외부의 요구에 반응해서 구조를 변화시키는 것, 체계적 관점(systemic perspective)을 가질 필요가 있다.

| 표 4-8 | 최고관리자의 조직발전단계에 따른 리더십 기술

관리자 유형	리더십
설립단계	• 지지와 정통성을 확보, 지역사회 대표할 능력 • 조직구성원들의 임무 정의와 조직을 정당화하는 의사결정기술
생산단계	• 효과적인 서비스 전달을 위한 기술적 체계, 분업형태를 이해할 기술
확장 및 분화단계	• 여러 하위집단의 조정과 갈등해결기술
안정 및 예측단계	• 외부 반대세력으로부터 조직보호기술
혁신단계	• 외부 요구에 구조를 변화시키는 기술, 체계적 관점의 기술

다음으로 중간관리층이라 하면 조직의 주요한 프로그램 부서를 책임지고 있는 사람들(program managers)을 말한다. 중간관리자의 경우 가장 중요한 기술은 인간

관계기술이다. 최고관리층과 직원의 연결쇠가 되어야 하고, 하급자에 대한 감독 및 통제기능과 동료 간의 협조 및 조정의 수평적 기능을 하여야 한다. 중간관리층은 하위관리층을 포함한 일선직원과 최고관리층 사이의 연결쇠(linking pin)이므로 이 두 수준을 중재해야 하는 중요한 책임을 담당하게 된다. 중간관리층은 직원들의 사기(morale)와 효율성(efficiency), 효과성(effectiveness)에 도움을 주는 제반 조건들을 개발하고 유지하는 중요한 책임을 진다. 따라서 중간관리층의 리더십은 수직적, 수평적 연결쇠로서의 기술과 각 직원들의 욕구를 조직의 목표에 통합시키는 기술을 필요로 한다.

마지막으로 하위관리층은 일선직원들과 매일매일 정상적으로 접촉하는 슈퍼바이저들(supervisors)을 말한다. 하위관리자의 경우 슈퍼바이저로서 업무의 기술적 측면에 대한 충고와 지지 제공과 슈퍼비전을 위한 전문적 기술이 필요하다. 그들은 프로그램 수행을 감독하고 일선직원들에게 업무를 위임 또는 분담시키고 서비스가 제대로 수행되고 있는가를 검토한다. 하위관리층은 일선직원들에 의해 수행되는 방법이나 기법에 관한 지식을 갖고 있어야만 한다. 이들은 고참전문가(senior practitioner)로서 일선 직원들의 역할모델을 보여주는 사람이라고 볼 수 있다. 따라서 하위관리층의 리더십은 기술지식(technical knowledge)과 형평에 대한 관심(concern for equity)과 관련된 기술이 필요하다.

Part 02

Social Welfare Administration

사회복지행정의 실무영역

Chapter 05

인적자원관리

Social Welfare Administration

05 Chapter
인적자원관리

01 | 사회복지조직 인적자원관리의 이해

인적자원관리(human resource management: HRM)는 "개인과 조직의 목표를 달성하기 위해 인적자원을 유인, 모집, 선발, 유지, 개발 및 이용하는 관리행위"로 정의할 수 있다. 인적자원관리의 대상은 물적, 재정 자원이 아닌 사람으로 조직구성원의 채용과 배치, 교육과 훈련, 평가, 승진과 보상, 퇴직에 이르기까지 사람관리에 대한 문제를 해결하는 모든 과정을 말한다.

인사(人事)가 만사(萬事)라는 옛말처럼 성공적인 조직운영의 기반은 사람으로부터 시작된다고 볼 때, 사회복지서비스의 생산과 소비의 과정에서 사회복지사를 비롯한 종사자들의 역량은 성과에 중요한 영향을 미치는 요소임에 틀림없다. 따라서 사회복지시설에서의 사람에 대한 중요성이 더욱 강조되고 있다.

최근에는 사회복지환경이 급변하며 조직의 적응력과 경쟁력을 높이기 위한 방안들이 모색되고 있는데 그 중에서도 조직구성원, 즉 인적자원에 대한 관리는 매우 중요한 요인으로 작용하고 있다.

02 | 인적자원관리의 주요 기능

인적자원관리의 기능은 인적자원을 확보하고, 그들의 잠재적 능력을 최대한 활용하며, 이에 대한 평가와 보상, 유지하기 위한 전 과정을 의미한다. 사회복지 조직에서의 인적자원관리의 주요 기능은 [그림 5-1]과 같이 인적자원 확보, 교육훈련 및 역량개발, 직무평가, 보상, 이직관리로 나누어 살펴볼 수 있다.

그림 5-1 인적자원관리의 과정

1) 인적자원 확보

(1) 인력 계획

인적자원을 확보하기 위해서는 먼저 인력 계획을 수립하여야 한다. 인력 계획은 현재 조직 내 공석을 채우기 위한 과정에서 그치지 않고 현재 및 미래에 조직에 필요한 인력의 수를 예측하여 인적자원의 수요와 공급에 관한 계획을 수립하는 것을 의미한다.

인력 계획을 수립하기 위해서는 직무에 대한 이해가 뒷받침되어야 하는데 직무에 대한 정보를 수집, 분석, 종합하는 전 과정을 직무분석이라고 한다. 직무분석방법에는 '직무'를 중심으로 하는 방법과 '직무를 수행하는 사람'을 중심으로 하는 방법이 있으며 직무분석결과를 바탕으로 직무기술서와 직무명세서를 작성하고 이를 인력 계획에 반영하도록 한다.

| 표 5-1 | 직무기술서와 직무명세서

구분	직무기술서	직무명세서
개념	특정 직무에 부과된 임무와 책임을 구체적으로 기술한 것	특정 직무를 수행하는 데 필요한 요건을 기술한 것
내용	• 직무명칭 • 직무개요 • 장비(직무에 필요한 도구) • 환경(직무의 환경적 특성) • 작업 활동(직무의 임무 및 책임과 직무에 요구되는 사회적 측면)	• 교육수준 및 경력 • 정신적 특성(판단력, 주도력, 책임) • 육체적 특성(육제척 기술, 노력) • 의사소통 기술 • 정서적 특징 • 필요자격증

(2) 모집

모집은 사회복지시설의 구성원이 될 수 있는 능력과 잠재역량을 가진 사람을 찾아내는 과정으로 좋은 인력이 지원할 수 있도록 기관에 대한 정보를 알리는 활동이 포함된다. 다시 말해, 모집은 최적 인력을 확보하기 위한 방안이기도 하지만, 자격이 없거나 부적합한 인력은 스스로 지원하지 않도록 관련 정보를 충분히 제공하는 과정이기도 하다. 사회복지시설에서는 종사자를 신규 채용하고자 할 때는 '사회복지시설 관리안내'에 명시된 바와 같이 공개모집을 원칙으로 한다. 공개모집이란 자격을 갖춘 누구에게나 응모기회를 제공하여, 경쟁을 통해 능력 있는 자를 임용하는 제도로, 특정인을 채용하기 위한 법인 및 시설 채용 내규, 응모자격을 특정인으로 제한하는 것은 공개모집에 위배된다. 또한 채용절차의 공정성 확보 및 종교의 자유 침해 방지를 위해 공개 채용 과정에서 종교 관련 정보, 가족관계, 출신지역 정보 등 개인정보 취합을 금지하고 있다.

(3) 선발

선발은 모집과정을 통해 확보된 지원자 중 기관에 가장 적합한 인력을 선발하는 과정이다. 직원을 선발할 때 고려할 사항으로는 조직의 요구와 기대, 그리고 채용될 사람의 요구 등을 얼마나 잘 파악하고 서로 일치시켜 가장 적정한 사람을 채용하는 가이다(김제선, 2021). 사회복지시설에서는 공정하고 객관적인 선발을 위하여 〈표 5-2〉의 선발과정을 거친다.

| 표 5-2 | 사회복지조직 선발과정

단계		내부 모집
서류전형		지원자가 제출한 이력서, 자기소개서, 관련 자격 등 서류 검토 * 사회복지사업법 및 개별 법령에 명시된 시설장과 종사자의 결격 사유 여부 확인
시험 실시	필기시험	업무에 필요한 지식을 주관식, 객관식 필기시험으로 평가
	실기시험	업무에 필요한 기술이 갖추어졌는지 실제 근무조건과 같은 도구와 기술을 활용하여 업무를 해보는 방식으로 평가
	면접시험	• 시험 결과 우수한 지원자 대상으로 실시 • 인사위원회에서 실시하며, 지원자의 태도, 책임감, 창의성, 전문성 등을 파악함
경력조회		제출된 경력증명서류의 진위 확인
신체검사		사회복지시설에 근무하기 위한 건강상태 확인
선발 결정		최종 후보자 선발 및 보수, 근무조건에 대한 협상

(4) 배치 및 오리엔테이션

최종적으로 선발된 인력은 적합한 업무에 배속시켜 직무를 부여하게 되는데 이를 배치라고 한다. 효율적인 배치가 이루어지기 위해서는 적정한 직무에 적정 자질을 갖춘 직원을 배치하여야 한다. 이를 위해서는 직무분석을 통하여 직무의 내용을 충분히 파악하고, 그 직무를 수행할 수 있는 최적의 인력을 배치해야 할 것이다.

또한 배치된 직원에게는 기관의 목적, 역사, 정책, 규정, 구조, 직무절차, 지역사회 현황, 근무조건, 직원의 역할과 책임, 복리후생과 관련한 사항에 대하여 오리엔테이션을 실시하도록 한다.

2) 교육훈련과 역량개발

사회복지시설에서의 교육훈련과 역량개발은 종사자들이 직무를 효과적으로 수행할 수 있도록 지식, 기술, 태도에 변화를 주기 위한 제반활동을 말한다. 교육훈련 및 역량개발은 종사자로 하여금 사회복지조직의 규범과 활동에 대한 지식을 증진시켜 조직에 대한 몰입을 높이고, 조직의 성과를 향상시키는 데 그 목적이 있다.

사회복지시설에서의 종사자 대상 교육은 [그림 5-2]의 과정으로 실시된다.

그림 5-2 **교육계획 수립 및 실시과정**

교육욕구분석단계에서는 직무수행을 위해 필요한 지식, 기술, 태도 등에 관하여 현 상태를 파악하고, 바람직한 상태와의 격차를 확인함으로써 교육의 필요성과 교육목표를 수립하게 된다. 이때 사용되는 방법은 직무기술서와 직무명세서 활용하여 종사자를 대상으로 설문조사를 실시하는 것이다. 조사결과 현재 수준과 바람직한 수준의 우선순위를 제시하고 이를 계획 수립에 반영하도록 한다.

교육관련 정보로는 교육내용과 방법, 교육일정, 교육장소 등이 있는데 교육관련 정보를 파악하는 방법으로는 유사기관의 교육정보를 수집하거나 포커스그룹을 통한 정보수집, 전문가로부터의 자문 등이 있다.

교육계획단계에서는 교육 프로그램의 명칭, 참가자, 목적, 교육내용, 교육기법, 일정, 장소, 강사, 교육환경, 자료 등에 관한 계획서를 작성한다.

교육훈련의 기법으로는 〈표 5-3〉과 같이 강의, 토의/토론, OJT(on the job training), Off-JT(off the job training), 사례발표, 집단훈련, 신디케이트(syndicate), 역할연기(role play), 순환보직(rotation) 등이 있다. 교육이 실시되는 동안에는 교육목적에 맞게 교육이 진행되고 있는지와 강사와 교육대상자와의 소통이 원활한지, 교육대상자들의 자세와 반응은 어떠한지를 파악하고, 교육 운영에 있어 불편함이나 장애가 될 만한 요인들을 찾아 해소하도록 해야 한다.

표 5-3 교육훈련 기법

방법	내용	장단점
강의	• 일정한 장소에 교육대상자를 모아놓고 전달하는 방식	• 경비절감, 시간절약 등의 효과 • 강사의 유능함이나 참여하는 직원들의 관심에 영향을 받음
토의/토론	• 주제에 관한 논의 내지 토의하는 방식 • 패널토의, 심포지엄, 콜로키움, 포럼 등	• 적극적 사고 유발 및 지식과 경험 교환 • 주제에 대한 사전 지식이 있어야 하고, 참가자의 자질에 따라 결과가 좌우됨
OJT	• 직장훈련, 현장훈련, 직무상 훈련이라고도 함 • 실제 직무를 수행하면서 직무에 필요한 지식과 기술을 습득하는 방법	• 실제적인 교육으로 학습동기 유발 • 저비용 • 상사의 교육 기술의 정도에 교육효과가 좌우됨 • 일과 훈련 모두 부실해질 가능성 있음
OFF-JT	• 교육대상자가 현재 수행하는 직무를 벗어나 전문가로부터 교육받는 방법	• 교육에 몰두할 수 있어 학습효과 높음 • 한 번에 다수 인원을 교육시킬 수 있음 • 교육내용이 실무와 거리가 있을 수 있음 • 교육 참가자의 능력에 따른 교육수준 및 진도 조정이 어려움 • 비용이 많이 소요됨
사례발표	• 사례를 계획하고 개입하는 방법을 배우는 방식 • 사례 발표 후 평가와 토의 진행	• 분석적 사고 능력과 문제해결 능력 향상 • 적절한 사례 확보가 어려움
집단훈련	• 집단적으로 일정한 장소에서 합숙훈련을 하며 교육 실시	• 구성원의 결속력을 다지는 데 도움 • 시설과 경비에 대한 부담
신디케이트	• 분임토의라고도 함 • 10명 내외의 소집단으로 나누어 동일한 문제를 토의, 해결방안을 마련하고 다시 전체가 모여 발표한 후, 하나의 합리적인 대안을 모색하는 방법	• 많은 참여자의 중지를 모아 문제해결방안을 마련하는 데 유용
역할연기	• 어떤 사례에 관하여 실제로 연기한 후 이에 대한 평가와 토론을 실시하는 방법	• 직원들의 흥미, 관심 유발에 좋음 • 다른 방법과 병용해야 효과적임
순환보직	• 일정한 시일의 간격을 두고 직무를 전환, 배치하여 직무에 대한 지식과 경험을 쌓게 하는 방법	• 시야와 경험의 확대 • 관리 능력의 향상 • 업무수행의 전문성과 능률 저하 • 행정의 일관성 저하

작성된 계획서를 바탕으로 교육을 준비하는데, 이 단계에서는 강사 및 장소 섭외, 교육 참가자 대상 홍보, 관련 협조기관 대상 공문 발송, 교육환경 및 필요장비 구성, 교육자료 취합 등이 이루어진다.

마지막으로 교육평가에서는 교육의 결과와 기대 목표를 비교하여 교육의 성과를 파악하고 이를 추후 실시될 교육에 피드백을 제공한다. 교육평가방법으로는 교육에 투입된 비용과 산출에 대한 평가(비용편익분석), 관찰법, 면접법, 테스트법, 질문지법, 전후비교법, 상호비교법 등이 있다.

3) 직무평가

직무평가란 종사자의 업무수행 평가를 통해 업무의 수행 정도나 성과를 본인이 인식하게 하고, 평가 결과에 따라 임금 인상, 이동 배치, 승진, 교육훈련, 보상 등 인적자원관리 전반에 활용하는 것을 의미한다. 또한 업무의 능력이나 효율을 향상시키는 데 장애요소나 문제점을 파악하고 이를 개선하기 위한 방안을 마련하도록 한다. 직무평가의 기준은 〈표 5-4〉와 같이 업무수행을 잘 하는 사람들의 특성을 중심으로 보는 역량평가와 업무의 목표달성 정도를 중심으로 보는 성과평가 두 가지가 있다.

| 표 5-4 | 직무평가 기준

구분	내용
역량평가	• 지식 및 능력 – 직무 관련 지식, 정보수집 능력, 문제해결 능력, 전략적 사고력, 업무추진력, 커뮤니케이션 능력, 조정통합능력 • 행동관련 특성 – 업무처리의 신속성, 정확성
성과평가	• 서비스 만족도 • 서비스 제공 횟수 등 산출목표 달성 정도 • 클라이언트나 지역사회의 변화와 관련된 성과목표 달성 정도 • 사회복지사업의 효율성 정도 * 일반기업에서는 매출액, 생산량, 불량률, 사고율, 고객만족도 등으로 평가함

직무평가의 방법으로는 〈표 5-5〉와 같이 서열법(ranking method), 기록법(filling out method), 평가척도법(graphical rating scales), 대조표법(checklist Method), 강제할당법(forced distribution method), 업무보고법(performance report method) 등이 있다.

| 표 5-5 | 직무평가의 방법

구분	내용
서열법	• 종사자의 능력과 성과에 대하여 서로 비교해서 서열(순위)을 정하는 평정방법
기록법	• 객관적인 근무성적 기준을 사전에 정해 놓고 이를 기록하여 평정하는 방법 • 산출기록법: 달성작업량 기준 • 근태기록법: 지각, 결근빈도수 기록 • 가감점법: 작업태도, 방법, 성과를 점수로 환산하여 평가
평가척도법	• 종사자의 직무수행상 자질을 직무수행상 달성할 정도에 따라 사전에 마련된 척도를 근거로 하여 평정자로 하여금 체크할 수 있도록 하는 전형적인 인사고과의 방법
대조표법	• 설정된 평가세부일람표에 따라 체크하는 방법 • 평가자는 평가일람표의 평가항목에 체크만 하고 그에 대한 평가는 인사담당부서에서 실시하는 것이 보통
강제할당법	• 미리 정해 놓은 비율에 맞추어 피평가자를 강제로 할당하는 평정방법
업무보고법	• 피평가자가 작업업적을 구체적으로 기록하여 평가하는 평정방법

〈표 5-6〉은 실제 사회복지시설에서 종사자들의 직무평가를 위해 사용하는 근무평가표 양식이다. 시설과 종사자의 직무 특성에 맞추어 평가요소와 관찰 내용을 조정하여 적용하도록 한다.

| 표 5-6 | 사회복지시설 근무평가표 양식 예시

<table>
<tr><td colspan="7">근무평가표</td></tr>
<tr><td colspan="2">평가일</td><td>20 년 월 일</td><td rowspan="2">피평가자</td><td>소속</td><td></td><td>직위</td></tr>
<tr><td colspan="2">평가기간</td><td>20 년 월 일 ~ 20 년 월 일</td><td>성명</td><td colspan="2">(인)</td></tr>
<tr><td colspan="2" rowspan="2">평가자</td><td>1차 평가자</td><td>성명</td><td colspan="3">(인)</td></tr>
<tr><td>2차 평가자</td><td>성명</td><td colspan="3">(인)</td></tr>
<tr><td colspan="2">평가요소</td><td>평가항목</td><td>총점</td><td>1차평가 점수</td><td>2차평가 점수</td><td>조정 점수</td></tr>
<tr><td rowspan="5">근무 태도</td><td rowspan="5">기본 근태
책임감
적극성
협조성</td><td>지각, 결근, 조퇴의 정도는 어떠한가?</td><td>5</td><td></td><td></td><td></td></tr>
<tr><td>규칙을 잘 준수하며 솔선수범하였는가?</td><td>5</td><td></td><td></td><td></td></tr>
<tr><td>동료, 상사와 협력하며 일을 했는가?</td><td>5</td><td></td><td></td><td></td></tr>
<tr><td>기관의 방침이나 상사의 지시에 긍정적인 사고를 갖는가?</td><td>5</td><td></td><td></td><td></td></tr>
<tr><td>예산의 효율성을 높이기 위하여 노력했는가?</td><td>5</td><td></td><td></td><td></td></tr>
<tr><td rowspan="5">업무 실적</td><td rowspan="5">업무의 질, 양, 속도, 정확도</td><td>현 직급에 상응한 업무 수행이 이루어지는가?</td><td>10</td><td></td><td></td><td></td></tr>
<tr><td>서비스의 질이 안정되어 있는가?</td><td>15</td><td></td><td></td><td></td></tr>
<tr><td>업무 내용의 이해 및 업무처리가 정확한가?</td><td>5</td><td></td><td></td><td></td></tr>
<tr><td>지체되는 일 없이 신속하게 일처리를 하는가?</td><td>10</td><td></td><td></td><td></td></tr>
<tr><td>업무상의 보고, 연락을 신속·확실하게 했는가?</td><td>10</td><td></td><td></td><td></td></tr>
<tr><td rowspan="4">업무 처리 능력</td><td rowspan="4">판단력
실행력
업무 지식
소통력</td><td>담당업무와 관련된 사회복지 지식이 풍부한가?</td><td>5</td><td></td><td></td><td></td></tr>
<tr><td>전문지식과 경험을 현장에서 적절하게 활용하는가?</td><td>10</td><td></td><td></td><td></td></tr>
<tr><td>새로운 프로그램이나 아이디어를 창출하는가?</td><td>5</td><td></td><td></td><td></td></tr>
<tr><td>자신의 의사를 명확하게 표현하고, 상대방의 의도도 정확하게 이해하는가?</td><td>5</td><td></td><td></td><td></td></tr>
<tr><td colspan="4">1차 점수 합계</td><td colspan="3"></td></tr>
<tr><td colspan="4">2차 점수 합계</td><td colspan="3"></td></tr>
<tr><td colspan="4">조정 점수 합계</td><td colspan="3"></td></tr>
<tr><td colspan="4">최종합산점수</td><td colspan="3"></td></tr>
<tr><td>본인 기술</td><td colspan="6"></td></tr>
<tr><td>1차 평가자 의견</td><td colspan="6"></td></tr>
<tr><td>2차 평가자 의견</td><td colspan="6"></td></tr>
</table>

4) 보상

인적자원관리에서 보상은 매우 중요한 분야이다. 사회복지시설에서의 보상은 종사자가 조직에 기여한 공헌에 대한 대가로 경제적 보상과 비경제적 보상을 포함하는데 구체적인 내용은 〈표 5-7〉과 같다.

| 표 5-7 | 보상의 종류

구분		내용
경제적 보상	직접보상	각종 임금(봉급, 연봉, 상여금) 등 화폐적 임금
	간접보상	보험, 교육, 건강 및 문화시설 등의 각종 복리후생
비경제적 보상	직무관련보상	승진, 직무 권한 확대, 훈련 개발의 기회 제공
	직무환경보상	직무환경의 향상, 탄력적 시간 근로제 적용

사회복지시설 운영의 효과성을 높이기 위해서는 종사자들이 각자의 직무에서 성과를 높이는 것이 가장 좋은 방안이다. 따라서 종사자에게 적절한 보상을 통하여 사기와 직무 능률을 높이고 조직에 대한 몰입과 충성도를 향상시킬 수 있는 다양한 보상체계가 개발되어야 한다. 하지만 사회복지시설의 경우 한정된 예산으로 충분한 경제적 보상을 실시하는 것은 현실상 어려운 점이 많다. 따라서 경제적 보상을 늘리기 위한 방안을 마련하는 노력과 함께 재충전 휴가, 칭찬 릴레이, 연수 기회 제공, 칭찬 · 인정 · 존경과 같은 심리적 보상 등 비경제적 보상을 확대하기 위한 방안을 마련해 나가야 한다.

5) 이직관리

이직이란 종사자가 자의 또는 타의에 의해서 일시적이거나 영구적으로 고용이 종료되어 소속집단을 떠나는 것이라고 정의된다. 사회복지시설에서의 빈번한 이직은 새로운 인력으로 대체하기 위한 손실과 업무의 효율성 저하, 대외적으로 시설의 이미지 실추, 조직구성원의 사기 저하 등 역기능을 가져온다. 그러나 능력 있는 참신한 인력으로의 대체, 새로운 기술의 도입 등 인력을 효율적으로 재배치할 수 있는 기회이기도 하므로 체계적인 이직관리는 매우 중요하다.

03 | 슈퍼비전

슈퍼비전은 사회복지실천에서 책임, 기술, 지식, 태도, 윤리적 표준들을 발전시키도록 촉진시키는 슈퍼바이저와 슈퍼바이지 간의 관계이다(NASW, 1994). 다시 말해, 사회복지시설에서의 슈퍼비전은 종사자가 서비스를 효과적, 효율적으로 제공하는 데 필요한 지식과 기술을 적절히 사용할 수 있도록 도와주는 활동이다.

1) 슈퍼비전의 기능

슈퍼비전의 기능은 일반적으로 행정적 기능, 교육적 기능, 지지적 기능으로 나누어 볼 수 있다.

행정적 기능은 사회복지시설의 정책, 절차, 규정을 정확하게 이해하고, 준수하도록 돕는 역할이다. 행정적 기능을 통하여 직원 선발 및 배치, 업무계획 및 할당, 직원 교육 및 개발, 업무 모니터링 및 평가, 업무조정 및 갈등관리, 업무위임, 의사소통 및 업무협조 등의 과업이 수행된다.

교육적 기능은 슈퍼바이지의 지식과 기술을 향상시키는 역할로 교수, 훈련, 학습증진, 정보기능, 경험과 지식 공유, 안내, 조언, 제안 등의 과업을 수행한다.

지지적 기능은 슈퍼바이지 스스로 업무를 할 수 있도록 용기를 주고 사기 진작과 업무 만족을 느낄 수 있도록 하는 역할로 공감, 경청, 스트레스 예방 및 대처 지원, 긴장 완화, 심리적 지지 등의 과업이 수행된다.

| 표 5-8 | 슈퍼비전의 기능과 과업

구분	행정적 기능	교육적 기능	지지적 기능
목표	업무 배경 제공	업무능력 개선	업무 만족감 지원
장애	비합리적 조직	무지와 낮은 인지능력	정서불안
내용	조직의 구조와 사회복지사의 업무를 도울 수 있는 기관자원에 접근할 수 있도록 함	업무에 필요한 지식과 기술 제공	효과적으로 업무를 수행할 수 있도록 심리적 지원 제공
관심 영역	사회복지사가 조직의 구조와 자원을 효율적으로 이용할 수 있도록 하는 것	지식과 기술의 향상을 통해 사회복지사의 효율성을 증대하는 것	업무수행을 방해하는 스트레스를 감소시키고 사기를 증진시켜 사회복지사의 만족도를 증대하는 것
과업	• 직원의 채용과 선발 • 직원의 임명과 배치 • 업무계획 • 업무할당 • 업무위임 • 업무 모니터링 • 업무조정 • 의사소통 촉진 • 행정적 완충 • 변화 매개	• 교육 • 학습촉진 • 훈련 • 경험과 지식공유 • 정보제공 • 명확화 • 가이드 제공 • 사회복지사 원조 • 전문적 성장 제고 • 조언, 제안, 문제해결 원조	• 스트레스 유발상황 방지 • 스트레스 해소 • 스트레스 대처 원조 • 신뢰 형성 • 관점 공유 • 결정에 대한 책임 공유 • 성공 기회 제공 • 동료를 통한 지지 제공 • 업무관련 긴장완화

출처: 경기복지재단 (2017).

2) 슈퍼비전의 모형

슈퍼비전의 모형은 개인교습모형, 케이스 상담, 집단 슈퍼비전, 동료집단 슈퍼비전, 직렬 슈퍼비전, 팀 슈퍼비전으로 구분할 수 있다(Watson, 1973; 김영종, 2001 재인용).

표 5-9 **슈퍼비전 모형**

구분	특징
개인교습모형	슈퍼바이저와 슈퍼바이지가 개인교사와 학생의 관계처럼 일대일 관계를 통해 슈퍼비전 수행
케이스 상담	상담자와 내담자의 체계로 형성되며, 케이스에 대해 일대일의 관계 혹은 여러 사람을 포함해서 상담 실시
집단 슈퍼비전	한 명의 슈퍼바이저와 한 집단의 슈퍼바이지들로 구성, 개인 교습 모형이 확대된 형태
동료집단 슈퍼비전	특정한 슈퍼바이저가 지정되지 않으며, 모든 집단 구성원이 동등한 자격으로 참여
직렬 슈퍼비전	일종의 동료집단 슈퍼비전, 두 명의 업무자가 동등한 자격으로 서로에게 슈퍼비전 제공
팀 슈퍼비전	다양한 성격을 가진 구성원들로 팀 구성, 구성원들에 의해 의제가 사전에 제안되고 동료 상호작용을 통해 사례 결정

사회복지현장실습은 학교 교과과정을 통해 학습한 사회복지실천기술을 실제로 경험하는 기회이다. 사회복지실습 과정 중 슈퍼비전은 클라이언트 및 지역사회에 대한 이해, 사회복지사로서의 자아인식과 정체성 형성 등 사회복지실천 지식과 기술, 태도의 향상을 돕고 이를 통하여 학교 교육을 강화하고 실습생들이 전문사회복지사로 성장할 수 있도록 지원한다. 실습생에 대한 슈퍼비전은 1 대 1 개별 슈퍼비전, 1 대 다수의 집단 슈퍼비전, 동료실습생이나 시설 실무자와의 업무회의 및 사례회의 등으로 진행된다.

자원봉사자에 대한 슈퍼비전은 자원봉사활동에 필요한 지식과 기술을 향상시켜 자원봉사자의 태도와 윤리를 지키고 일정 정도의 전문성을 가지고 활동할 수 있도록 지원하는 기능을 수행한다. 자원봉사자에 대한 슈퍼비전은 1 대 1 개별 슈퍼비전, 1 대 다수의 집단 슈퍼비전, 자원봉사 사례발표회, 교육, 워크숍 등의 집단활동을 통하여 실시하도록 한다.

04 | 소진

직무소진은(Burnout)은 일반적으로 대인서비스를 제공하는 직종의 종사자들에게 나타나는 부정적인 현상으로 직무 불만족에 처한 직원이 궁극적으로 감정의 고갈, 소외, 업무와 클라이언트에 대한 관심 상실 등과 같은 부정적 경험을 겪게 되는 것을 의미한다(김영종, 2001). 소진은 클라이언트에 대해서만이 아니라 자신조차 비인간화하는 결과를 초래하여 신체적 쇠잔, 절망감, 무력감 등 부정적 태도를 갖게 하고 서비스 질의 급격한 저하를 초래하므로 중요하게 관리해야 한다(황희숙, 2020).

1) 소진의 단계

소진은 열성-침체-좌절-무관심의 4단계로 구분한다. 열성 단계에서는 종사자가 자기 일에 대해 희망과 열정을 가지고 많은 시간과 노력을 투입하는 단계이다. 침체 단계의 특성은 일 자체보다는 보수, 근무시간, 근무환경에 더욱 많은 관심을 가지게 되고 개인적 욕구 충족에 초점을 두게 된다. 좌절 단계에서는 자신의 직무수행 능력과 직무 자체의 가치에 대한 회의감을 가지게 되는데, 이 단계에서는 클라이언트를 비롯한 대인관계를 기피하고 피로, 두통 등의 신체증상을 호소하기도 한다. 무관심 단계에서는 자신을 좌절로부터 방어하기 위하여 냉담해지는 단계로 신체적 · 정신적 에너지가 고갈되고 업무나 클라이언트와의 관계가 무의미해져서 직업을 그만두게 된다.

2) 소진의 예방과 대처 방안

종사자의 소진은 불안, 억압, 자존감의 감소 및 직무만족 및 조직 몰입 저하, 직무 생신성 저하, 직무 이탈, 직장동료와의 갈등과 같은 부정적인 결과를 가져오므로 사전에 예방하는 것이 중요하며, 소진된 종사자에 대한 기관 차원의 적절한 대응 전략을 다음과 같이 마련하여야 한다(임정문, 2017).

| 표 5-10 | 소진에 대한 예방 및 대응 전략

구분	전략
예방	• 직원의 직무수행에서의 자율성과 통제권 확대 • 직원 대 클라이언트의 비율을 낮추는 방안 마련 • 정신적, 정서적 부담 가중 시 타임아웃 실시 • 정기적인 교육, 훈련의 기회 제공 • 근무환경의 개선
대처	• 정기적인 직원의 소진 정도 파악 • 소진의 주요 원인 규명 • 소진에 대한 대응 전략 수립 • 대응 전략 평가

Chapter 06

노무관리

Social Welfare Administration

06 Chapter 노무관리

01 | 사회복지시설 노무관리의 이해

1) 사회복지시설 노무관리의 정의

사회복지시설에서의 노무관리는 사회복지종사자의 생활안정과 근로조건의 적정화와 동기부여, 노사관계의 질서와 화합을 유지하기 위해 수행하는 관리활동의 총체로 정의할 수 있다.

노무관리는 간혹 인사관리와 유사한 의미로 사용되기도 하지만, 인사관리가 종사자에 대한 개별관리, 즉 필요한 인력의 확보, 활용 및 육성, 성과평가, 성과보상을 의미한다면 노무관리는 종사자의 임금, 근로시간, 근로자 보호, 근로환경 등 집단적 노동과 관련한 모든 규칙의 결정 및 관리, 운영에 대한 공통적인 사항의 처리를 의미하므로 인사관리와는 분명히 구별되는 개념이다.

사회복지시설에서도 체계적인 노무관리를 통하여 종사자의 권익증진과 조직몰입, 근로의욕 강화, 근로조건의 개선을 이루고자 노력하고 있다.

2) 관련 법령

사회복지시설의 노무관리에 관한 법률로는 근로기준법, 최저임금법, 고용보험법, 남녀고용평등과 일·가정양립지원에 관한 법률, 기간제 및 단시간근로자보호 등에 관한 법률, 근로자 참여 및 협력증진에 관한 법률 등이 있다.

근로기준법은 헌법에 의거하여 근로조건의 최저기준을 정하고 사용자에게 그 준수를 강제시킴으로써 근로자의 인간다운 생활의 확보를 목적으로 하는 개별적 근로관계를 중심으로 이루어져 있는 법이다. 상시 근로자 수 5인 이상 사업장에서 전면 적용되는데, 사회복지시설의 노무관리의 가장 기본이 되는 법령이다.

■ **근로기준법 적용 범위**

제11조(적용 범위) ① 이 법은 상시 5명 이상의 근로자를 사용하는 모든 사업 또는 사업장에 적용한다. 다만, 동거하는 친족만을 사용하는 사업 또는 사업장과 가사(家事) 사용인에 대하여는 적용하지 아니한다.

② 상시 4명 이하의 근로자를 사용하는 사업 또는 사업장에 대하여는 대통령령으로 정하는 바에 따라 이 법의 일부 규정을 적용할 수 있다.

③ 이 법을 적용하는 경우에 상시 사용하는 근로자 수를 산정하는 방법은 대통령령으로 정한다.

근로기준법은 상시근로자 수가 5인 이상의 근로자를 사용하는 사업 또는 사업장에는 모든 규정이 전면적으로 적용되고, 상시근로자 수가 5인 미만의 사업장에는 근로기준법의 일부 조항이 적용되지 않고 배제된다.

(1) 상시근로자 5인 미만 사업장에 적용되지 않는 근로기준법 주요 내용

1. 사용자의 취업규칙 등의 게시·비치 의무(제14조) 2. 부당한 해고, 휴직, 정직, 감봉 기타 불이익 조치 금지의무(제23조 제1항) 3. 사용자 귀책사유로 인한 휴업 시 휴업수당 지급의무(제46조) 4. 1일 8시간, 1주 40시간 근로시간 및 연장근로의 제한(제50조, 제53조) 5. 연장·야간·휴일근로에 따른 가산수당 지급의무(제56조) 6. 선택적 보상휴가제도(제57조) 7. 근로시간 및 휴게시간 특례(제59조) 8. 연차유급휴가 규정(제60조) 9. 생리휴가 및 육아(수유) 시간 규정(제73조, 제75조) 10. 취업규칙 작성 및 단체협약의 준수 등(제93조부터 제97조까지)

(2) 상시근로자 5인 미만 사업장에 적용되는 근로기준법 주요 내용

1. 근로조건의 결정(제4조), 근로조건의 준수(제5조), 균등한 처우(제6조) 2. 강제근로의 금지(제7조), 폭행의 금지(제8조), 중간착취의 배제(제9조) 3. 근로기준법을 위반한 근로계약(제15조) 4. 임금 등 주요 근로조건 명시의무(제17조) 5. 단시간 근로자의 근로조건(제18조), 근로조건 위반 시 손해배상 청구(제19조) 6. 위약 예정의 금지(제20조), 전차금 상계의 금지(제21조), 강제 저금의 금지(제22조) 7. 해고 등의 제한 중 업무상 재해 요양기간 및 출산 전·후 휴가 기간과 그 후 30일간 해고 금지 규정(제23조 제2항) 8. 해고의 예고(제26조) 9. 금품 청산(제36조) 10. 휴게시간(제54조) 및 휴일 부여(제55조 제1항) 11. 임산부 야간근로 금지와 휴일근로 금지(제70조 제2항, 제3항) 12. 임산부 보호(출산 전·후 휴가) 규정(제74조) 13. 육아휴직 규정(남녀고용평등과 일·가정양립지원에 관한 법률 제19조)

근로자 수를 기준으로 근로기준법 적용 여부를 판단하는 데 대해서는 비판적인 견해가 있다. 근로자의 기본적인 생활보장을 위해서 제정된 근로기준법이 단순히 근로자 수만을 판단하여 적용여부를 결정하는 것 자체가 위헌이라는 견해가 있으나 헌법재판소에서는 '근로감독의 한계', '영세사업장의 경제적 현실' 등 이유로 합헌 결정을 내린 바 있다(이창승 외, 2021).

02 | 사회복지시설 노무관리의 실제

1) 근로계약

근로계약은 근로자가 사용자에게 근로를 제공하고 사용자는 이에 대하여 임금을 지급함을 목적으로 체결하는 계약이다. 근로계약서는 기간제 근로자의 경우 기간제 및 단시간근로자보호 등에 관한 법률(기간제법)에 근거하여, 정규직 근로자의 경우 근로기준법에 의하여 〈표 6-1〉의 사항을 명시하여 작성한다. 근로계약서는 입사 시에 작성하고 근로조건이 변경되었을 경우에도 새로 작성하도록 한다, 총 2부를 작성하여 1부는 시설에서 보관하고, 1부는 근로자에게 교부한다. 이와 관련한 사항을 위반하였을 경우에는 근로기준법과 기간제법에 의하여 과태료를 부과하거나 벌금형에 처한다.

표 6-1 근로계약서 명시사항

대상	관련법	명시사항
모든 근로자	근로기준법 제17조	1. 임금(구성항목, 계산방법 및 지급방법) 2. 소정근로시간 3. 주휴일 4. 연차 유급휴가
기간제/ 단시간 근로자	기간제 및 시간근로자 보호 등에 관한 법률 제17조	1. 근로시간·휴게에 관한 사항 2. 임금의 구성항목·계산방법 및 지불방법에 관한 사항 3. 휴일·휴가 4. 취업의 장소와 종사업무 5. 근로일 및 근로일별 근로시간(단시간근로자에 한함)

위 근로계약서의 명시사항을 반영한 표준근로계약서 양식은 〈표 6-2〉와 같다.

| 표 6-2 | 표준근로계약서 양식(기간의 정함이 없는 근로자)

표준근로계약서

____________(이하 "사업주"라 함)과(와) __________(이하 "근로자"라 함)은 다음과 같이 근로계약을 체결한다.

1. 근로개시일: 년 월 일부터
   (※기간의 정함이 있는 경우 년 월 일부터 년 월 일까지)
2. 근 무 장 소:
3. 업무의 내용:
4. 소정근로시간: 시 분부터 시 분까지 (휴게시간: 시 분~ 시 분)
5. 근무일/휴일: 매주 일(또는 매일단위) 근무, 주휴일 매주 요일
6. 임 금
   - 월(일, 시간)급: ____________원
   - 상여금: 있음 ( ) ____________원, 없음 ( )
   - 기타급여(제수당 등): 있음 ( ), 없음 ( )
     • ____________ 원, ____________원
     • ____________ 원, ____________원
   - 임금지급일: 매월(매주 또는 매일) 일(휴일의 경우는 전일 지급)
   - 지급방법: 근로자에게 직접지급( ), 근로자 명의 예금통장에 입금( )
7. 연차유급휴가
   - 연차유급휴가는 근로기준법에서 정하는 바에 따라 부여함
8. 사회보험 적용여부(해당란에 체크)
   □ 고용보험 □ 산재보험 □ 국민연금 □ 건강보험
9. 근로계약서 교부
   - 사업주는 근로계약을 체결함과 동시에 본 계약서를 사본하여 근로자의 교부요구와 관계없이 근로자에게 교부함(근로기준법 제17조 이행)
10. 근로계약, 취업규칙 등의 성실한 이행의무
   - 사업주와 근로자는 각자가 근로계약, 취업규칙, 단체협약을 지키고 성실하게 이행하여야 함
11. 기 타
   - 이 계약에 정함이 없는 사항은 근로기준법 등 노동관계법령과 기관이 취업규칙에 정한 바에 의함

년 월 일

(사업주) 시 설 명: (전화:)
주 소 :
대 표 자: (서명)

(근로자) 주 소 :
연 락 처:
성 명: (서명)

2) 취업규칙

사용자가 사업장에 있어서 근로자가 준수하여야 할 규율과 임금, 근로시간, 기타 근로조건에 관한 구체적 사항을 정한 규칙이다. 근로기준법에 의거, 상시 10명 이상의 근로자를 사용하는 사용자는 〈표 6-3〉의 사항을 명시하여 취업규칙을 작성(근로기준법 제93조), 고용노동부 장관에게 신고하도록 하고 있으며 이를 변경하는 경우에도 또한 같다. 사용자는 취업규칙의 작성 또는 변경에 관하여 해당 사업 또는 사업장에 근로자의 과반수로 조직된 노동조합이 있는 경우에는 그 노동조합, 노동조합이 없는 경우에는 근로자의 과반수의 의견을 들어야 한다. 다만, 취업규칙을 근로자에게 불리하게 변경하는 경우에는 동의를 받아야 한다(근로기준법 제94조).

표 6-3 취업규칙 명시사항

관련법	명시사항
근로기준법 제93조	1. 업무의 시작과 종료 시각, 휴게시간, 휴일, 휴가 및 교대 근로에 관한 사항 2. 임금의 결정·계산·지급방법, 임금의 산정기간·지급시기 및 승급(昇給)에 관한 사항 3. 가족수당의 계산·지급방법에 관한 사항 4. 퇴직에 관한 사항 5. 「근로자퇴직급여 보장법」 제4조에 따라 설정된 퇴직급여, 상여 및 최저임금에 관한 사항 6. 근로자의 식비, 작업 용품 등의 부담에 관한 사항 7. 근로자를 위한 교육시설에 관한 사항 8. 출산전후휴가·육아휴직 등 근로자의 모성 보호 및 일·가정양립지원에 관한 사항 9. 안전과 보건에 관한 사항 9의2. 근로자의 성별·연령 또는 신체적 조건 등의 특성에 따른 사업장 환경의 개선에 관한 사항 10. 업무상과 업무 외의 재해부조(災害扶助)에 관한 사항 11. 표창과 제재에 관한 사항 12. 그 밖에 해당 사업 또는 사업장의 근로자 전체에 적용될 사항

취업규칙은 법령이나 해당 사업 또는 사업장에 대하여 적용되는 단체협약과 어긋나서는 안 되며(근로기준법 제96조), 취업규칙에서 정한 기준에 미달하는 근로조건을 정한 근로계약은 그 부분에 관하여 무효로 하고, 이 경우 무효로 된 부분은 취업규칙에 정한 기준에 따른다(근로기준법 제97조).

3) 임금

(1) 임금

임금은 사용자가 근로의 대가로 근로자에게 임금, 봉급, 그 밖에 어떠한 명칭으로든지 지급하는 일체의 금품을 말한다(근로기준법 제2조).

임금은 통화(通貨)로 직접 근로자에게 그 전액을 지급하여야 하는데 다만, 법령 또는 단체협약에 특별한 규정이 있는 경우에는 임금의 일부를 공제하거나 통화 이외의 것으로 지급할 수 있다. 또한 임금은 매월 1회 이상 일정한 날짜를 정하여 지급하여야 한다(근로기준법 제43조). 사회복지시설의 근로자들이 지급받는 대표적인 임금항목으로는 ① 기본급, ② 명절휴가비(명절상여금), ③ 시간외근로수당, ④ 가족수당, ⑤ 사회복지시설 종사자 처우개선비('복지수당', '조정수당' 등 각 지자체별로 다양한 용어로 쓰임) 등이 있다. 그 외 사회복지법인에서 보조금이 아닌 자부담 방식으로 조달하여 자체적으로 지급하는 근속수당, 직책수당, 기타 제수당 등 다양한 임금항목으로 구성되어 있다.

(2) 평균임금과 통상임금

평균임금이란 산정 사유가 발생한 날 이전 3개월 동안에 그 근로자에게 지급된 임금의 총액을 그 기간의 총일수로 나눈 금액을 말한다(근로기준법 제2조), 즉, 실제로 근로자가 지급받은 1일 평균임금을 말한다.

통상임금이란 근로자에게 정기적이고 일률적으로 소정(所定)근로 또는 총 근로에 대하여 지급하기로 정한 시간급 금액, 일급 금액, 주급 금액, 월급 금액 또는 도급 금액을 의미한다(근로기준법 시행령 제6조). 즉, 지급하기로 약정한 고정급을 말한다.

평균임금은 근로자의 통상의 생활임금을 반영하는 것이 그 취지이므로, 통상임금보다 적으면 그 통상임금액을 평균임금으로 한다.

평균임금은 퇴직금, 휴업수당, 연차휴가수당, 휴업보상, 장해보상, 유족보상, 장의비, 감급의 산정에 적용되고, 통상임금은 해고예고수당, 휴업수당, 연차·야간·휴일근로수당 및 가산수당, 연차휴가수당의 산정에 적용된다. 구체적인 내용은 〈표 6-4〉와 같다.

표 6-4 평균임금과 통상임금의 적용 내역

구분		지급액
평균임금	퇴직금	계속근로기간 1년에 대하여 30일분 이상의 평균임금
	휴업수당	평균임금의 70% 이상
	산업재해보상법상 각종 급여	평균임금의 79% 이상
통상임금	해고예고수당	통상임금 30일분
	연장/야간/휴일근로수당 및 가산수당	통상임금의 50% 이상
	연차휴가수당	통상임금 100% 또는 평균임금 100% 지급

(3) 퇴직급여

사용자가 퇴직하는 근로자에게 지급하는 퇴직급여 제도에 관하여는 「근로자퇴직급여 보장법」이 정하는 대로 따른다(근로기준법 제34조). 그 지급방법에는 퇴직금제와 퇴직연금제(확정급여형퇴직연금제도, 확정기여형퇴직연금제도 및 개인형퇴직연금제도)가 있다(근로자퇴직급여 보장법 제2조).

퇴직금은 계속근로기간 1년에 대하여 30일분 이상의 평균임금을 사용자가 퇴직 근로자에게 지급하는 것을 말하고, 퇴직연금은 근로자들의 노후 소득보장과 생활 안정을 위해 근로자 재직기간 중 사용자가 퇴직급여 지급 재원을 금융회사에 적립하고, 이 재원을 사용자 또는 근로자가 운용하여 근로자 퇴직 시 연금 또는 일시금으로 지급하는 제도이다. 사용자는 근로자가 퇴직한 경우 그 지급사유가 발생한 날부터 14일 이내에 퇴직금을 지급해야 한다.

그림 6-1 **퇴직급여제도**

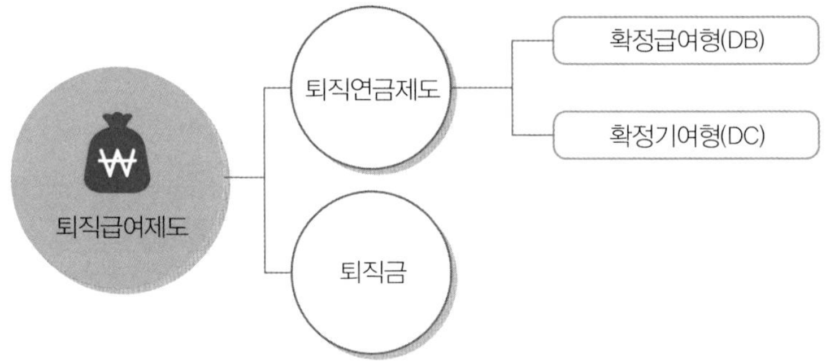

퇴직연금제도의 유형에 대하여 살펴보면 〈표 6-5〉와 같다.

| 표 6-5 | 퇴직금, 확정급여형 및 확정기여형 퇴직연금 비교

유형	퇴직금	퇴직연금	
		확정급여형(DB)	확정기여형(DC)
개념	근로자가 1년 이상을 근속하고 퇴직할 경우 사용자가 근로자에게 일시금을 지급하는 퇴직급여제도	근로자가 받을 퇴직급여가 사전에 확정되고 사용자가 부담할 금액이 사용자의 적립금 운영결과에 따라 변동되는 퇴직급여제도	사용자의 부담금이 사전에 확정되고 근로자가 받을 퇴직급여는 근로자의 적립금 운용결과에 따라 변동되는 퇴직급여제도
근거법	근로기준법	근로자퇴직급여보장법	
연금규약	없음	작성하여 고용노동부에 신고하여야 함	
비용부담주체	사용자	사용자	사용자 (근로자 추가부담 가능)
퇴직급여형태 및 수준	일시금	연금 또는 일시금 (퇴직금과 같음)	연금 또는 일시금(퇴직금보다 많거나 적을 수 있음)
비용부담수준	근속기간 1년에 대해 평균임금 30일분	적립금 운용결과에 따라 기업부담금 변동(운용수익이 높을 경우 사업주 부담 축소 가능)	매년 기업의 부담금은 근로자 임금의 일정비율로 확정(가입자 연간 임금총액의 1/12에 해당하는 금액 이상)
통산제도	어려움	어려움(개인퇴직계좌를 통한 통산 가능)	용이함

출처: 이창승 외 (2021). 장애인거주시설 인사노무 가이드북.

4) 근로시간

(1) 근로시간

근로시간이란 사용자에게 종속된 관리·감독하에서 휴게시간을 제외하고 근로계약 또는 사용자의 지휘·감독하에서 정해진 업무 또는 그 업무수행에 필요한 부수적인 활동을 하는 '실근로시간'을 말한다. 법정근로시간은 장시간의 근로를 방지하여 근로자를 보호하기 위해서 근로기준법 등 노동관계법령에서 정한 일정 단위기간(1일, 1주 기준)에 대하여 근로할 수 있는 상한선을 말하여, 소정근로시간은 '법정근로시간의 범위 내에서' 근로자와 사용자가 상호 합의하여 근로하기로 정한 근로시간을 의미한다.

1주간의 근로시간은 휴게시간을 제외하고 40시간을 초과할 수 없으며, 1일의 근로시간은 휴게시간을 제외하고 8시간을 초과할 수 없다. 근로시간을 산정함에 있어 작업을 위하여 근로자가 사용자의 지휘·감독 아래에 있는 대기시간 등도 근로시간으로 본다(근로기준법 제50조).

(2) 휴게시간

사용자는 근로시간이 4시간인 경우에는 30분 이상, 8시간인 경우에는 1시간 이상의 휴게시간을 근로시간 도중에 주어야 하며, 휴게시간은 근로자가 자유롭게 이용할 수 있다(근로기준법 제54조). 원칙적으로 휴게시간은 근로시간 도중, 즉 시업시각과 종업시각 사이에 주어야 하므로 일하기 전이나 일이 모두 끝난 후에는 줄 수 없다.

(3) 연장근로

연장근로는 근로자와 사용자가 합의하여 기준 근로시간을 초과하는 근로를 말하며, 주당 12시간을 초과할 수 없다. 출산 후 1년이 안 된 여성근로자의 경우 1일 2시간, 1주 6시간, 1년에 150시간 한도에서 연장근로를 할 수 있다. 임신 중인 여성근로자에 대해서는 연장근로를 절대 시키지 못한다.

(4) 휴일과 휴가

휴일은 본래 근로의 의무가 없는 날이며, 휴가는 근로의 의무가 있지만 근로자의 각종 휴가 청구에 의하여 근로의 의무가 면제되는 날을 의미한다. 휴일과 휴가는 의무적으로 부여해야 하는 법정과 노사가 자율적으로 결정하는 약정으로 나눌 수 있다. 법정 휴일에는 근로자에게 1주에 평균 1회 이상의 유급휴일을 보장 주휴일과 대통령령으로 정하는 휴일을 유급으로 보장하여야 한다(근로기준법 제55조).

표 6-6 휴일과 휴가

구분	휴일	휴가	특징
법정	• 주휴일 • 근로자의 날 • 관공서 공휴일 • 대체 공휴일	• 연차유급휴가 • 생리휴가 • 출산전후휴가 • 육아휴직 • 육아기 근로시간 단축제도 • 가족돌봄휴직 • 업무상 재해 휴직	• 법에 명시되어 의무적으로 부여 • 통상적으로 임금 지급
약정	• 시설 설립일 및 기타 기념일	• 경조휴가 • 하계휴가 • 병가	• 노사자율 결정

5) 여성근로자 모성 보호

근로기준법에서는 연소자 및 여성근로자를 보호하기 위하여 야간근로와 휴일근로의 제한, 시간외 근로 제한, 갱내근로의 금지, 생리휴가, 임산부의 보호 등과 관련된 조항들을 〈표 6-7〉과 같이 명시하고 있다.

| 표 6-7 | 여성근로자 보호 조항

구분	법조항	내용
연소자보호	야간근로와 휴일근로의 제한 (제70조)	• 18세 미만자를 오후 10시부터 오전 6시까지의 시간 및 휴일 근로를 시키려면 당사자의 동의를 받아야 함
	갱내근로의 금지 (제72조)	• 18세 미만자에게 갱내근로 금지
모성보호	야간근로와 휴일근로의 제한 (제70조)	• 18세 이상의 여성을 오후 10시부터 오전 6시까지의 시간 및 휴일에 근로시키려면 그 근로자의 동의를 받아야 함 • 산후 1년이 지나지 아니한 여성의 동의가 있는 경우와 임신 중의 여성이 명시적으로 청구하는 경우 고용노동부 장관의 인가를 받아야 함
	시간외근로 (제71조)	• 산후 1년이 지나지 아니한 여성에 대하여는 단체협약이 있는 경우라도 1일에 2시간, 1주에 6시간, 1년에 150시간을 초과하는 시간외근로 금지
	갱내근로의 금지 (제72조)	• 보건 · 의료, 보도 · 취재 등을 위한 조사업무, 관리 · 감독업무 등의 업무를 수행하기 위하여 일시적으로 필요한 경우를 제외하고 갱내(坑內)근로 금지
	생리휴가(제73조)	• 여성 근로자가 청구하면 월 1일의 생리휴가 부여
	임산부의 보호 (제74조)	• 임신 중인 여성에게 출산전후휴가 90일 보장 – 산후 45일 이상 – 한 번에 둘 이상 자녀를 임신한 경우 60일 • 유산 또는 사산한 경우, 휴가를 청구하는 경우 유산, 사산 휴가 사용 • 임신 중인 여성근로자의 시간외근로 금지 • 출산전후휴가 종료 후 휴가 전과 동일하거나 동등한 수준의 임금을 지급하는 직무에 복귀 • 임신 후 12주 이내 또는 36주 이후에 있는 여성근로자가 1일 2시간의 근로시간 단축을 신청하는 경우 이를 허용

6) 근로관계의 종료

근로관계의 종료는 근로자와 사용자가 체결한 근로계약으로 발생한 근로관계가 일정한 종료 사유로 인해 소멸되는 것을 의미한다. 근로관계의 종료 사유로는 근로자의 의사나 동의에 의하여 이루어지는 퇴직, 근로자의 의사에 반하여 사용자의 일방적 의사에 의하여 이루어지는 해고, 근로자나 사용자의 의사와는 관계 없이 이루어지는 근로관계 자동소멸이 있으며 구체적인 내용은 〈표 6-8〉과 같다.

표 6-8 근로관계 종료 사유

유형		내용
퇴직	임의퇴직	근로자의 일방의 의사표시로 근로계약 종료
	합의퇴직	근로자와 사용자가 상호 합의하에 근로관계 종료
해고	통상해고	근로자 개인의 정신적·육체적 기타의 사유로 인해 법령, 근로계약 등에 규정된 근로제공의무를 충분히 이행할 수 없을 경우 이를 이유로 한 해고
	경영상(정리)해고	자금난, 매출부진, 경영합리화 조치 등 긴박한 경영상의 이유로 인한 해고
	징계해고	근로자의 고의·과실로 근로계약상의 의무 위반 등 근로자의 귀책사유에 따른 해고
자동소멸		근로자의 사망, 근로계약기간의 만료, 정년의 도래, 사업의 폐지 또는 폐업 등

근로계약 종료 시 적용되는 근로기준법의 조항으로는 〈표 6-9〉의 내용이 있다.

표 6-9 근로관계 종료 시 적용되는 근로기준법

조항	내용
해고 등의 제한(23조)	• 정당한 이유 없는 해고의 금지 • 해고금지기간: 업무상 부상·질병의 요양을 위한 휴업 기간과 그후 30일 동안, 산전(産前)·산후(産後)의 여성이 휴업한 기간과 그 후 30일 동안
경영상 이유에 의한 해고의 제한(제24조)	• 사용자가 경영상 이유에 의하여 근로자를 해고하려면 긴박한 경영상의 필요와 해고를 피하기 위한 노력이 있어야 함 • 해고 회피방법과 해고의 기준 등에 관하여 50일 전까지 근로자 과반수 대표자와 협의
우선재고용 등(제25조)	• 근로자를 해고한 날부터 3년 이내에 해고된 근로자가 해고 당시 담당하였던 업무와 같은 업무를 할 근로자를 채용하려고 할 경우 해고된 근로자가 원하면 그 근로자를 우선적으로 고용
해고의 예고(제26조)	• 근로자를 해고하려면 적어도 30일 이전에 예고 • 30일 전에 예고를 하지 아니하였을 때에는 30일분 이상의 통상임금을 지급
해고사유의 서면통지(제27조)	• 사용자는 근로자를 해고하려면 해고사유와 해고시기를 서면으로 통지

부당해고 등 구제신청과 구제명령 및 이행강제금 (제28조~제33조)	• 사용자가 근로자에게 부당해고 등을 하면 근로자는 노동위원회에 구제를 신청할 수 있음 • 구제신청은 부당해고 등이 있었던 날부터 3개월 이내 신청
퇴직금제도(제34조)	• 「근로자퇴직급여 보장법」에 의해 퇴직하는 근로자에게 지급
금품청산(제36조)	• 근로자가 사망 또는 퇴직한 경우에는 그 지급 사유가 발생한 때부터 14일 이내에 임금, 보상금, 그 밖의 모든 금품 지급
사용증명서(제39조)	• 사용자는 근로자가 퇴직한 후라도 사용 기간, 업무 종류, 지위와 임금, 그 밖에 필요한 사항에 관한 증명서를 청구하면 사실대로 적은 증명서를 즉시 발부

Chapter 07

재정관리

Social Welfare Administration

07

Chapter

재정관리

01 | 재정관리의 이해

재정은 조직이 추구하고 달성해야 하는 목표를 위해 필요한 자원을 합리적으로 계획하는 것이다. 재정관리는 계획된 자원을 효율적으로 사용하고 관리하는 과정을 의미한다. 예산을 수립하고 수립된 예산상의 세입과 세출을 집행하고, 집행내용을 기록 · 정리 · 평가하는 전반적인 과정이다. 그 과정은 법과 윤리적 측면에서 항상 투명해야 한다.

로만(Lohnam, 1980: 126-127)은 재정관리의 중요성 3가지를 제시하였다.

첫째, 재정관리는 기관의 생존과 식결된 사항이다. 기관의 존립의 여부는 재원 확보와 조달이 매우 중요한 요인이 된다.

둘째, 재정운영의 중요성 강조는 최근의 경향이다. 국가, 지방자치단체, 민간 기부자 등을 비롯한 재원의 제공자는 그들이 사회복지기관에 직 · 간접적으로 제공한 재원의 사용 출처에 대한 관심을 갖고 있고, 기관에서도 재정의 투명한 운영을 위해서는 재정운영에 대한 원칙 설정과 통제 노력이 필요하다.

셋째, 재정관리는 기관의 기획과정과 평가과정에서 매우 중요한 영향력을 갖는다. 이는 예산이 결정되어야만 기관의 기획과 평가 노력이 실행될 수 있기 때문이다. 따라서 기관의 미래 활동에 대한 기획과 실행 및 이에 대한 평가의 노력은 근본적으로 기관의 재정관리와 함께 다루어져야 한다(김형식 외, 2007: 256).

02 | 사회복지법인 및 사회복지시설의 회계

1) 사회복지법인 및 사회복지시설 재무회계규칙의 법적 근거

(1) 재무회계규칙의 목적

사회복지법인과 사회복지시설은 「사회복지사업법」 제23조 제4항[1], 제34조 제4항[2] 및 제45조 제2항[3] 및 제51조 제2항[4]의 규정에 의하여 재무·회계 및 후원금 관리에 관항 사항 규정하여 명확성·공정성·투명성을 기함으로써 합리적인 운영에 기여함을 목적으로 한다.

(2) 다른 법령과의 관계

사회복지법인과 사회복지시설 재무·회계처리에 관하여 다른 법령에 특별한 규정이 있는 경우를 제외하고는 재무회계규칙을 따른다.

(3) 재무회계규칙의 적용 범위

사회복지사업법의 적용을 받는 사회복지법인 및 사회복지시설은 소관부처, 정부보조금 지급 여부와 상관없이 재무회계규칙을 적용해야 한다. 또한, 사회복지사업법에 의해 설치되지 않은 기관일지라도 사회복지와 관련이 있고 자체적으로 특별한 회계기준이 없는 경우에도 사회복지법인 및 사회복지시설 재무회계규칙

---

1) 사회복지사업법 제23조(재산 등) 제4항: 제1항(법인은 사회복지사업의 운영에 필요한 재산을 소유하여야 한다.)에 따른 재산과 그 회계에 관하여 필요한 사항은 보건복지부령으로 정한다.

2) 사회복지사업법 제34조(사회복지시설의 설치) 제3항: 시설을 설치·운영하는 자는 보건복지부령으로 정하는 재무·회계에 관한 기준에 따라 시설을 투명하게 운영하여야 한다.

3) 사회복지사업법 제45조(후원금의 관리) 제2항: 후원금에 관한 영수증 발급, 수입 및 사용결과 보고, 그 밖에 후원금 관리 및 공개 절차 등 구체적인 사항은 보건복지부령으로 정한다.

4) 사회복지사업법 제 51조(지도·감독 등) 제2항 : 시·도지사 또는 시장·군수·구청장은 사회복지법인과 사회복지시설에 대하여 지방의회의 추천을 받아 「공인회계사법」 제7조에 따라 등록한 공인회계사 또는 「주식회사 등의 외부감사에 관한 법률」 제2조 제7호에 따른 감사인을 선임하여 회계감사를 실시할 수 있다. 이 경우 공인회계사 또는 감사인의 추천, 회계감사의 대상 및 그 밖에 필요한 사항은 보건복지부령으로 정하는 기준에 따라 지방자치단체의 조례로 정한다.

을 준용(표준으로 삼아 적용)하도록 하고 있다.

| 표 7-1 | 사회복지시설의 종류

소관 부처	시설 종류	세부 종류		관련법
		생활시설	이용시설	
보건복지부	노인복지시설	• 노인주거복지시설 • 노인의료복지시설 • 학대피해노인전용쉼터	• 재가노인복지시설 • 노인여가복지시설 • 노인보호전문기관 • 노인일자리지원기관	노인복지법
	복합노인복지시설	• 농어촌에 지역에 한해 「노인복지법」 제31조 노인복지시설을 종합적으로 배치한 복합노인복지시설을 설치 · 운영 가능		농어촌주민의 보건복지증진을 위한 특별법
	아동복지시설	• 아동양육시설 • 아동일시보호시설 • 아동보호치료시설 • 자립지원시설 • 공동생활가정	• 아동상담소 • 아동전용시설 • 지역아동센터 • 아동보호전문기관 • 가정위탁지원센터	아동복지법
	장애인복지시설	• 장애유형별 거주시설 • 중증장애인 거주시설 • 장애영유아 거주시설 • 장애인단기 거주시설 • 장애인공동생활가정	• 장애인지역사회재활시설 • 장애인직업재활시설 • 장애인의료재활시설 • 장애인생산품판매시설 • 자립지원전담기관	장애인복지법
	어린이집	• 피해장애인쉼터 • 피해장애아동쉼터	• 어린이집	영유아보육법
	정신보건시설	• 정신요양시설 • 정신재활시설 중 생활시설	• 정신재활시설 중 이용시설	정신건강증진 및 정신질환자 복지서비스 지원에 관한 법률
	노숙인시설	• 노숙인자활시설 • 노숙인재활시설 • 노숙인요양시설	• 노숙인종합지원센터 • 노숙인일시보호시설 • 노숙인급식시설 • 노숙인치료시설 • 쪽방상담소	노숙인 등의 복지 및 자립지원에 관한 법률
	지역자활센터		• 지역자활센터	국민기초생활 보장법
	다함께돌봄센터	• 다함께돌봄센터 (학교돌봄 포함)		아동복지법

질병관리청	결핵 · 한센시설	• 결핵 · 한센시설		사회복지사업법
여성가족부	성매매피해지원시설	• 일반지원시설 • 청소년지원시설 • 외국인지원시설 • 자립지원공동생활시설	• 자활지원센터 • 성매매피해상담소	성매매방지 및 피해자보호 등에 관한 법률
	성폭력피해보호시설	• 성폭력피해자보호시설	• 성폭력피해상담소	성폭력방지 및 피해자 보호 등에 관한 법률
	가정폭력보호시설	• 가정폭력피해자보호시설	• 가정폭력상담소 • 긴급전화센터디지털	가정폭력 방지 및 피해자 보호 등에 관한 법률
	한부모가족복지시설	• 모자가족복지시설 (기본, 공동, 자립) • 부자가족복지시설 (기본, 공동, 자립) • 미혼모자가족복지시설 (기본, 공동) • 일시지원복지시설	• 한부모가족복지상담소	한부모가족 지원법
	다문화가족지원시설		• 다문화가족지원센터	다문화가족 지원법
	건강가정지원센터		• 건강가정지원센터	건강가정기본법
	청소년복지시설	• 청소년쉼터 • 청소년자립지원관 • 청소년치료재활센터 • 청소년복지원시설		청소년복지 지원법

출처: 보건복지부 (2023). 사회복지시설 관리안내.

2) 사회복지조직의 회계

(1) 회계 구분

사회복지법인은 법인회계, 시설회계, 수익사업회계로 구분하여 관리하여야 한다. 법인회계는 사회복지법인의 업무 전반에 관한 회계, 시설회계는 사회복지법인이 설치 · 운영하는 사회복지시설에 관한 회계이다. 법인회계와 시설회계는 철저히 구분되어야 한다. 사회복지법인 이외의 자가 시설을 설치·운영하는 경우에도 시설회계를 반드시 두어야 하고, 시설이 여러 개소인 경우 각 시설별로 구분하여 관리해야 한다. 수익사업회계는 사회복지법인이 수행하는 수익사업에 관한 회계를 의미한다.

(2) 회계연도 및 회계연도 소속 구분

회계연도는 세입과 세출을 관리하는 단위 기간이며, 각 회계연도의 경비는 해당 연도의 세입으로 충당하여야 한다. 법인 및 시설의 회계연도는 정부의 회계연도(1.1~12.31)에 의한다. 다만, 「영유아보육법」 제2조에 따른 어린이집의 회계연도는 매년 3월 1일에 시작하여 다음 연도 2월 말일에 종료한다. 세입과 세출 증감에 관하여 그 원인이 되는 사실이 발생한 날을 기준으로 하여 연도소속을 구분하되, 그 사실이 발생한 날을 정할 수 없는 경우에는 그 사실을 확인한 날을 기준으로 하면 된다.

① 세입의 회계연도

- 납부기간이 정해진 세입: 납기 말일이 속하는 연도
- 납기가 없거나 납부 고지서가 없을 때: 영수한 날

② 세출의 회계연도

- 급여, 여비, 수용비 및 수수료: 지급할 사실이 생긴 날
- 사용료, 보관료, 전기료: 지급 청구를 받은 날이 속하는 연도
- 공사, 용역, 물품구입비: 지출이 확정되는 연도

(3) 세입과 세출의 정의

당해 회계연도의 모든 수입(자부담, 보조금, 후원금, 수익사업 등)은 세출, 모든 지출(급여, 수용비 수수료, 물품구입비 등)은 세출이라 한다. 세입과 세출은 예산계획에 따라 실제 수입과 지출이 이루어진다. 결산서에는 예산세입과 실제수입액, 예산세출과 실제지출액을 작성하여 계획대로 운영되었는지 확인할 수 있다.

(4) 출납기한과 재무 · 회계처리

1회계 연도에 속하는 법인 및 시설의 세입과 세출의 출납은 회계연도가 끝나는 날까지 완료해야 한다. 사회복지법인 및 사회복지시설의 재무·회계는 국가나 지방자치단체로부터 보조금을 받는 경우 사회복지시설정보시스템 희망이음 또는 보건복지부장관이 검정한 표준연계모듈이 적용된 정보시스템을 사용하여 처리하여야 한다.

03 | 예산

1) 예산의 종류

(1) 예산의 성질에 따른 분류

성질에 따라 회계를 분류하는 이유는 기본적으로 독립채산제의 의미가 있다. 즉 각 기관의 회계를 원칙적으로 분리 운영하여 업무상 책임을 명확히 하고, 기관별 성과를 측정함으로써 자주성을 보장하는 한편, 회계를 각각 독립적으로 구분한다는 뜻이다. 다만, 법인과 시설의 운영에 필요한 경우 제한적으로 자금 전출이 가능하다.

① 보조금(국가 및 지방자치단체)

- 일반회계: 주민의 일반적인 공공복지 증진을 위하여 운영되는 예산
- 특별회계: 특정 목적을 달성하기 위하여 특정한 세입으로 특정한 세출에 충당하고자 하는 경우 설치하여 운영
- 기금회계: 특수한 행정목적을 달성하기 위하여 일반적인 제약에서 벗어나 탄력적으로 운영하고자 하는 특정사업을 위해 보유·운영하는 자금

② 법인 및 시설 회계

- 법인회계: 법인의 업무 전반에 관한 회계
- 시설회계: 시설의 운영에 관한 회계
- 수익사업회계: 법인이 수행하는 수익사업에 관한 회계
- 사회복지법인 이외의 자가 시설을 운영하는 경우에도 시설의 회계는 각 시설별로 구분하여 관리

(2) 예산의 성립 시기에 따른 분류

① 본예산

사회복지법인의 대표이사 및 시설의 장은 회계에 속하는 예산을 편성하여 이사회의 의결 및 운영위원회 보고를 거쳐 확정한다. 다만, 법인이 설치 · 운영하는 시설인 경우에는 시설운영위원회에 보고한 후 법인 이사회의 의결을 거쳐 확정한다. 이렇게 확정된 예산을 본예산이라고 한다.[5)]

② 준예산

회계연도 개시 전까지 법인의 예산이 성립되지 않았을 때, 예산 성립 시까지 일부 경비에 대해 전년도 예산에 준하여 집행할 수 있는 예산을 준예산이라고 한다. 일부 경부는 임직원 보수, 법인 및 시설운영에 직접 사용되는 필수적인 경비, 법령상 지급의무가 있는 경비를 의미한다. 법인의 대표이사 및 시설의 장은 준예산 편성 전에 시 · 군 · 구청장에게 사유를 반드시 보고해야 한다.[6)]

③ 추가경정예산

예산 성립 후에 생긴 사유로 인해 이미 성립된 예산을 변경할 필요가 있을 경우에 편성되는 예산을 의미한다. 본예산과 추가경정예산은 별개로 성립되나 일단 성립되면 시설예산의 총 규모를 파악하기 위해서 하나로 통합되어야 한다. 법인의 대표이사 및 시설의 장은 추경이 확정된 날로부터 7일 이내에 예산서를

---

5) 사회복지법인 및 사회복지시설 재무 · 회계 규칙 제10조(예산의 편성 및 결정절차)에 의거한다.

6) 사회복지법인 및 사회복지시설 재무 · 회계 규칙 제12조(준예산)에 의거한다.

시 · 군 · 구청장에게 제출해야 한다.[7)]

2) 예산편성절차 및 제출서류

그림 7-1 예산편성절차

주요 내용	주체	일정
시·군·구에서 법인 또는 시설에 특히 필요하다고 인정하는 사항에 관해 예산편성지침 통보 가능	법인 또는 시설 소재지 관할 시장·군수·구청장	회계연도 개시 2개월 전까지
법인은 법인과 법인 산하 시설의 예산편성지침 결정	법인 대표이사	회계연도 개시 1개월 전까지
회계별 예산(법인회계, 시설회계, 수익사업회계) 편성	법인 대표이사 및 시설의 장	회계연도 개시 전까지
시설회계 예산안에 대한 시설 운영위원회 보고 ※ 법인이 설치·운영하는 시설의 경우에도 시설회계는 법인이사회 의결 전 시설 운영위원회에 보고 필요 ※ 법인회계 및 수익사업회계에 대해서는 불필요	시설의 장	예산안 편성 완료시
법인의 회계별 예산(법인회계, 시설회계, 수익사업회계)안에 대한 이사회 의결, 예산안 확정 ※ 법인이 설치·운영하는 시설의 시설회계도 포함 ※ 법인이 아닌 경우에는 시설 운영위원회 보고로 예산안이 확정됨	법인 이사회	예산안 편성 완료시
확정된 예산안을 시장·군수·구청장에 제출 ※ 법인은 법인의 회계별 예산(법인회계, 시설회계, 수익사업회계)을 법인 소재지를 관할하는 시장·군수·구청장에 제출하고, 시설의 장(법인이 운영하는 시설도 포함)은 해당 시설의 시설회계를 시설 소재지 관할 시장·군수·구청장에 제출	법인 대표이사 및 시설의 장	회계연도 개시 5일 전까지
법인과 시설의 회계별 세입·세출 명세서를 시·군·구, 법인, 시설의 게시판과 인터넷 홈페이지에 20일 이상 공고 ※ 「사회복지사업법」 제6조의2 제2항에 따른 정보시스템에 게재하거나 「영유아보육법」 제49조의2 제2항에 따른 공시로 갈음 가능	시장·군수·구청장, 법인 대표이사, 시설의 장	예산안 제출 20일 이내

출처: 보건복지부 (2023). 사회복지법인 관리안내.

---

7) 사회복지법인 및 사회복지시설 재무 · 회계 규칙 제13조(추가경정예산)에 의거한다.

본예산과 추가경정예산이 수립되기 위해서는 예산(안)편성, 시설운영위원회 보고, 법인 이사회 의결, 지방자치단체 제출, 예산 공고(공개)의 과정을 거치게 된다.

예산 첨부서류는 ① 예산총칙 ② 세입·세출명세서 ③ 추정대차대조표 ④ 추정수지계산서 ⑤ 임·직원 보수일람표 ⑥ 예산을 의결한 이사회 회의록 또는 예산을 보고받은 시설운영위원회 회의록이다. 다만, 단식부기인 경우 ①, ②, ⑤, ⑥만 첨부할 수 있고, 소규모시설(국가·지자체·법인 이외의 자가 설치·운영하는 시설 중 거주자 정원이나 일평균 이용자가 20인 이하인 시설)인 경우 ②, ⑥만 첨부할 수 있다. 소규모시설 중 노인장기요양기관은 ②, ⑤, ⑥만 첨부할 수 있다.

| 표 7-2 | 예산총칙의 예

제1조(예산의 구성)	20○○년도 ○○○기관 운영에 소요되는 모든 예산은 일반회계와 특별회계로 구분한다.
제2조(예산)	세입·세출 예산총액은 5,012,325천원으로 한다. 1) 세입의 주요 재원은 다음과 같고 세부내역은 세입예산내역과 같다. ① 정부보조금: 3,486,500천원 가. 일반회계: 3,185,246천원 (경상운영비, 기능보강비, ○○취업센터 등) 나. 특별회계: 301,254천원 (무료급식, 도시락 배달, 밑반찬 배달, 일자리사업 등) ② 자부담: 1,525,825천원 가. 사업수입비: 920,553천원 나. 법인전입금: 50,000천원 다. 후원금수입: 200,000천원 라. 전년도이월금(후원금포함): 352,772천원 마. 잡수입: 2,500천원 2) 세출의 주요 내용은 다음과 같고 세부내역은 세출예산내역과 같다. ① 인 건 비: 1,910,273천원 ② 운 영 비: 332,752천원 ③ 재산조성비: 285,728천원 ④ 사 업 비: 2,473,572천원 ⑤ 예 비 비: 10,000천원

제3조(예산의 집행)	예산의 집행은 사회복지법인 재무 · 회계 규칙을 준용하도록 하며 세출예산을 변경하여야 할 경우 예산의 각 항목 간에 다음과 같이 전용하여 집행할 수 있다. 1) 「관」 간의 전용은 이사회의 의결을 거쳐 관할관청의 승인을 얻어 집행하여야 한다. 2) 동일 「관」 내의 「항」 간의 전용은 이사회의 의결을 거쳐 집행하여야 하고 사후 관할관청에 보고한다. 예산 성립과정에서 이사회에서 삭감한 관 · 항 · 목으로는 전용하지 못한다. 3) 동일 「항」 내 「목」 간의 전용은 관장이 하고 사후 관할관청에 보고한다.
제4조	국가 또는 지방자치단체로부터 교부된 보조금 및 수익자부담 경비 등은 추가경정예산의 성립 이전이라도 보조금 목적에 적절한 경우 먼저 사용할 수 있으며, 이는 차기 추가경정예산에 반영하여야 한다.
제5조(보조금예산의 목적 외 사용금지)	정부 회계관련 규정의 개정으로 예산과목이 변경된 경우에는 당해 연도 변경된 과목으로 승인된 것으로 보며, 명시되지 아니한 사항은 사회복지법인 재무 · 회계규칙 및 관련 법률에 의거하여 집행한다.
제6조(예비비)	20○○년도 사업수행과정에서 예기치 못한 집행사유 발생 시 원활한 운영을 위해 예비비를 산정하고 예산범위 내 집행할 수 있다. 년 월 일 ○○○○○○ 기관장 ○○○ (인)

| 표 7-3 | 세입 · 세출 총괄

세입							세출						
과목별			예산		비율 (%)	비교 증감액 (B–A)	과목별			예산		비율 (%)	비교 증감액 (B–A)
관	항	목	전년도 추경 예산 (A)	○○○○년 예산 (B)			관	항	목	전년도 추경 예산 (A)	○○○○년 예산 (B)		
총계							총계						

| 표 7-4 | 세입내역

과목				전년도 추경예산 (A)	OOOO년 예산 (B)	증감	산출내역	비고
관	항	목	세목					
총계								

| 표 7-5 | 세출내역

과목				전년도 추경예산 (A)	OOOO년 예산 (B)	증감	산출내역	지출계좌구분	비고
관	항	목	세목						
총계									

3) 예비비의 계상

법인의 대표이사 및 시설의 장은 예측할 수 없는 예산 외의 지출 또는 예산의 초과 지출에 충당하기 위하여 예비비를 세출예산에 계상할 수 있다.

4) 예산의 전용

전용(轉用)이란 기존에 계획되어 있는 비용으로 집행하지 않고, 다른 비용으로 집행하는 것을 의미한다. 사회복지조직은 예산의 관·항·목 간의 예산을 전용할 수 있다. 다만, 법인 및 시설(소규모 시설은 제외)에서 전용을 하려면 편성의 절차에 따라 전용할 수 있다. 예산 전용 여부와 제한 내용은 〈표 7-6〉과 같다.

❙ 표 7-6 ❙ **예산의 전용**

구분	내용
「관」 간 전용 및 동일 「관」 내 「항」 간 전용	• 법인 이사회의 의결 또는 사회복지시설 운영위원회에 보고를 거쳐 전용 가능 • 법인 산하 시설의 경우 운영위원회 보고 후 이사회 의결을 통해 전용 가능
동일 「항」 내 「목」 간 전용	• 법인 대표이사 및 시설의 장이 전용 가능
전용의 제한	• 예산총칙에서 전용을 제한하고 있거나, 예산 심의 과정에서 삭감한 관·항·목으로는 전용 불가능
전용에 대한 보고	• 관·항 전용의 경우에는 관할 시장·군수·구청장에게 과목 전용조서 제출해야 하며, 결산 보고 시 첨부 가능 • 보조금을 받는 법인·시설의 경우 타 법령 또는 보조금 지원 기준 등에 따라 보조금 지원 주체가 예산 전용을 제한할 수 있으므로 해당 법인 및 시설은 이에 따라야 함 • 전용을 하는 경우 사전에 보조금을 지원하는 지자체와 반드시 협의 후 진행

5) 세출예산의 이월

세출예산 중 성질상 해당 회계연도 안에 지출을 못할 것으로 예측되는 경비와 연도 내에 지출원인행위를 하고 불가피한 사유로 인하여 연도 내에 지출하지 못하는 경비는 이월이 가능하다. 법인 이사회의 의결 또는 시설 운영위원회 보고를 거쳐 다음 연도에 이월하여 사용할 수 있다. 법인 산하 시설의 경우 운영위원회 보고 후 이사회 의결을 통해 이월할 수 있다.

6) 특정목적사업 예산

완성에 수년을 요하는 공사나 제조 또는 특수한 사업을 위하여 2회계연도 이상에 걸쳐서 그 재원을 조달할 필요가 있는 경우 회계연도마다 일정액을 예산에 계상하여 특정목적사업을 위한 적립금으로 별도 통장에 적립하여 관리한다. 적립금의 적립 및 사용계획 등을 시장·군수·구청장에 사전에 보고하고, 시·군·구에서 보고 시기, 보고방법 등을 별도로 정하는 것을 원칙으로 한다.

04 | 결산

1) 결산의 의의

예산에 대응되는 개념으로 예산을 집행한 실적을 계획한 대로 잘 집행하였는지 확인하는 정산을 의미한다. 결산은 예산집행을 취소할 수 없으나 평가를 통하여 차후 사업계획을 개선하는 데 활용할 수 있다.

2) 결산의 절차

(1) 출납의 정리

회계연도 말까지 출납을 완료하고 모든 장부를 마감한 후 수입과 지출금액을 정리하여 결산한다. 출납을 완료한다는 말은 당해 연도의 지출이 완료된다는 뜻이며 부득이 회계연도 안에 지출되지 않는 예산은 다음 연도로 이월한다. 증빙서류 확인 및 장부 마감은 다음과 같이 진행한다.

- 예산과목의 적용에 착오가 있는 경우 절차에 따라 수정한다.
- 과목별 예산의 증감 사항이 모두 반영되었는지 확인한다.
- 예산의 전용, 예비비 지출 등은 예산 총액의 증감에 영향이 없어야 한다.
- 후원금 및 후원 물품의 수입 지출 내역에 누락 및 착오 여부를 점검해야 한다.
- 수입 지출의 증빙서류 미비, 결재 누락, 세금 관련 등 미흡한 사항은 사전에 정리한다.
- 수기로 작성한 장부 등의 마감은 추가 기록을 할 수 없도록 줄을 그어 마감하도록 한다.
- 예금 잔액증명서는 12월 31일자로 발급받아야 한다.

(2) 결산보고절차

일정에 따라 확정된 결산보고서를 시장 · 군수 · 구청장에 제출해야 하며 절차는 다음과 같다.

그림 7-2 결산보고절차

주요 내용	주체	일정
법인회계와 시설회계의 세입·세출 결산보고서 작성	법인 대표이사 및 시설의 장	출납 완료 시
결산보고서의 시설 운영위원회 보고 ※ 법인이 설치·운영하는 시설의 경우에도 시설회계는 법인이사회 의결 전 시설 운영위원회에 보고 필요 ※ 법인회계 및 수익사업회계에 대해서는 불필요	시설의 장	결산보고서 작성 후
결산보고서의 법인 이사회 의결 ※ 법인이 설치·운영하는 시설의 시설회계도 포함 ※ 법인이 아닌 경우에는 시설 운영위원회 보고로 안이 확정됨	법인 대표이사	결산보고서 작성 후
확정된 결산 보고서를 시장·군수·구청장에 제출 ※ 법인은 법인의 회계별 예산(법인회계, 시설회계, 수익사업회계)을 법인 소재지를 관할하는 시장·군수·구청장에 제출하고, 시설의 장(법인이 운영하는 시설도 포함)은 해당 시설의 시설회계 결산을 시설 소재지 관할 시장·군수·구청장에 제출	법인 대표이사 및 시설의 장	다음 연도 3월 31일까지
법인과 시설의 세입·세출 결산서를 시·군·구, 법인, 시설의 게시판과 인터넷 홈페이지에 20일 이상 공고 ※ 「사회복지사업법」 제6조의2 제2항에 따른 정보시스템에 게재하거나 「영유아보육법」 제49조의2 제2항에 따른 공시로 갈음 가능	시장·군수·구청장, 법인 대표이사, 시설의 장	결산보고서 제출 20일 이내

출처: 보건복지부 (2023). 사회복지법인 관리안내.

3) 결산보고서에 첨부하여야 할 서류

결산보고서에 첨부해야 하는 서류는 다음과 같다. 단식부기로 작성할 경우 (1)~(3), (14)~(23) 항목만을 제출할 수 있고, 소규모시설인 경우 (1), (17) 항목만 제출할 수 있다.

(1) 세입 · 세출결산서	(13) 제충당금명세서
(2) 과목전용조서	(14) 기본재산수입명세서(법인만 해당)
(3) 예비비사용조서	(15) 사업수입명세서
(4) 대차대조표	(16) 정부보조금명세서
(5) 수지계산서	(17) 후원금 수입명세 및 사용결과보고서 (전산파일을 포함한다)
(6) 현금 및 예금명세서	(18) 후원금 전용계좌의 입출금내역
(7) 유가증권명세서	(19) 인건비명세서
(8) 미수금명세서	(20) 사업비명세서
(9) 재고자산명세서	(21) 기타 비용명세서(인건비 및 사업비를 제외한 비용)
(10) 기타 유동자산명세서 (6~9 유동자산 외의 유동자산)	(22) 감사보고서
(11) 고정자산(토지, 건물, 차량운반구, 비품, 전화가입권) 명세서	(23) 법인세신고서(수익사업이 있는 경우에 한함)
(12) 부채명세서(차입금, 미지급금 포함)	

05 | 회계

1) 수입과 지출 사무의 관리

법인 대표이사와 시설의 장은 당해 수입과 지출 사무를 관리하며, 수입 및 지출원인행위에 관한 사무를 소속 직원에게 위임할 수 있다.

2) 수입과 지출의 집행기관

법인과 시설에는 수입과 지출의 현금출납업무를 담당하기 위하여 수입원과 지출원을 따로 두어야 한다. 다만, 법인 또는 시설의 규모가 소규모인 경우 수입원과 지출원을 동일인으로 할 수 있다.

- 수입원과 지출원은 대표이사와 시설장이 임면할 수 있다.
- 수입과 지출은 대표자나 시설장이 직접 관리하거나 위임할 수 있지만 수입원과 지출원은 별도로 임면하여야 한다.

3) 회계방법과 비치 회계장부

(1) 회계방법

단식부기로 하되, 법인회계와 수익사업회계에 있어 복식부기가 필요한 경우 복식부기에 의하여 회계처리할 수 있다.

(2) 회계장부

법인 및 시설의 재무회계를 컴퓨터 회계프로그램 또는 사회복지시설정보시스템 등에 의하여 전자장부를 사용하는 경우에는 회계장부를 둔 것으로 본다. 다만, 회계감독 등을 위해 지방자치단체에서 요청하는 경우에는 출력물을 보관하여야 한다.

- 현금출납부
- 총계정원장
- 재산대장
- 비품관리대장

4) 수입

(1) 수입금의 수납

모든 수입금의 수납은 금융기관에 취급시키는 경우를 제외하고는 수입원이 아니면 수납이 불가능하다. 수입원은 수납한 수입금을 그 다음날까지 금융기관에 예입해야 한다. 금융기관의 거래통장은 회계별(법인회계, 시설회계, 수익사업회계)로 구분하여 보관 · 관리해야 한다.

- 수입하고자 할 때 수입결의서를 작성한다.
- 결의서는 수입을 위한 의사를 결정하는 서류를 의미한다.
- 사업 수입, 후원금 수입 등에 있어서 납부자가 다수인 경우 그 내역서를 별지로 작성하여 수입결의서에 첨부할 수 있다.

(2) 과년도 수입, 예산 외 수입, 반납금, 과오납금 처리

- 과년도 수입: 출납 완결 연도에 속하는 수입으로 세입예산 중 '과년도수입' 과목으로 정리한다.
- 예산 외 수입: 세입 예산은 지출의 재원이 되는 수입의 원천을 표시한 것으로서 그 세입 예산보다 초과한 수입도 있을 수 있는데 이를 예산 외의 수입이라 한다. 예산외 수입이 있을 경우 모두 현연도의 세입에 편입해야 한다.
- 반납(여입)금: 지출된 세출 예산 중 착오 또는 계획 변경 등으로 집행되지 아니하거나 일단 지출된 자금의 집행 잔액 등을 지출했던 세출 과목에 반납하여 다시 지출 재원으로 사용할 수 있는데 이때 '반납' 또는 '여입'이라고 한다. 지출된 세출의 반납금은 각각 지출한 세출의 당해 과목에 여입이 가능하다.
- 과오납금: 수입하여야 할 금액보다 초과수입된 금액까지 세입 처리한 후 다시 지출한다면 기관의 예산과 관계없이 수입 지출액이 증가되므로 수입한 세입 통장에서 직접 반환하여 정리해야 한다.

5) 지출

(1) 지출의 원칙

① 예산집행의 결정

예산을 집행할 경우 기관 내부의 의사결정을 하여야 하는데 그 결정에 관한 서식은 기관마다 기준이 다를 수 있다. 사회복지시설정보시스템(W4C)의 경우에는 '품의서'라는 서식을 제공하고 있다. 통상 품의서, 내부결재, 방침서 등으로 의사결정을 할 수 있다.

표 7-7 내부결재 양식

기관명

수신 내부결재
제목

기안자 (직위/직급) 서명　검토자 (직위/직급) 서명　결재권자 (직위/직급) 서명
협조자 (직위/직급) 서명
시행 처리과명-연도별 일련번호(시행일)　접수 처리과명-연도별 일련번호(접수일)
우　도로명주소　/ 홈페이지 주소
전화번호( )　팩스번호( )　/ 전자우편주소

② 예산집행의 품의 생략

재무회계규칙에서는 '품의서'라는 용어는 없으며, 이를 생략할 수 있는 세목도 정해 있지 않다. 자치단체에서는 법령에 의한 경비나 매월 집행되는 경비 등은 매 집행 시 의사결정을 하지 않고 지출결의서만 작성한 후 집행이 가능하다.

- 직무수행경비(직급보조비, 직책급 등)
- 공공요금
- 제세공과금
- 인건비
- 국내여비

③ 지출행위

- 지출은 지출사무를 관리하는 자(대표이사, 시설장) 및 그 위임을 받아 지출명령(예산 범위 내에서)이 있는 것에 한하여 지출원이 행한다.
- 상용경비 또는 소액의 경비는 현금으로 지출이 가능하나 예금통장에 의하거나 전자거래로 행해야 한다. 상용경비 또는 소액의 경비라도 1만원 이상은 법인카드 또는 보조금 전용카드를 사용하거나 현금영수증을 발급 받아 지출해야 한다. 상용경비 또는 소액의 경비 지출범위는 시 · 도지사가 자체적으로 정한다. 상용경비 또는 소액의 경비 지출 시에도 영수증 등 증빙 서류 관리는 철저해야 한다.

(2) 지출의 특례(선금급, 개산급)

① 선금급을 할 수 있는 경비의 범위

선금급이란 확정된 계약에 대하여 사업성격상 미리 지급하는 것을 의미하며 범위는 다음과 같다.

- 외국에서 직접 구입하는 기계, 도서, 표본 또는 실험용 재료의 대가
- 정기간행물의 대가

- 토지 또는 가옥의 임대료와 용선료
- 운임
- 소속직원 중 특별한 사정이 있는 자에 대하여 지급하는 급여의 일부
- 관공서(정부투자기관관리기본법에 의한 정부투자기관 및 특별법에 의하여 설립된 특수법인 포함)에 대하여 지급하는 경비
- 외국에서 연구 또는 조사에 종사하는 자에 대하여 지급하는 경비
- 보조금
- 사례금
- 계약금액이 1천만 원 이상인 공사나 제조 또는 물건의 매입을 하는 경우에 계약금액의 100분의 50을 초과하지 아니하는 금액

② 개산급을 할 수 있는 경비의 범위

개산급이란 지출금액이 미확정인 채무에 대하여 지급의무가 확정되기 전에 개산(概算: 어림셈)으로 지급하는 것을 의미하며 범위는 다음과 같다.

- 여비 및 판공비
- 관공서에 대하여 지급하는 경비
- 보조금
- 소송비용

(3) 증빙서류 작성방법

- 결의서에 붙이는 증빙서류는 원본을 원칙으로 하며, 부득이한 경우 증명 책임자가 틀림없다고 날인한 증빙서류만 첨부할 수 있다.
- 공인인증서로 전자서명하여 생성된 증거서류를 원본으로 본다.
- 하나의 지출원인 행위에 대하여 두 개 이상의 예산과목에서 또는 두 번 이상으로 나누어 지출할 때는 주된 과목 또는 최초의 지출결의서에 지출원인행위 관계 서류를 첨부하고, 다른 지출결의서에는 그 뜻을 기재하여 연관을 명백히 해야 한다.

(4) 회계서류의 표시

- 회계서류의 금액은 아라비아숫자로 쓰되, 숫자 다음에 괄호를 하고 한글로 기재한다.

  예 금123,450원(금일십이만삼천사백오십원)

- 장부의 금액, 수량, 기타 기재 사항은 발소하거나 문자의 일부분만을 정정하지 못하는 것을 원칙으로 한다. 다만, 부득이한 사유로 정정, 삽입, 삭제가 필요할 경우 붉은 선을 긋고, 작성자가 날인한 후 그 우측 또는 윗자리에 정정하도록 한다. 증빙서류의 두서 금액은 정정하거나 지원을 없애거나 개서할 수 없다.

6) 물품관리

물품관리는 사회복지조직이 서비스 제공 또는 사업수행에 필요한 물품을 취득·보유하여 적극적으로 활용하고 효율적으로 관리하여 효과적으로 서비스를 제공하기 위한 관리기술을 말한다.

사회복지조직에서 후원금품을 포함한 물품관리는 명확하고 정리되어 있어야 한다. 하지만 '사회복지법인 및 사회복지시설 재무·회계규칙'에서 물품에 관한 규정은 재물조사와 불용품의 처리에 관한 것과 물품관리원에 대한 개략적인 내용이 있으나, 물품관리에 대한 전반적인 관리 내용은 없다. 재무회계규칙에서 제공하고 있는 비품관리대장 또는 사회복지정보시스템에서 고정자산 및 소모품 등록으로 물품관리를 반드시 해야 한다.

- 물품: 현금 및 유가증권을 제외한 동산을 의미한다.
- 물품의 관리 주체: 법인의 대표이사, 시설장이 관리 주체가 되며, 물품관리에 관한 사항은 소속직원에게 위임이 가능하다.
- 물품의 출납보관을 위해 소속지원 중 물품출납원을 지정한다.
- 물품관리자와 물품출납원은 선량한 관리자의 주의의무로 물품관리가 이루어져야 한다.

- 물품의 출납은 물품관리자의 출납명령에 의해 물품출납원의 출납행위를 통해서만 가능하다. 물품출납은 물품관리자의 출납명령 없이는 물품을 출납할 수 없다.
- 재물조사 실시: 연 1회 법인 및 시설에 대한 정기 재물조사는 의무적으로 실시해야 한다. 다만, 대표이사 및 시설장 재량으로 필요시 수시재물조사를 실시할 수 있다.
- 불용품의 처리: 사용 불가능 또는 수리하여 재사용이 불가능한 물품은 불용으로 결정한다. 불용품 매각 시 그 대금은 당해 법인 또는 시설의 세입예산에 편입한다.

06 | 후원금

1) 후원금의 범위

후원금[8]은 아무런 대가 없이 무상으로 받은 금품이나 그 밖의 자산을 의미한다. 법인의 대표이사와 시설의 장은 후원금의 수입 · 지출 내용을 공개하여야 하며, 그 관리에 명확성이 확보되도록 하여야 한다. 후원금에 관한 영수증 발급과 수입 및 사용결과 보고를 하지 않을 경우 300만원 이하의 과태료가 부과된다. 사회복지법인 및 시설에서 후원금 모집 및 사용 시, 「사회복지법인 및 사회복지시설 재무 · 회계 규칙」과 별개로 「기부금품의 모집 및 사용에 관한 법률」상 기부금품의 모집절차 및 사용방법 등에 관한 규정을 준수해야 한다.

8) 후원금관리는 「사회복지사업법」 제45조에 명시되어 있다.

2) 후원금 전용계좌의 개설

법인 및 시설에서 후원금을 받을 때는 각각의 법인 및 시설별로 후원금전용계좌를 구분하여 사용하고, 모든 후원금의 수입과 지출은 후원금 전용계좌를 통하여 처리하여야 한다. 다만, 물품 형태의 후원금은 그러하지 아니한다. 후원자에게 후원금 전용계의 구분에 관한 사항을 반드시 안내해야 한다.

후원금전용계좌에서 발생하는 이자도 후원금의 성격을 가지는 금액으로 후원금 관리기준에 따라 사용하여야 한다. 법인 산하의 시설이더라도 법인의 후원금 전용계좌와 별도로 시설 고유의 후원금 계좌를 두어야 한다.

3) 후원금 영수증 발급

법인의 대표이사와 시설장은 후원금을 받을 때에는「소득세법 시행규칙」제101조 제20호의2 또는「법인세법 시행규칙」제82조 제7항 제3호의3에서 정하는 기부금영수증 서식에 따라 후원금 영수증을 발급하고 후원자에게 교부하여야 한다.

금융기관 또는 체신관서의 계좌입금을 통해 후원금을 받는 경우에는 법인명의 또는 시설명칭이 부기된 시설장 명의의 후원금 전용계좌를 사용해야 한다. 이 경우 후원자가 원하는 경우를 제외하고는 영수증 발급을 생략할 수 있다.

■ 법인세법 시행규칙 [별지 제63호의3서식] 〈개정 2013.2.23〉

일련번호		**기부금 영수증**

※ 아래의 작성방법을 읽고 작성하여 주시기 바랍니다.

❶ 기부자

성명(법인명)	주민등록번호 (사업자등록번호)
주소(소재지)	

❷ 기부금 단체

단 체 명	사업자등록번호 (고유번호)
소 재 지	기부금공제대상 기부금단체 근거법령

❸ 기부금 모집처(언론기관 등)

단 체 명	사업자등록번호
소 재 지	

❹ 기부내용

유 형	코 드	구 분	연월일	내 용			금 액
				품명	수량	단가	

「소득세법」 제34조, 「조세특례제한법」 제76조 · 제88조의4 및 「법인세법」 제24조에 따른 기부금을 위와 같이 기부하였음을 증명하여 주시기 바랍니다.

년 월 일

신청인 (서명 또는 인)

위와 같이 기부금을 기부받았음을 증명합니다.

년 월 일

기부금 수령인 (서명 또는 인)

작 성 방 법

1. ❷ 기부금 단체는 해당 단체를 기부금공제대상 기부금단체로 규정하고 있는 「소득세법」 또는 「법인세법」 등 관련 법령을 적어 기부금영수증을 발행하여야 합니다.(예, 「소득세법 시행령」 제80조 제1항 제5호, 「법인세법 시행규칙」 제18조 제1항)
2. ❸ 기부금 모집처(언론기관 등)는 방송사, 신문사, 통신회사 등 기부금을 대신 접수하여 기부금 단체에 전달하는 기관을 말하며, 기부금단체에 직접 기부한 경우에는 적지 않습니다.
3. ❹ 기부내용의 유형 및 코드는 다음 구분에 따라 적습니다.

기부금 구분	유형	코드
「소득세법」 제34조 제2항, 「법인세법」 제24조 제2항에 따른 기부금	법정	10
「조세특례제한법」 제76조에 따른 기부금	정치자금	20
「소득세법」 제34조 제1항(종교단체 기부금 제외), 「법인세법」 제24조 제1항에 따른 기부금	지정	40
「소득세법」 제34조 제1항에 따른 기부금 중 종교단체기부금	종교단체	41
「조세특례제한법」 제88조의4에 따른 기부금	우리사주	42
필요경비(손금) 및 소득공제금액대상에 해당되지 아니하는 기부금	공제제외	50

3. ❹ 기부내용의 구분란에는 "금전기부"의 경우에는 "금전", "현물기부"의 경우에는 "현물"로 적고, 내용란은 현물기부의 경우에만 적습니다.

210mm×297mm[백상지 80g/㎡ 또는 중질지 80g/㎡]

법인세법 시행규칙 [별지 제63호의7서식] 〈개정 2018. 3. 21.〉

연간 기부금 모금액 및 활용실적 명세서

(앞쪽)

1. 기본사항

① 법인명		② 사업자등록번호(고유번호)	
③ 대표자 성명		④ 기부단체 구분	
⑤ 전자우편주소		⑥ 사업연도	
⑦ 전화번호		⑧ 기부금단체 지정일	
⑨ 소재지			

2. 기부금의 수입 · 지출 명세 (단위: 원)

⑩ 월별	⑪ 수입	⑫ 지출	⑬ 잔액	월별	수입	지출	잔액
전기이월	–	–		8월			
1월				9월			
2월				10월			
3월				11월			
4월				12월			
5월				합계			
6월				차기이월	–	–	
7월							

3. 기부금 지출 명세서(국내사업) (단위: 원)

⑭ 지출월	⑮ 지급목적	⑯ 지급건수	⑰ 대표 지급처명 (단체명/개인)	⑱ 금액
⑲ 연도별	⑳ 지급목적	㉑ 수혜인원	㉒ 대표 지급처명 (단체명/개인)	㉓ 금액
합 계				

4. 기부금 지출 명세서(국외사업) (단위: 원)

㉔ 지출월	㉕ 국가명	㉖ 지급목적	㉗ 지급건수	㉘ 대표 지급처명 (단체명/개인)	㉙ 금액
㉚ 연도별	㉛ 국가명	㉜ 지급목적	㉝ 수혜인원	㉞ 대표 지급처명 (단체명/개인)	㉟금액
합 계					

「법인세법 시행령」 제36조 제5항 또는 제36조의2제8항에 따라 연간 기부금 모금액 및 활용실적을 제출합니다.

년 월 일

제출인: (단체의 직인) [인]

국세청장 귀하

210mm×297mm[백상지 80g/㎡ 또는 중질지 80g/㎡]

(뒤쪽)

작 성 방 법

1. 기본사항: ①~⑨란에는 기부금 단체의 기본사항을 적으며, ④ 기부단체 구분은 전문모금기관, 한국학교, 민법상 비영리법인, 사회적협동조합, 공공기관 등 비영리외국법인으로 구분하여 적습니다.

2. 기부금의 수입 · 지출명세
   - ⑩란에는 사업연도와 관계없이 1월부터 12월까지를 차례대로 적습니다.
   - ⑪란과 ⑫란은 월 누계액을 적습니다.
   - 합계란은 1월부터 12월까지의 전체 수입 및 지출 금액을 적습니다.

3. 기부금 지출명세서(국내사업)
   - 국내사업 관련 ○○지원사업(장학금지급 등), 일반관리비, 기금조성비(정기예금 또는 적금 등), 그 밖의 비용(구체적인 내용 기재) 등 지출월별, 지급목적별로 지출명세서를 작성합니다. 다만, 해당 연도에 매월 같은 목적으로 동일한 사람에게 유사한 금액을 지급한 비용은 ⑭ 지출월란에 적지 않고 ⑲ 연도별란에 적을 수 있습니다.
   - ⑲란은 연간 지급목적별 지출명세를 작성합니다. 다만, 1개 단체에 연간 1천만원 이상 지급한 경우 해당 단체명, 지급목적, 수혜인원, 금액을 별도로 적습니다.
   - ㉑란 수혜인원은 연간 지급한 실제 인원을 적습니다. 예시) 10명에게 10만원씩 2회 장학금을 지급한 경우 수혜인원은 10명으로 적습니다.

   ※ 예시[장학금 지급: 10명에게 10만원씩 1월, 2월에 각각 지급, 복지단체 지원: A 복지단체에 2월에 1,000만원, 1회 지원(수혜인원 50명)]

지출월	지급목적	지급건수	대표 지급처명(단체명/개인)	금액
1월	장학금 지급	10	김우수 외	1,000,000
2월	장학금 지급	10	김우수 외	1,000,000
2월	복지단체 지원	1	A복지단체	10,000,000
⋮	⋮	⋮	⋮	⋮
연간	지급목적	수혜인원	대표 지급처명 (단체명/개인)	금액
2013년	장학금 지급	10	김우수 외	2,000,000
	복지단체 지원	50	A복지단체	10,000,000
합 계		63		12,000,000

   - 내용이 많은 경우에는 별지로 작성합니다.
   - 대표 지급처명은 지출월별, 지급목적별로 구분된 지급처 중 가장 큰 대표 지급처를 적으며, 확인이 사실상 불가능한 경우에는 공란으로 두되, 그 지급금액과 지급내용은 반드시 적어야 합니다.

4. 기부금 지출명세서(국외사업)
   - 국외사업이 있는 단체는 국가별 지출명세를 지출월별, 지급목적별로 지출명세서를 작성합니다.
   - ㉚란은 해당 연도의 국가별, 지급목적별 지출명세를 작성합니다. 다만, 1개 단체에 연간 1천만원 이상 지급한 경우 해당 단체명, 지급목적, 국가명, 수혜인원, 금액을 별도로 적습니다.
   - 내용이 많은 경우에는 별지로 작성합니다.

210mm×297mm[백상지 80g/㎡ 또는 중질지 80g/㎡]

4) 후원금의 관리

(1) 후원금 발급 목록 장부 비치

후원금을 받을 때에는 후원금 영수증을 교부한 후 발급목록은 별도 장부로 관리하여 비치해야 한다.

| 표 7-8 | 후원금 영수증 발급 대장 예시

연번	일시	후원자(기관명)	후원금 유형 및 금액(원)		지정후원금 용도	비고
			지정	비지정		
1						
2						

(2) 후원금 수입 및 사용내용 통보

대표이사와 시설장은 연 1회 이상 해당 후원금의 수입 및 사용내용을 후원금을 후원금을 낸 법인·단체 또는 개인에게 통보한다. 법인이 발행하는 정기간행물 또는 홍보지 등을 이용하여 일괄통보가 가능하며 후원자 각각에게 개별통보도 가능하다.

(3) 후원금의 수입 및 사용결과 보고·공개

대표이사와 시설장은 관할 시장·군수·구청장에게 결산보고서를 제출할 때 후원금 수입 및 사용결과 보고서를 함께 제출한다. 반드시 전자파일로 제출하여야 하며, 출력한 보고서도 추가로 제출 가능하다. 법인의 대표이사 및 시설의 장은 후원금의 수입 및 사용결과 보고서를 게시판과 인터넷 홈페이지에 공개해야 한다. 단, 후원자 성명은 비공개로 한다. 후원금 수입 및 사용결과 보고·공개 의무 위반 시 300만 원 이하의 과태료가 부과된다.

(4) 후원금의 용도 외 사용금지

법인의 대표이사와 시설의 장은 후원금을 후원자가 지정한 용도 이외로 사용할 수 없음이 원칙이다. 다만, 지정후원금의 15%는 후원금 모집, 관리, 운영, 사용, 결과보고 등에 필요한 비용으로 사용 가능하다. 후원자가 용도를 지정하지 않은 후원금은 법인 운영비 및 시설 운영비로 사용하되, 다음 기준에 따라 사용하여야 한다.

- 비지정후원금은 운영비로 사용하되, 간접비로 50%를 초과할 수 없다.
- 간접비 중에서도 업무추진비, 법인회계전출금, 부채상환금, 잡지출, 예비비로는 사용할 수 없다.
- 원칙적으로 자산취득비로 사용할 수 없으나, 토지 · 건물을 제외하고 시설 운영에 필요한 집기, 장비 등은 사용할 수 있다.
- 시설비는 건물 노후화, 정원대비 협소한 공간 등 시설 입소 · 이용자의 불편을 해소하기 위하여 시설 증 · 개축이 필요하다고 인정되는 경우에는 관할 주무관청의 승인을 받으면 사용할 수 있다.
- 인건비로 사용이 가능하나, 직원 수당을 지급하는 경우는 근로기준법 또는 사회복지시설 종사자 가이드라인에서 정하고 있는 수당, 사회복지업무수당과 지방자치단체에서 별도로 정하고 있는 수당에 한하여 편성 · 지급해야 함을 원칙으로 한다. 다만, 개별 사회복지법인 및 사회복지시설에서는 지방자치단체와 협의하여 수당 항목을 추가로 정할 수 있다.

| 표 7-9 | 비지정후원금 사용을 위한 법인 및 시설 운영비 구분

구분	과목		직접비	간접비	비고
	관	항	목		
공통	사무비	인건비	• 급여 • 제수당 • 일용잡금 • 퇴직금 및 퇴직적립금 • 사회보험부담금 • 기타 후생경비		수당은 「근로기준법」 또는 이 지침에서 정하고 있는 수당, 사회복지업무수당(다만, 사회복지공무원에게 지급되는 수당 이상을 초과할 수 없으며 전체 비지정후원금의 50% 한도 내에서만 수당 지급 가능) 및 지방자치단체에서 별도로 정하고 있는 수당에 한함. 다만, 지방자치단체와 협의하여 수당 항목을 추가로 정할 수 있음
		업무추진비		• 기관운영비 • 직책보조비 • 회의비	사용불가(다만, 15% 이내에서 후원금 모집을 위한 회의비, 운영비로 사용 가능)
		운영비	• 공공요금 • 차량비 • 연료비 • 여비 • 수용비 및 수수료 • 제세공과금	• 기타 운영비	
공통	재산조성비	시설비	• 시설장비유지비	• 시설비 • 자산취득비	• 시설비는 시설 증·개축이 필요하다고 인정되는 경우에 관할 주무관청의 승인을 받아 사용 가능 • 자산취득비는 토지, 건물을 제외한 시설 운영에 필요한 집기, 장비 등 구입 가능
법인	사업비	일반사업비	• ○○사업비		단, 수익사업 사업비로는 사용불가
시설	사업비	운영비	• 생계비 • 수용기관경비 • 피복비 • 의료비 • 장의비 • 직업재활비 • 자활사업비 • 특별급식비 • 연료비		
		교육비	• 수업료 • 학용품비 • 도서구입비 • 교통비 • 급식비 • 학습지원비 • 수학여행비 • 교복비 • 이미용비 • 기다 교육비		
		○○사업비	• ○○사업비		
법인	전출금	전출금	• ○○시설 전출금		
시설	전출금	전출금		• 법인회계전출금	사용불가
공통	과년도지출	과년도지출		• 과년도지출	
공통	상환금	부채상환금		• 원금상환금 • 이자지급금	사용불가
공통	잡지출	잡지출		• 잡지출	사용불가
공통	예비비 및 기타	예비비 및 기타		• 예비비 • 반환금	사용불가
시설	적립금	운영충당 적립금		• 운영충당적립금	사용불가
	준비금	환경개선 준비금		• 시설환경개선준비금	사용불가

출처: 보건복지부 (2023). 사회복지시설 관리안내.

후원금은 예산의 편성 및 확정 절차에 따라 세입세출 예산에 편성하여 사용하고, 가급적 적립이나 이월하지 않고 회계연도 내에 집행할 수 있도록 노력해야 한다. 후원금을 이월하거나 타 회계로 전출할 경우 그 세입이 후원금이라는 것을 명시해야 하며, 이월 · 전출된 후원금 역시 아래 별표를 참고하여 후원금 관리 기준에 따라 사용해야 한다.

※ [별표 1] 법인회계 세입예산과목구분 중

과목						내역
관		항		목		
08	이월금	81	이월금	811 812	전년도이월금 전년도이월금 (후원금)	• 전년도 불용액으로서 이월된 금액 • 전년도 후원금에 대한 불용액으로서 이월된 금액

※ [별표 2] 법인회계 세출예산과목구분 중

과목						내역
관		항		목		
04	전출금	41	전출금	411 412	ㅇㅇ시설전출금 ㅇㅇ시설전출금 (후원금)	• 법인이 유지 · 경영하는 시설에 대한 부담금을 시설별로 목을 설정함 • 법인이 유지 · 경영하는 시설에 대한 부담금(후원금)을 시설별로 목을 설정

※ [별표 3] 시설회계 세입예산과목구분 중

과목						내역
관		항		목		
08	전입금	81	전입금	811 812	법인전입금 법인전입금 (후원금)	• 법인으로부터의 전입금(국가 및 지방자치단체의 보조금은 제외함) • 법인으로부터의 전입금(후원금)
09	이월금	91	이월금	911 912	전년도이월금 전년도이월금 (후원금)	• 전년도 불용액으로서 이월된 금액 • 전년도 후원금에 대한 불용액으로서 이월된 금액

07 | 감사의 실시

법인의 감사는 당해 법인과 시설에 대하여 매년 1회 이상 감사를 실시해야 한다. 시설장과 수입원 및 지출원이 사망하거나 경질된 때에는 그 관장에 속하는 수입, 지출, 재산, 물품 및 현금 등의 관리상황을 감사해야 한다. 감사 시 전임자가 입회하여야 하며, 전임자가 입회할 수 없는 경우는 그 전임자가 지정하거나 법인의 대표이사가 관계 직원 중에서 지정한 입회인을 입회시켜야 한다.

감사 후 감사보고서를 작성하여 법인 이사회에 보고하며, 재산상황 또는 업무집행에 관하여 부정 또는 불비한 점이 발견된 때에는 시·군·구청장에게 보고한다.

[별표 3] 시설회계 〈세입〉 예산과목구분(제10조 제3항 본문 관련)

과목						내역
관		항		목		
01	입소자 부담금수입	11	입소비용 수입	111	○○비용수입	입소자로부터 받는 보호에 소요되는 비용수입을 종류별로 목을 설정
02	사업수입	21	사업수입	211	○○사업수입	시설운영으로 인하여 발생되는 사업수입을 종류별로 목을 설정 예 입소자가 제작한 물품판매 수입
03	과년도수입	31	과년도수입	311	과년도수입	전년도에 세입조정된 수입으로서 금년도에 수입으로 확정된 것
04	보조금수입	41	보조금수입	411	국고보조금	국가로부터 받은 경상보조금 및 자본보조금
				412	시·도 보조금	시·도로부터 받은 경상보조금 및 자본보조금
				413	시·군·구 보조금	시·군·구부터 받은 경상보조금 및 자본보조금
				414	기타 보조금	그 밖에 국가, 지방자치단체 및 사회복지사업기금 등에서 공모사업 선정으로 받은 보조금
05	후원금수입	51	후원금수입	511	지정후원금	국내외 민간단체 및 개인으로부터 후원명목으로 받은 기부금·결연후원금·위문금·찬조금 중 후원목적이 지정된 수입
				512	비지정후원금	국내외 민간단체 및 개인으로부터 후원명목으로 받은 기부금·결연후원금·위문금·찬조금 중 후원목적이 지정되지 아니한 수입과 자선행사 등으로 얻어지는 수입

06	요양급여수입	61	요양급여수입	611	장기요양급여수입	노인장기요양보험급여 수입
07	차입금	71	차입금	711	금융기관차입금	금융기관으로부터의 차입금
				712	기타차입금	개인·단체 등으로부터의 차입금
08	전입금	81	전입금	811	법인전입금	법인으로부터의 전입금(국가 및 지방자치단체의 보조금은 제외함)
				812	법인전입금(후원금)	법인으로부터의 전입금(후원금)
09	이월금	91	이월금	911	전년도이월금	전년도 불용액으로서 이월된 금액
				912	전년도이월금(후원금)	전년도에 후원금에 대한 불용액으로서 이월된 금액
				913	○○ 이월사업비	전년도에 종료되지 못한 ○○ 사업의 이월된 금액
10	잡수입	101	잡수입	1011	불용품매각대	비품·집기·기계·기구 등과 그 밖의 불용품의 매각대
				1012	기타예금이자수입	기본재산예금 외의 예금이자 수입
				1013	기타잡수입	그 밖의 재산매각수입, 변상금 및 위약금수입 등과 다른 과목에 속하지 아니하는 수입

출처: 「사회복지법인 및 사회복지시설 재무·회계 규칙」에서 [별표 23] 시설회계 세입예산 과목(개정 2018. 3. 30) 내용이며, [별표 1] 법인회계, [별표 5] 복지관 등의 세입예산 과목은 재무·회계 규칙 참고.

[별표 4] 시설회계 〈세출〉 예산과목구분(제10조 제3항 본문 관련)

과목						내역
관		항		목		
01	사무비	11	인건비	111	급여	시설직원에 대한 기본 봉급(기말·정근수당 포함)
				112	제수당	시설직원에 대한 상여금 및 제수당(직종·직급별로 일정액을 지급하는 수당과 시간외근무수당·야간근무수당·휴일근무수당 등) 및 기타 수당
				113	일용잡급	일급 또는 단기간 채용하는 임시직에 대한 급여
				115	퇴직금 및 퇴직적립금	시설직원 퇴직급여제도에 따른 퇴직급여 및 퇴직적립금(충당금)
				116	사회보험 부담금	시설직원의 사회보험(국민연금, 국민건강보험, 고용보험, 산업재해보상보험 등)부담금
				117	기타후생경비	시설직원의 건강 진단비·기타 복리후생에 소요되는 비용
		12	업무추진비	121	기관운영비	기관운영 및 유관기관과의 업무협의 등에 소요되는 제경비
				122	직책보조비	시설직원의 직책수행을 위하여 정기적으로 지급하는 경비
				123	회의비	후원회 등 각종 회의의 다과비 등에 소요되는 제경비

01		13	운영비	131	여비	시설직원의 국내 · 외 출장여비
				132	수용비 및 수수료	사무용품비 · 인쇄비 · 집기구입비(물건의 성질상 장기간 사용 또는 고정자산으로 취급되는 집기류는 212목에 계상) · 도서구입비 · 공고료 · 수수료 · 등기료 · 운송비 · 통행료 및 주차료 · 소규모수선비 · 포장비 등
				133	공공요금	우편료 · 전신전화료 · 전기료 · 상하수도료 · 가스료 및 오물수거료
				134	제세공과금	법령에 의하여 지급하는 제세(자동차세 등), 협회가입비, 화재 · 자동차보험료, 기타 보험료
				135	차량비	차량유류대 · 차량정비유지비 · 차량소모품비
				136	기타운영비	시설직원 상용피복비 · 급량비 등 운영경비로 위에 분류되지 아니한 경비
02	재산조성비	21	시설비	211	시설비	시설 신 · 증축비 및 부대경비, 그 밖에 시설비
				212	자산취득비	시설운영에 필요한 비품구입비, 토지 · 건물 · 그 밖에 자산의 취득비
				213	시설장비유지비	건물 및 건축설비(구축물 · 기계장치), 공구 · 기구, 비품수선비(소규모수선비는 132목에 계상) 그 밖의 시설물의 유지관리비
03	사업비	31	운영비	311	생계비	주식비, 부식비, 특별부식비, 장유비, 월동용 김장비
				312	수용기관경비	입소자를 위한 수용비(치약 · 칫솔 · 수건구입비 등)
				313	피복비	입소자의 피복비
				314	의료비	입소자의 보건위생 및 시약대
				315	장의비	입소자 중 사망자의 장의비
				316	직업재활비	입소자의 직업훈련재료비
				317	자활사업비	입소자의 자활을 위한 기자재 구입비
				318	특별급식비	입소자의 간식, 우유 등 생계 외의 급식제공을 위한 비용
				319	연료비	보일러 및 난방시설연료비, 취사에 필요한 연료비
		32	교육비	321	수업료	입소자 중 학생에 대한 수업료
				322	학용품비	입소자 중 학생에 대한 학용품비
				323	도서구입비	입소자 중 학생에 대한 도서구입비, 부교재비
				324	교통비	입소자 중 학생에 대한 대중교통비
				325	급식비	입소자 중 학생에 대한 학교급식비
				326	학습지원비	입소자 중 학생에 대한 사교육비(피아노교습, 사설학원 수강 등)
				327	수학여행비	입소자 중 학생에 대한 수학여행비
				328	교복비	입소자 중 학생에 대한 교복비
				329	이미용비	입소자 중 학생에 대한 이, 미용비
				330	기타교육비	입소자 중 학생에 대한 그 밖의 교육경비(학습재료 등)

03	사업비	33	○○사업비	331	의료재활 사업비	입소자(재활 · 물리 · 작업 · 언어 · 청능)치료비, 수술비용, 의수족 등 보장구 제작수리비 또는 입소자를 위한 의료재활 프로그램 비용
				332	사회심리 재활 사업비	입소자를 위한 사회심리재활 프로그램 운영비
				333	교육재활 사업비	입소자를 위한 교육프로그램운영비
				334	직업재활 사업비	입소자를 위한 직업재활프로그램 운영비
				335 · ·	○○사업비 · ·	의료재활, 직업재활, 교육재활 등 전문프로그램이 아닌 입소자를 위한 프로그램 운영비(하계캠프, 방과 후 공부방 운영 등)
04	전출금	41	전출금	411	법인회계전출금	법인회계로의 전출금(보건복지부장관이 정하는 경우만 해당함)
05	과년도지출	51	과년도지출	511	과년도지출	과년도미지급금 및 과년도사업비의 지출
06		61	부채상환금	611	원금상환금	차입금원금상환금
				612	이자지불금	차입금이자지급금
07	잡지출	71	잡지출	711	잡지출	시설이 지출하는 보상금 · 사례금 · 소송경비 등
08	예비비 및 기타	81	예비비 및 기타	811	예비비	예비비
				812	반환금	정부보조금 반환금

출처: 「사회복지법인 및 사회복지시설 재무 · 회계 규칙」에서 [별표 4] 시설회계 세출예산 과목(개정 2018. 3. 30) 내용이며, [별표 2] 법인회계, [별표 6] 복지관 등의 세출예산 과목은 재무 · 회계 규칙 참고.

Chapter 08

문서와 사회서비스정보관리

Social Welfare Administration

08

Chapter

문서와 사회서비스정보관리

기관에서 사업을 수행하고 서비스를 제공하기 위해서는 의사소통이 원활해야 한다. 그 수단이 사무관리업무이며 가장 기본이 되는 것이 문서작성이다. 조직은 체계적인 시스템, 종사자들은 문서작성에 대한 이해와 관리 능력을 갖추어야 한다.

또한, 현대에는 고도 정보화 사회가 되어 감에 따라 정보의 가치가 중요해졌으며, 정보 수집 · 가공 · 저장 · 활동 등 정보처리과정까지 포함한다.

01 | 문서관리

1) 개요

(1) 개념

조직 업무수행과 관련된 사항을 문서에 기반을 두어 업무를 수행한다. 문서는 일반적으로 사람의 의사나 사물의 형태 · 관계 등을 문자 · 기호 · 숫자 등을 활용하여 종이 등 매체에 기록 · 표기한 것을 말한다.

문서관리란 광의의 의미로 문서를 기안(품의), 시행, 접수, 회람(공람), 편철, 보관하는 전반적인 절차를 의미한고, 일반적으로는 조직체의 활동과 관련하여 작성 또는 접수된 문서로서 사무처리상의 일정한 기록물을 의미한다.

(2) 필요성

조직에서 이루어지는 업무는 대부분 문서로 수행하고, 확인하는 체계이다. 문서는 업무를 수행하는 과정에서 필수적인 요소로 다음과 같은 경우에 문서가 필요하다.

- 내용이 복잡하여 문서 없이는 업무처리가 곤란할 때
- 업무처리에 대한 의사소통이 대화로는 불충분하여 문서가 필요한 때
- 행정기관의 의사표시 내용을 증거로 남겨야 할 때
- 업무처리의 형식상 또는 절차상 문서가 필요한 때
- 업무처리 결과를 보존할 필요가 있을 때

2) 문서의 종류

문서는 작성주체, 유통대상 여부, 문서의 성질에 따라 다음과 같이 구분된다.

표 8-1 문서의 종류

구분	문서 종류
작성 주체에 의한 구분	• 공문서: 업무상 작성하거나 시행하는 문서와 기관이 접수한 모든 문서 • 사문서: 개인이 사적인 목적을 위하여 작성한 문서, 사문서도 기관에 제출하여 접수가 된 것은 공문서로 취급
유통대상 여부에 의한 구분	• 유통되지 않는 문서: 내부결재문서 – 내부적으로 계획 수립, 처리방침 결정, 업무보고, 검토 등을 하기 위해 결재를 받는 문서로 외부로 발신하지 않음 • 유통대상 문서 – 대내문서: 해당 기관 내부에서 보조기관 또는 보좌기관 상호 간 협조하거나 보고, 통지를 위해 수신·발신하는 문서 – 대외문서: 해당 기관 이외에 다른 기관에 수신·발신하는 문서 – 발신자와 수신자 명의가 같은 문서

문서의 성질에 의한 분류	• 법규문서: 법규사항을 규정하는 문서로 헌법 · 대통령령 · 총리령 · 부령 · 조례 및 규칙 등에 관한 문서 • 지시문서: 훈령 · 지시 · 예규 등 일정한 사항을 하급기관에 지시하는 문서 • 공고문서: 고시 · 공고 등 일정한 사항을 일반인에게 알리기 위한 문서 • 비치문서: 일정한 사항을 기록하여 내부에 비치하면서 업무에 활용한 대장 · 카드 등의 문서 • 민원문서: 민원인이 기관에 허가, 인가, 그 밖의 처분 등을 요구하는 문서와 그에 대한 처리 문서 • 일반문서: 위 각 문서에 속하지 아니하는 모든 문서로 회보나 보고서 등이 이에 속함

3) 문서성립

① 문서의 성립요건

기관의 적법한 권한 범위 내에서 작성되어야 하며, 위법 · 부당하거나 시행이 불가능한 내용은 포함하지 않는다. 법령에 규정된 절차 및 형식을 갖추어야 한다.

② 성립시기

문서는 결재권자가 해당 문서에 대하여 서명(전자이미지서명, 전자문자서명, 행정전사서명 포함)의 방식으로 결재함으로써 성립한다. 결재권자란 기관의 장, 법령 또는 내규에 따라 권한을 위임받거나 위탁받은 자, 위임전결 또는 대결하는 자를 의미한다.

4) 문서작성의 일반원칙

① 문서의 전자적 처리

문서의 기안 · 검토 · 협조 · 결재 · 등록 · 시행 · 분류 · 편철 · 보관 · 보존 · 이관 · 접수 · 배부 · 공람 · 검색 · 활용 등 모든 처리절차는 전자적으로 처리하도록 하여야 한다.

② 이해하기 쉽게 작성

문서는 어문규범을 준수하여 한글로 작성하되 특별한 사유가 없으면 이해하기 쉬운 용어를 사용하여야 한다. 문서는 「국어기본법」 제3조 제3호에 따른 어문규범에 맞게 한글로 작성하되, 뜻을 정확하게 전달하기 위하여 필요한 경우에는 괄호 안에 한자나 그 밖의 외국어를 함께 적을 수 있으며, 가로로 쓴다. 문서의 내용은 간결하고 명확하게 표현하고 일반화되지 않은 약어와 전문용어 등의 사용을 피하여 이해하기 쉽게 작성하여야 한다. 특히 국립국어원 등에서 선정한 행정용어 순화어를 활용하여 쉬운 우리말을 사용할 수 있도록 노력하여야 한다.

표 8-2 어문규범과 행정용어 순화어

구분		변경 전	변경 후
한글 맞춤법 및 어법 (예시)	고/라고	"~가 중요하다."고 말했다.	"~가 중요하다."라고 말했다.
	로써/로서	그것은 교사로써 할 일은 아니다.	그것은 교사로서 할 일은 아니다.
	율/률	백분률	백분율
	년도/연도	시설년도	시설 연도
	연월일의 표기	2023. 6. 27(화)	2023. 6. 27.(화)
	가운뎃점	융복합	융·복합
띄어쓰기	달러, 원, 명, 톤 등 단위를 나타내는 명사	296억달러	296억 달러
		10만톤	10만 톤
		오십명	오십 명
	'제-'와 같은 접두사	제 1섹션	제1 부문/제1부문
	'-여 / -쯤 / -가량'과 같은 접미사	50여명의	50여 명의
		내일 쯤	내일쯤
		일주일 가량	일주일가량
	호칭어나 관직명	홍길동씨	홍길동 씨
		행정안전부장관	행정안전부 장관
	'본, 총'과 같은 관형사	2010년부터 본제도 시행	2010년부터 본 제도 시행
		총300대	총 300대
	문장 부호	원장 : 김갑동	원장: 김갑동
		4. 23. ~ 6. 15.	4. 23.~6. 15.

구분	개선이 필요한 표현	개선된 표현
우리말다운 표현 사용	적극 뒷받침하기 위해	적극적으로 뒷받침하기 위해
	선정된 점포에 대해서는	선정된 점포에는
쉽고 친숙한 표현 사용	MOU	업무협정(MOU)
	IT	정보기술(IT)
	힐링	치유
	인프라	기반 시설
	매뉴얼	지침
	지자체	지방자치단체(이하 지자체)
	21,345천원	2,134만 5천 원
	제고하기	높이기
	내수진작과	국내 수요를 높이고
공공성 있는 표현 사용	1. 품격 있는 표현을 사용한다. 예 R&D → 연구 개발 / 모니터링 → 점검, 실태 조사 등	
	2. 고압적 · 권위적인 표현을 사용하지 않는다. 예 장관은 ~라며 치하했다. → 장관은 ~라고 말했다. 작성할 것 → 작성해 주십시오. 제출바람 → 제출해 주십시오.	
	3. 차별적 표현을 사용하지 않는다. 예 소외계층, 결손가정 등	

| 표 8-3 | 행정용어 순화 사용 참고사항

구분	개선이 필요한 표현	개선된 표현	개선이 필요한 표현	개선된 표현
국어 기본법 위반	AI	인공 지능(AI)	AI	조류 독감/조류인플루엔자(AI)
	B2B	기업 간 거래(B2B)	P2P	개인 간(P2P)
	ICT	정보 통신 기술(ICT)	IoT	사물 인터넷(IoT)
	MOU	업무 협약/양해 각서(MOU)	R&D	연구 개발(R&D)
불필요한 외국어 사용	가이드라인	지침/방침	가이드북	안내서/지침서/길잡이
	글로벌 경쟁력	국제 경쟁력/세계 경쟁력	노하우	비법/기술/비결/방법
	네트워크	연결망/관계망/연계망	니즈	요구/필요/바람
	액셀러레이팅	창업 (초기)기업 육성 기관/새싹 기업	라운드 테이블 토론/회의	원탁 토론/원탁회의

불필요한 외국어 사용	로컬 푸드	지역 음식/향토 음식	로드맵	(단계별) 이행안/단계별 계획
	드론	무인기	리스크	위험/손실
	마스터 플랜	종합 계획/ 기본 계획	매뉴얼	안내서/설명서/지침
	매칭	연결	모니터단	점검단/감시단
	모니터링	점검/감시/감독	힐링	치유
	바우처	상품권/이용권	벤치마킹하다	본을 따르다/견주다
	블라인드 채용	정보 가림 채용	세션	분과/부문/부분
	스타트업	창업(초기)기업/새싹 기업	스크린도어	안전문
	아웃리치	현장 지원(활동)	시너지 효과	(동반)상승효과/상생 효과
	액션 플랜	실행 계획	레시피	조리법
	윈윈 효과	상생 효과	원스톱 서비스	통합 서비스/일괄 서비스
	이슈	쟁점/논쟁	인센티브	혜택/특전
	인큐베이팅	보육/도움(인큐베이팅) 등	인프라 구축	기반 (시설) 구축
	카 셰어링	차량 공유	컨트롤타워	(조정)관리 조직/ (조정)관리 기구/ 전담
	콘퍼런스	학술회의/학술 대회	킥오프 회의	첫 회의
	타깃	대상/목표	태스크포스(TF)	전담 팀/ 특별 팀
	헬스케어	건강 관리	트렌드	유행/흐름/동향/경향
	패러다임	인식	패키지 지원	종합 지원/통합 지원
	페스티벌	축제	페이백	보상 환급
	페이백	보상 환급	프로세스	과정/절차
	프로젝트	과제/사업/기획	허브	중심/중심지/거점
불필요한 한자어 사용	경주하다	기울이다/쏟다/다하다	가용한	쓸 수 있는
	금번	이번	계도하다	알려주다/일깨워주다
	불식하다	없애다	기	이미 ( )/기존의 ( )
	비첨두시	붐비지 않을 때	긴요하다	아주 중요하다
	상이한	다른	타 ( )	다른 ( )
	상회하다	웃돌다	부기하다	덧붙여 기재하다
	송달하다	보내다	불요	필요 없음
	수취	수령/받음	상기(의)	위(의)

불필요한 한자어 사용	시현하다	나타내다/나타내 보이다	상존	늘 있음
	용이하다	쉽다	시찰하다	살펴보다
	적기	알맞은 시기/제철	예찰하다	미리 살피다
	제고하다	높이다	적시	제때
	존치하다	그대로 두다	제반	여러
	천명하다	밝히다	차기	다음(번)
	패용/패용하다	달기/달다	첨두시	가장 붐빌 때

5) 문서작성 기준

(1) 숫자 등의 표시

① 숫자: 아라비아 숫자로 쓴다.

② 날짜: 숫자로 표기하되 연, 월, 일의 글자는 생략하고 그 자리에 마침표를 찍어 표시한다. 월, 일 표기 시 '0'은 표기하지 않는다.

예 2022. 12. 12. : 한 타 띄우고 표기
2023. 1. 1. : '0'은 표기하지 않음

- 시간: 시 · 분은 24시각제에 따라 숫자로 표기하되, 시 · 분의 글자는 생략하고 그 사이에 쌍점(:)을 찍어 구분한다.

예 오후 3시 20분(×) → 15:20(○)
오전 7시 9분(×) → 07:09(○)

- 금액: 금액을 표시할 때에는 아라비아 숫자로 쓰되, 숫자 다음에 괄호를 하고 한글로 기재한다.

예 금113,560원(금일십일만삼천오백육십원)

(2) 문서의 쪽 번호 등 표시

① 쪽 번호 등의 개념

- 2장 이상으로 이루어진 중요 문서의 앞장과 뒷장의 순서를 명백히 하기 위하여 매기는 번호를 말한다.

② 쪽 번호 등의 표시 대상문서

- 문서의 순서 또는 연결 관계를 명백히 할 필요가 있는 문서
- 사실관계나 법률관계의 증명에 관계되는 문서
- 허가, 인가 및 등록 등에 관계되는 문서

6) 항목의 구분

① 항목의 표시

- 문서의 내용을 둘 이상의 항목으로 구분할 필요가 있으면 다음 구분에 따라 그 항목을 순서대로 표시하되, 필요한 경우에는 ㅁ, ㅇ, –, • 등과 같은 특수한 기호로 표시할 수 있다.

구분	항목기호	비고
첫째 항목	1., 2., 3., 4., …	하., 하), (하), ㉻ 이상
둘째 항목	가., 나., 다., 라., …	계속되는 때에는
셋째 항목	1), 2), 3), 4), …	거., 거), (거), ⓚ,
넷째 항목	가), 나), 다), 라), …	너., 너), (너), ⓝ… 등
다섯째 항목	(1), (2), (3), (4), …	단모음 순으로 표시
여섯째 항목	(가), (나), (다), (라), …	
일곱째 항목	①, ②, ③, ④, …	
여덟째 항목	㉮, ㉯, ㉰, ㉱, …	

※ 특수한 기호를 활용하여 항목을 표시할 경우, 전자적으로 입력하기 어렵거나 전자화 과정에서 오류가 많이 발생할 수 있는 특수기호는 사용하지 않는다.

② 표시위치 및 띄우기

가) 첫째 항목기호는 왼쪽 기본선에서 시작한다.

나) 둘째 항목부터는 바로 위 항목 위치에서 오른쪽으로 2타씩 옮겨 시작한다.

다) 항목이 두 줄 이상인 경우에 둘째 줄부터는 항목 내용의 첫 글자에 맞추어 정렬함이 원칙이나, 왼쪽 기본선에서 시작하여도 무방하다. 단, 하나의 문서에서는 동일한 형식(첫 글자 또는 왼쪽 기본선)으로 정

렬한다.

예 Shift + Tab 키 사용

라) 항목기호와 그 항목의 내용 사이에는 1타를 띄운다.

마) 항목이 하나만 있는 경우 항목기호를 부여하지 아니한다.

> 수신∨∨○○○관장(○○○팀장)
> (경유)
> 제목∨∨○○○○○
> 1.∨○○○○○○○○○○○○
> ∨∨가.∨○○○○○○○○○○○○
> ∨∨∨∨1)∨○○○○○○○○○○○○
> ∨∨∨∨∨∨가)∨○○○○○○○○○○○○
> ∨∨∨∨∨∨∨∨(1)∨○○○○○○○○○○○○
> 2.∨○○○○○○○○○○○○○○○○○○○○○○○○○○○○○○ ∨∨∨○○○○○

※ 2타(∨∨ 표시)는 한글 1자, 영문·숫자 2자에 해당함

• 하나의 본문 아래 항목 구분

하나의 본문에 이어서 항목이 나오는 경우에 항목의 순서 및 띄어쓰기는 다음 요령에 따른다.

가) 첫째 항목은 1., 2., 3.,… 등부터 시작한다. (둘째 항목: 가., 나…)

나) 첫째 항목은 왼쪽 기본선부터 시작한다.

> 수신∨∨○○○관장(○○○팀장)
> 제목∨∨○○○○○
> 문서관리교육을 다음과 같이 실시하오니 참석하여 주시기 바랍니다.
> 1.∨일시:∨○○○○○
> 2.∨장소:∨○○○○○○○○○○○○
> 3.∨참석대상:∨○○○○○○○○○○○○.∨∨끝.

※ 가독성을 위하여 본문 항목 사이 위와 아래 여백을 자유롭게 조정할 수 있다.
(한 줄 띄우기 가능, 줄 간격 및 위아래 여백을 자유롭게 설정 가능)

③ 규격용지 사용

- 용지의 규격 표준화는 문서, 서식 등에 사용되는 용지의 크기를 통일하는 것을 의미한다. 규격을 표준화함으로써 문서의 작성 · 처리 · 편철 · 보관 · 보존 등을 용이하게 처리할 수 있다. 용지는 가로 210mm, 세로 297mm(A4용지)의 직사각형으로 한다. A4용지는 국제적으로 널리 통용되고 있을 뿐만 아니라 국내의 대다수 조직체에서 문서의 기본규격으로 하고 있다.

7) 문서의 구성 체계

(1) 문서의 구성

일반적으로 사용하는 기안문과 시행문은 두문, 본문, 결문으로 구성한다.

문서의 구성

- 두문
  - 행정기관명
  - 수신
  - (경유)
- 본문
  - 제목
  - 내용
  - 붙임
- 결문
  - 발신명의
  - 기안자 · 검토자 · 협조자 · 결재권자의 직위 또는 직급 및 서명
  - 생산등록번호와 시행일
  - 접수등록번호와 접수일
  - 기관의 우편번호 · 도로명주소 · 홈페이지 주소 · 전화번호 · 팩스번호
  - 담당자 공식 전자우편주소
  - 공개 구분

두문

기 관 명

수신 ( )
(경유)
제목

본문

붙임

결문

발 신 명 의

기안자 직위(직급) 서명 검토자 직위(직급) 서명 결재권자 직위(직급) 서명
협조자 직위(직급) 서명
시행 처리과명-연도별 일련번호(시행일) 접수 처리과명-연도별 일련번호(접수일)
우 도로명주소 / 홈페이지 주소

전화번호( ) 팩스번호( ) / 담당자의 전자우편주소 / 공개 구분

8) 기안문 및 시행문 작성요령

(1) 두문

① 기관명의 표시

문서를 기안한 부서가 속한 기관 명칭을 표시한다.

② 수신자 표시

수신자가 없는 내부결재문서의 수신란에는 "내부결재로 표시한다.

③ 수신자가 많을 경우

두문의 수신란에 "수신자 참조"라고 쓰고, 결문의 발신명의 다음 줄의 왼쪽 기본선에 맞추어 "수신자"명을 표시한다.

④ 경유의 표시

경유기관이 없는 경우는 아무것도 적지 않고 빈칸으로 둔다. 경유기관이 하나인 경우는 "경유"란에 "이 문서의 경유기관의 장은 ○○○이고 최종 수신기관의 장은 ○○○입니다."로 표시한다. 경유기관이 둘 이상인 경우는 "경유"란에 "이 문서의 제1차 경유기관의 장은 ○○○이고, 제2차 경유기관의 장은 ○○○, …………, 최종 수신기관의 장은 ○○○입니다."로 표시한다.

⑤ 로고(상징) 등 표시

기관의 로고·상징·마크·홍보문구 등을 표시하여 기관의 이미지를 높일 수 있도록 하여야 한다. 로고(상징)는 문서 상단의 '기관명' 표시줄의 왼쪽 끝에 2cm×2cm범위 내에서 표시하고, 홍보문구는 기관명 바로 위에 표시한다.

(2) 본문

① 제목

문서의 내용을 쉽게 알 수 있도록 간단하고 명확하게 기재한다.

② 첨부물의 표시

문서에 서식·유가증권·참고서류, 그 밖의 문서나 물품이 첨부되는 때에는 본문이 끝난 줄 다음에 "붙임"의 표시를 하고 첨부물의 명칭과 수량을 쓰되, 첨부물이 두 가지 이상인 때에는 항목을 구분하여 표시한다.

예시 1 (본문)······································ 주시기 바랍니다. 붙임∨∨○○○계획서 1부.∨∨끝.
예시 2 (본문)······································ 주시기 바랍니다. 붙임∨∨1.∨○○○계획서 1부. 2.∨○○○서류 1부.∨∨끝.
* 붙임은 본문 다음에 바로 붙여 쓰거나, 한 줄 띄어 써도 무방하다. (본문과 붙임 사이에 'Enter' 키를 쳐도 되고, 치지 않아도 된다.)

➲ 기안문에 첨부되는 계산서·통계표·도표 등 작성상의 책임을 밝힐 필요가 있다고 인정되는 첨부물에는 그 여백에 작성자를 표시하여야 함(규칙 제6조 제2항)

③ 문서의 "끝" 표시

- 본문 내용의 마지막 글자에서 한 글자(2타) 띄우고 "끝" 표시를 한다.

  예 ······ 주시기 바랍니다.∨∨끝.

- 첨부물이 있으면 붙임 표시문 다음에 한 글자(2타) 띄우고 표시한다.

  예 붙임 1. 서식승인 목록 1부.
  2. 승인서식 2부.∨∨끝.

- 본문 또는 붙임 표시문이 오른쪽 한계선에서 끝났을 경우에는 그 다음 줄의 왼쪽 기본선에서 한 글자(2타) 띄우고 "끝" 표시를 한다.

  예 (본문 내용) ······································ 주시기 바랍니다.
  ∨∨끝.

- 본문이 표로 끝나는 경우

  가. 표의 마지막 칸까지 작성되는 경우: 표 아래 왼쪽 기본선에서 한 글자 띄우고 "끝" 표시

구분	강사명	생년월일	주소
1	김○○	1970. 3. 18.	경기도 수원시 ○○로 12
2	박○○	1978. 5. 25.	서울시 종로구 ○○로 5

∨∨끝.

나. 표의 중간에서 기재사항이 끝나는 경우: "끝" 표시를 하지 않고 마지막으로 작성된 칸의 다음 칸에 "이하 빈칸" 표시

구분	강사명	생년월일	주소
1	김○○	1970. 3. 18.	경기도 ○○시 ○○로 12
이하 빈칸			

※ 표의 위치는 정해진 사항이 없으며, 왼쪽 기준선부터 전체를 사용하거나 또는 표 제목의 아래 위치부터 시작한다.

(3) 결문

① 발신명의 표시

- 기관장의 권한인 경우에는 해당 기관의 장의 명의로 발신한다.
- 법령에 의하여 권한이 위임 · 위탁된 경우에는 그 위임 또는 위탁을 받은 자의 명의로 발신한다.
- 발신할 필요가 없는 내부결재문서에는 발신명의를 표시하지 아니한다.

② 권한대행 또는 직무대리의 표시

기관장의 권한을 대행하거나 직무를 대리하는 사람이 발신명의와 함께 본인의 성명을 적는 경우에는 다음 예시와 같이 그 직위를 적고 "권한대행" 또는 "직무대리"의 표시를 한다.

〈예시〉 ○○○○관장 직무대리
부장 ○○○ ○○○○관장 권한대행
부장 ○○○

③ 기안자, 검토자, 협조자, 결재권자의 직위 또는 직급과 서명

- 기안자는 기안문의 기안자란에, 검토 또는 협조자는 검토자 또는 협조자란에, 결재권자는 결재자란에 직위 또는 직급을 쓰고 서명란에 서명한다.
- 서명은 기안자, 검토자, 협조자, 결재권자가 자기의 성명을 다른 사람이 알아볼 수 있도록 한글로 쓰거나 전자이미지서명 또는 전자문자서명을 전자적으로 표시한다.

• 전자이미지서명: 기안자 · 검토자 · 협조자 · 결재권자 또는 발신명의인이 전자문서상에 전자적인 이미지 형태로 된 자기의 성명을 표시하는 것

• 전자문자서명 : 기안자 · 검토자 · 협조자 · 결재권자 또는 발신명의인이 전자문서상에 자동 생성된 자기의 성명을 전자적인 문자 형태로 표시하는 것

④ 생산등록번호(시행일) 및 접수등록번호(접수일)

• 「공공기록물 관리에 관한 법률 시행령」 제20조에 따른 생산등록번호 또는 접수등록번호를 업무관리시스템이나 전자문서시스템에 의하여 전자적으로 표시한다.

• 문서에 생산 또는 접수 등록번호를 표시하는 때에는 같은 법률 시행규칙 제5조 제3항에 따라 처리과명과 연도별 일련번호를 붙임표(-)로 이어 쓰되, 기관명 또는 10자 이내의 기관명 약칭을 쓴다.

⑤ 우편번호 외

• 우 도로명주소: 우편번호를 기재한 다음, 행정기관이 위치한 도로명 및 건물번호 등을 기재하고 괄호 안에 건물명칭과 사무실이 위치한 층수와 호수를 기재한다.

• 담당자의 전자우편주소: 기관이 담당자에게 부여한 전자우편주소 또는 공통으로 사용하는 전자우편주소를 기재한다.

• 공개구분: 공개, 부분공개, 비공개로 구분하여 표시하되, 부분공개 또는 비공개인 경우에는 「공공기록물 관리에 관한 법률 시행규칙」 제18조에 따라 '부분공개( )' 또는 '비공개( )'로 표시하고 「공공기관의 정보공개에 관한 법률」 제9조 제1항 각 호의 해당 호수를 괄호 안에 표시한다.

02 | 사회서비스

1) 사회서비스의 개념

사회서비스란 국가 · 지방자치단체 및 민간부문의 도움이 필요한 모든 국민에게 복지, 보건의료, 교육, 고용, 주거, 문화, 환경 등의 분야에서 인간다운 생활을 보장하고, 상담, 재활, 돌봄, 정보의 제공, 관련 시설의 이용, 역량개발, 사회참여 지원 등을 통하여 국민의 삶의 질이 향상되도록 지원하는 제도를 말한다.

| 표 8-4 | 사회보험, 공공부조, 사회서비스의 비교

구분	사회보험	공공부조	사회서비스
목적	국민에게 발생하는 사회적 위험 대처	생활이 어려운 국민의 최저생활보장, 자립지원	국민의 인간다운 생활보장, 삶의 질 향상
방식	보험방식	국가 · 지자체 책임방식 자산조사를 통한 지원	다양한 방식(단, 보험, 공공부조는 제외)
주체	보험자	국가 · 지자체	국가, 지자체, 민간
예시	건강보험, 국민연금, 고용보험, 산재보험 등	국민기초생활보장, 기초연금, 긴급지원 등	아동, 노인, 장애인 등에 사회복지시설 및 바우처를 통한 서비스 제공

2) 사회보장급여와 사회서비스의 관계

사회보장급여는 보장기관[1)]이 사회보장기본법 제3조제1호에 따라 제공하는 현금, 현물, 서비스 및 그 이용권을 의미한다.

사회서비스는 사회보장의 하위 개념으로 사회보장급여에 포함된다. 다만, 사회보장급여는 제공의 주체가 보장기관이기 때문에 순수한 민간재원으로 민간기

1) 보장기관은 관계 법령 등에 따라 사회보장급여를 제공하는 국가기관(보건복지부, 고용노동부 등 공공기관)과 지방자치단체(사회보장급여법 제2조 제5호)로 정의한다.

관이 제공하는 사회서비스는 사회보장급여에서는 제외된다.

3) 사회서비스 제공기관의 개념

사회서비스 제공기관은 국가 · 지방자치단체 또는 민간이 설립 · 운영하는 기관으로서 사회서비스를 제공 또는 지원하는 기관(사회서비스원법 제2조 제2호)을 의미한다. 「사회보장급여법」 제24조의2에서는 차세대 사회보장정보시스템(희망이음)을 활용하는 사회서비스 제공기관의 범위(법인 · 단체 · 시설 · 기관 등)를 명시하고 있다.

4) 사회서비스 제공기관의 범위

사회서비스 제공기관의 범위는 「사회보장급여법」 제24조의2에 따라 다음과 같다.

- 사회복지법인 및 사회복지시설(사회복지사업법 제2조 제3호 및 제4호)
- 사회서비스 제공자(사회서비스이용권법 제2조 제4호)
- 광역자활센터 및 자활기업(국민기초생활보장법)
- 독거노인종합지원센터(노인복지법)
- 장기요양기관(노인장기요양보험법)
- 아동권리보장원 및 자립지원 관련 업무 위탁 법인(아동복지법)
- 입양기관(입양특례법)
- 자살예방센터(자살예방법)
- 장애아동 가족지원 업무 위탁 비영리법인(장애아동복지지원법)
- 장애인 직업재활 실시 기관(장애인고용법)
- 중앙보조기기센터 및 지역보조기기센터(장애인보조기기법)
- 중앙장애인권익옹호기관 및 지역장애인권익옹호기관(장애인복지법)
- 정신건강복지센터 및 중독관리통합지원센터(정신건강복지법)
- 그 밖에 보건복지부장관이 인정한 기관

5) 사회서비스 DB 구축

(1) 시스템 구성

차세대 사회보장정보시스템은 다양한 주체(국민, 지자체, 사회서비스기관)들의 데이터를 통합하여 서비스 기관이 수요자에게 최적을 서비스를 제공할 수 있도록 정보시스템 기반을 마련하기 위해 구축되었다. 즉 사회서비스 기관에서 서비스 대상별 정보 연계체계를 강화하여 이를 활용한 서비스를 제공하고 연계하기 위한 근거기반 정책결정을 지원할 목적으로 도입되었다. 그러나 2023년 6월 현재까지 희망이음은 사회서비스기관에서 활용하기에는 시스템이 불안정하고 개선 보완점이 있어 안정적으로 정착되어 활용하기 위해서는 많은 노력이 요구된다.

표 8-5 차세대 사회보장정보시스템 구축 체계도

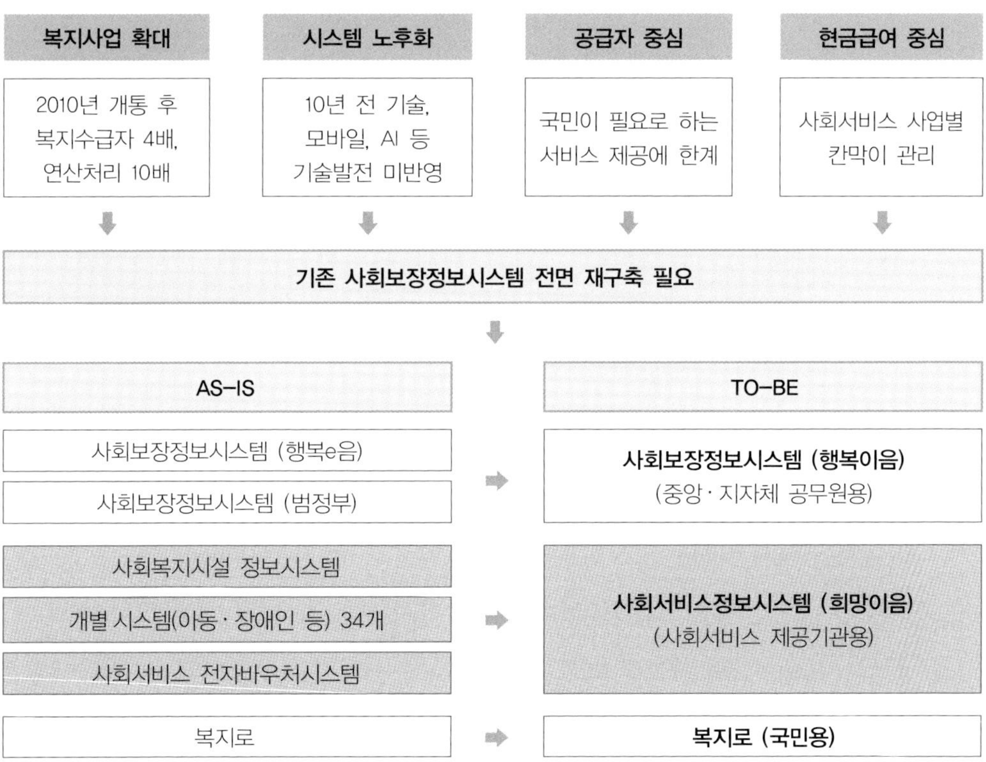

출처: 차세대 사회보장정보시스템 개통(2차) 보건복지부 보도자료(2022.9.6.) 재정리.

(2) 희망이음 구성도

희망이음이 보유한 대량의 자료를 사용자 관점에서 다양한 주제별로 분석보고서를 제공하여 정책 의사결정을 지원한다.

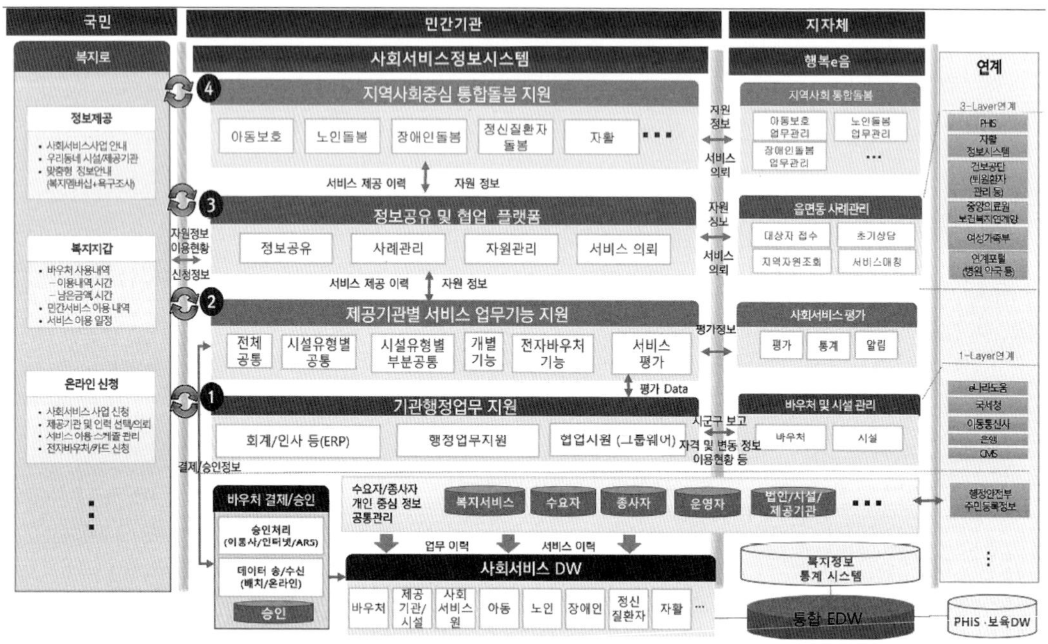

6) 정보관리

대상자(이용자)의 개인정보 유출로 인한 개인정보 침해 가능성을 고려하여 서비스 제공을 위한 최소한의 정보만을 시스템을 통해 관리하는 최소정보 관리 원칙을 적용한다. 사회서비스 제공기관의 개인정보처리자는 서비스 제공과 직접적인 관계가 없는 각종 민감 정보의 수집을 지양한다. 최소 정보 관리에 대한 입증 책임은 사회서비스 제공기관에 있다(개인정보 보호법 제16조: 개인정보의 수집 제한).

(1) 개인정보보호 원칙

사회서비스 제공기관은 이용자의 인권을 보호하고 삶의 질을 향사시키기 위해 개인정보보호에 만전을 기해야 함을 원칙으로 한다.

(2) 개인정보 동의

희망이음을 통한 개인정보의 수집, 이용 및 제3자 제공 시 관리되는 개인정보에 관한 정보 주체의 동의를 얻어야 한다. 대상자 등록, 대상자(주민번호, 연락처 등) 인적 정보 입력, 시스템을 통한 자격 정보 조회, 기관 간 대상자의 정보 공유, 원 스크린을 통한 대상자의 민감 정보 조회를 할 경우에는 반드시 정보주체의 동의를 받아야 한다.

(3) 법정 대리인 동의

개인정보의 수집, 이용 및 제3자 제공의 동의 시, 정보 주체가 만 14세 미만 아동인 경우 또는 합리적인 사유로 동의를 할 수 없는 경우 법정대리인의 동의를 받아 개인정보를 수집하여야 한다. 법정대리인의 동의를 받기 위한 필요 최소의 정보(예: 법정대리인의 성명, 연락처)는 해당 대상자(이용자)로부터 직접 수집할 수 있다.

(4) 민감 정보의 관리

사회복지서비스의 특성상 대상자의 내밀한 민감 정보를 관리할 가능성이 있어 시스템 내 권한의 부여, 기록의 잠금 등을 활용하여 관계인 외 유출을 방지하여야 한다. 그리고 대상자 서비스 제공을 위해 반드시 필요하지 않는 민감 정보는 시스템을 통해 기록 관리하지 않도록 한다. 시설의 장은 권한 부여 시, 민감 정보(상담, 사정, 건강 정보)를 알 필요(need to know)가 있는 종사자와 관련 업무를 처리해야 할 필요(need to do)가 있는 종사자를 구분하여 권한을 부여해야 한다.

- 민감정보: 사상, 신념, 병력, 신체 및 정신 장애, 유전자 검사 정보 등
- 종합사회복지관의 수영 강습 프로그램을 이용하는 대상자에 대해 가구원의

인적사항, 소득 사항, 직장, 학력 사항 등을 관리할 필요는 없음

- 사회복지사와 재활치료사의 경우, 재활치료사는 대상자의 내밀한 상담 내역을 알 필요가 없음

표 8-6 서비스 제공업무의 개인정보 보호 관리 방안

업무단계	신청 · 접수	조사 · 결정	대상자정보등록	서비스 제공	제공이력
주요 정보	기초인적사항	복지자격정보	복지자격정보, 이전시설 이용 정보	상담내용 등 각종 일지 민감정보	제공 프로그램 정보
	(성명, 주민번호, 주소, 연락처)	(보장구분, 서비스, 시작일자, 종료일자)	(보장구분, 서비스, 시작일자, 종료일자, 이전 시설명, 입소일, 퇴소일)		(프로그램명, 제공횟수, 제공기간 등)
수집경로	대상자 제출	전산망 조회	전산망 조회	종사자 작성	종사자 작성
정보 열람 범위	공적시스템과 공유	시설 내 종사자	시설 내 종사자	시설 내 종사자	타 시설 공유
개인정보 침해 위험	주민등록번호, 주소, 연락처	복지자격정보	대상자의 전반적인 개인정보	상담내역 등 민감정보	가족시설 등 민감시설 이용 정보
정보보호 방안	1. 전산관리 번호를 통해 등록가능하며 이전까지 약식대상자로 등록관리 기능 2. 최초 입력 후 주민등록번호는 DB에서 암호화하여 사용자도 알 수 없음 3. 주소는 미입력 허용 4. 당사자의 개인정보 동의	1. 조회항목은 프로그램에 반드시 필수적인 자격으로만 제한 2. 자격조회 시 SMS를 통한 안내문 발송	1. 전산관리번호 등록 2. 민감시설정보 제외 3. 공적자료 조회 시 SNMS 안내 4. 대상자 정보 메뉴 권한 세한	1. 기록물 열람 제한 2. 권한 제어	1. 제공이력별 공유 유무 설정 2. 민감정보 원천 배제

03 | 개인정보의 이해

1) 개념

「개인정보 보호법」은 개인정보 보호에 관해 규정한 일반법으로, 개인정보의 유출, 오용, 남용으로부터 사생활의 비밀 등을 보호함으로써 국민의 권리와 이익을 증진하고 개인의 존엄과 가치를 구현하기 위하여 개인정보의 처리에 관한 사항을 규정하고 있다.

(1) 개인정보보호법 목적

개인정보의 처리 및 보호에 관한 사항을 정함으로써 개인의 자유와 권리를 보호하고, 나아가 개인의 존엄과 가치를 구현함을 목적으로 한다.

(2) 개인정보보호법 정의

「개인정보 보호법」에서 정의하는 개인정보는 살아 있는 개인에 관한 정보로 아래에 해당하는 정보는 다음과 같다.

가. 성명, 주민등록번호 및 영상 등을 통하여 개인을 알아볼 수 있는 정보

나. 해당 정보만으로는 특정 개인을 알아볼 수 없더라도 다른 정보와 쉽게 결합하여 알아볼 수 있는 정보

다. 가. 또는 나.를 가명처리함으로써 원래의 상태로 복원하기 위한 추가 정보의 사용, 결합 없이는 특정 개인을 알아볼 수 없는 정보(가명정보)

개인정보의 주체는 자연인(自然人)이어야 하며, 법인(法人) 또는 단체의 정보는 해당되지 않는다. 법인의 상호, 영업 소재지, 임원 정보, 영업실적 등의 정보는 「개인정보 보호법」에서 보호하는 개인정보의 범위에 해당되지 않는다.

• "가명처리"란 개인정보의 일부를 삭제하거나 일부 또는 전부를 대체하는 등

의 방법으로 추가 정보가 없이는 특정 개인을 알아볼 수 없도록 처리하는 것을 말한다.

- "처리"란 개인정보의 수집, 생성, 연계, 연동, 기록, 저장, 보유, 가공, 편집, 검색, 출력, 정정(訂正), 복구, 이용, 제공, 공개, 파기(破棄), 그 밖에 이와 유사한 행위를 말한다.
- "정보주체"란 처리되는 정보에 의하여 알아볼 수 있는 사람으로서 그 정보의 주체가 되는 사람을 말한다.
- "개인정보파일"이란 개인정보를 쉽게 검색할 수 있도록 일정한 규칙에 따라 체계적으로 배열하거나 구성한 개인정보의 집합물(集合物)을 말한다.
- "개인정보처리자"란 업무를 목적으로 개인정보파일을 운용하기 위하여 스스로 또는 다른 사람을 통하여 개인정보를 처리하는 공공기관, 법인, 단체 및 개인 등을 말한다.
- "공공기관"이란 다음 각 목의 기관을 말한다.
  - 국회, 법원, 헌법재판소, 중앙선거관리위원회의 행정사무를 처리하는 기관, 중앙행정기관(대통령 소속 기관과 국무총리 소속 기관을 포함한다) 및 그 소속 기관, 지방자치단체
  - 그 밖의 국가기관 및 공공단체 중 대통령령으로 정하는 기관
- "영상정보처리기기"란 일정한 공간에 설치되어 지속적 또는 주기적으로 사람 또는 사물의 영상 등을 촬영하거나 이를 유·무선망을 통하여 전송하는 장치로서 대통령령으로 정하는 장치를 말한다.
- "이동형 영상정보처리기기"란 사람이 신체에 착용 또는 휴대하거나 이동 가능한 물체에 부착 또는 거치(据置)하여 사람 또는 사물의 영상 등을 촬영하거나 이를 유·무선망을 통하여 전송하는 장치로서 대통령령으로 정하는 장치를 말한다.
- "과학적 연구"란 기술의 개발과 실증, 기초연구, 응용연구 및 민간 투자 연구 등 과학적 방법을 적용하는 연구를 말한다.

(3) 개인정보 보호 원칙

개인정보보호법에서 제시하고 있는 개인정보 보호 원칙은 다음과 같다.

- 개인정보처리자는 개인정보의 처리 목적을 명확하게 하여야 하고 그 목적에 필요한 범위에서 최소한의 개인정보만을 적법하고 정당하게 수집하여야 한다.
- 개인정보처리자는 개인정보의 처리 목적에 필요한 범위에서 적합하게 개인정보를 처리하여야 하며, 그 목적 외의 용도로 활용하여서는 아니 된다.
- 개인정보처리자는 개인정보의 처리 목적에 필요한 범위에서 개인정보의 정확성, 완전성 및 최신성이 보장되도록 하여야 한다.
- 개인정보처리자는 개인정보의 처리 방법 및 종류 등에 따라 정보주체의 권리가 침해받을 가능성과 그 위험 정도를 고려하여 개인정보를 안전하게 관리하여야 한다.
- 개인정보처리자는 제30조에 따른 개인정보 처리방침 등 개인정보의 처리에 관한 사항을 공개하여야 하며, 열람청구권 등 정보주체의 권리를 보장하여야 한다.
- 개인정보처리자는 정보주체의 사생활 침해를 최소화하는 방법으로 개인정보를 처리하여야 한다.
- 개인정보처리자는 개인정보를 익명 또는 가명으로 처리하여도 개인정보 수집목적을 달성할 수 있는 경우 익명처리가 가능한 경우에는 익명에 의하여, 익명처리로 목적을 달성할 수 없는 경우에는 가명에 의하여 처리될 수 있도록 하여야 한다.
- 개인정보처리자는 이 법 및 관계 법령에서 규정하고 있는 책임과 의무를 준수하고 실천함으로써 정보주체의 신뢰를 얻기 위하여 노력하여야 한다.

2) 개인정보의 중요성

개인정보는 전자상거래, 고객관리, 금융기래 등 사회의 구성, 유지, 발전을 위한 필수적인 요소로서 기능하고 있다. 특히 데이터경제 시대를 맞이하여 개인정보와 같은 데이터는 기업 및 기관의 입장에서도 부가가치를 창출할 수 있는 자산적 가치로서 높게 평가되고 있다. 그러나 개인정보가 누군가에 의해 악의적인 목적으로 이용되거나 유출될 경우 개인의 사생활에 큰 피해를 줄 뿐만 아니라 개인 안전과 재산에 피해를 줄 수 있다.

유출된 개인정보는 스팸메일, 불법 텔레마케팅 등에 악용되어 개인에게 원치 않는 광고성 정보가 끊임없이 전송되는 동시에 대량의 스팸메일 발송을 위한 계정 도용, 보이스피싱 등 범죄행위에 악용될 우려가 있다. 이러한 문제점이 개인정보의 주체에게 미치는 정신적 · 물질적 피해 규모는 측정이 어렵다. 한번 유출된 개인정보는 회수가 사실상 불가능하기 때문에 더욱 심각하다.

3) 개인정보의 영역 확대

사회가 산업사회에서 정보사회를 넘어 4차 산업혁명의 시대로 발전함에 따라 개인정보의 범위와 영역이 확장되고 있다. 또, 산업사회에서 개인정보로 인정되지 않거나, 정보항목으로 존재하지 않던 것들이 점차 기술이 발전함에 따라 개인정보의 영역에 포함되고 있다. 또한 데이터경제 시대를 맞아 개인정보 등이 포함된 데이터의 중요성도 점차 증가하고 있다. 이처럼 개인정보는 '고정불변'의 개념으로 이해되기 보다는, 시대, 기술, 인식의 발전 및 변화에 따라 점차 확대되는 개념으로 볼 수 있다.

표 8-7 개인정보 유형

구분		내용
인적사항	일반정보	성명, 주민등록번호, 주소, 연락처, 생년월일, 출생지, 성별 등
	가족정보	가족관계 및 가족구성원 정보 등
신체적 정보	신체정보	얼굴, 홍채, 음성, 유전자 정보, 지문, 키, 몸무게 등
	의료 · 건강 정보	건강상태, 진료기록, 신체장애, 장애등급, 병력, 혈액형, IQ, 약물테스트 등의 신체검사 정보 등
정신적 정보	기호 · 성향 정보	도서 · 비디오 등 대여기록, 잡지구독정보, 물품구매내역, 웹사이트 검색 내역 등
	내면의 비밀 정보	사상, 신조, 종교, 가치관, 정당 · 노조 가입여부 및 활동내역 등
사회적 정보	교육정보	학력, 성적, 출석상황, 기술 자격증 및 전문 면허증 보유내역, 상벌기록, 생활기록부, 건강기록부 등
	병역정보	병역여부, 군번 및 계급, 제대유형, 근무부대, 주특기 등
	근로정보	직장, 고용주, 근무처, 근로경력, 상벌기록, 직무평가기록 등
	법적정보	전과 · 범죄 기록, 재판 기록, 과태료 납부내역 등
재산적 정보	소득정보	봉급액, 보너스 및 수수료, 이자소득, 사업소득 등
	신용정보	대출 및 담보설정 내역, 신용카드번호, 통장계좌번호, 신용평가 정보 등
	부동산 정보	소유주택, 토지, 자동차, 기타 소유차량, 상점 및 건물 등
	기타 수익 정보	보험(건강, 생명 등), 가입현황, 휴가, 병가 등
기타 정보	통신정보	E-mail 주소, 전화통화내역, 로그파일, 쿠키 등
	위치정보	GPS 및 휴대폰에 의한 개인의 위치정보
	습관 및 취미정보	흡연여부, 음주량, 선호하는 스포츠 및 오락, 여가활동, 도박성성향 등

4) 기타

2023년 3월 개정된 개인정보보호법에는 이동형 영상정보처리기기 운영 기준이 마련(안 제2조 제7호의2 및 제25조의2 신설)되었다. CCTV와 같은 고정형 영상정보처리기기 외에 드론, 자율주행 자동차 등을 이용한 이동형 영상정보처리기기의 사용이 증가함에 따라, 이동형 영상정보처리기기의 정의를 마련하였다.

또한, 종전에는 정보주체의 별도 동의가 있는 경우에만 개인정보를 국외로 이전할 수 있도록 하던 것을, 앞으로는 개인정보가 이전되는 국가 또는 국제기구가 이 법에 따른 개인정보 보호 수준과 실질적으로 동등한 수준의 보호 수준을 갖추었다고 개인정보 보호위원회가 인정하는 경우 등에는 별도 동의가 없어도 개인정보를 국외로 이전할 수 있도록 하여 국외 이전의 요건을 국제기준에 부합하도록 하였다. 개인정보의 국외 이전 및 국외 이전 중지 명령(안 제28조의8 및 제28조의9 신설)이 포함되었다.

Chapter 09

마케팅과 홍보

Social Welfare Administration

09 Chapter
마케팅과 홍보

01 | 마케팅의 이해

1) 마케팅 개념의 변화

(1) 마케팅의 개념

마케팅이란 시장에서 가치를 창출하고, 기본적 욕구와 수요를 충족시킬 목적으로 교환이 성립되고, 관계가 이루어질 수 있도록 시장을 관리하는 것을 의미한다. 마케팅에서 핵심은 교환(exchange)이며, 생산자와 소비자 교환의 결과가 서로에게 보다 나은 이득, 보다 나은 상태로 만들어 준다고 생각할 때 자발적으로 교환행위에 참여한다. 따라서 조직은 자발적 교환을 촉진하기 위해 제공할 수 있는 제품을 표적시장의 요구에 따라 결정하고, 소비자들이 구매동기가 생길 수 있도록 알린다. 즉, 마케팅을 효과적인 가격을 설정하고 홍보하며 유통시키는 일련의 과정을 의미한다(김희성 외, 2017).

(2) 마케팅 개념의 확대

마케팅이란 이제 더 이상 기업에만 국한되는 기능이 아니며, 비영리조직에도 유효한 기능이다. 모든 조직은 마케팅 관련 문제를 지니고 있어서 모든 조직이 마케팅을 이해할 필요가 있는 개념으로 확대되었다. 비영리조직도 영리부문에서 겪는 경영난의 문제와 유사한 특성을 나타내고 있기 때문에 마케팅에 대한 관심이 커지고 있다. 우리나라에서도 1980년대부터 이벤트, 캠페인, 정기후원자 모집 등 마케팅에 의한 모금을 하기 시작하였다.

(3) 마케팅 개념의 핵심요소

영리조직은 상품을 팔아 이윤을 추구한다는 점에서 비영리조직의 마케팅과의 차이점이 있으며, 비영리조직의 마케팅은 다음과 같은 특징을 가진다(정익준, 2005).

- 이윤 추구보다는 조직의 목표를 얼마나 효과적이고 효율적으로 달성하는가.
- 조직이 얻은 이득은 사회의 이득이 되는 경우가 일반적이다.
- 대부분 비물질적인 것이 교환된다.
- 영리조직에 비해 명확하지 못하거나 그 효과가 잘 인식되지 않는다.
- 제공되는 서비스가 인간의 태도나 행동의 변화에 관련된 것으로 그 변화가 어렵다.

그러나 비영리조직에서도 영리조직이나 사회복지조직이 제공하는 상품이나 서비스를 이용하도록 홍보하고 촉진하는 점에서는 동일한 원리가 적용되며, 그 내용은 다음과 같다(신복기 외, 2008).

① 소비자의 욕구와 수요

특정 제품이나 서비스에 대한 욕구가 구매의사나 능력에 의해 뒷받침될 때 수요가 발생한다. 효과적인 조직은 소비자 조사나 고객의 요구사항 등을 통해 고객의 욕구와 수요를 정확하게 파악하고 이해해야 한다.

② 소비자의 만족과 가치

소비자는 제품이나 서비스를 통해 욕구를 충족하는데, 이때 소비자는 지불할 대가를 고려하게 된다. 소비를 통한 만족과 대가를 지불하고서라도 소비할 만한 가치가 있어야 한다.

③ 교환

가치 있는 제품이나 서비스에 대해 대가를 제공하고 획득하는 행위가 교환이다. 따라서 교환이 실제로 발생하기 위해서는 교환의 조건이 교환의 당사자로 하여금 교환 이전보다 더 나은 상태로 만들어 줄 수 있어야 한다.

④ 시장

시장은 어떤 재화나 서비스의 실제 또는 잠재적 구매자들의 집합을 의미한다. 교환은 시장을 통해 이루어지므로 마케팅을 통해 특별한 시장의 욕구와 수요를 파악하고 최상의 서비스를 제공할 수 있는 시장을 선정한다.

2) 사회복지마케팅

(1) 사회복지조직의 마케팅 개념

사회복지조직은 자격요건을 갖춘 사람들에게 적절한 급여를 제공하고, 급여를 받은 사람들은 문제해결을 사회복지조직에 제공하는 점에서 교환관계가 성립한다. 이러한 교환은 마케팅의 기본적 개념이 적용될 수 있다. 특히 비영리조직의 교환은 영리조직에서 이루어지는 교환방식은 아니지만 급여와 문제해결 또는 감사를 교환한다는 점에서 영리조직의 마케팅 원칙을 적용할 수 있다. 이렇게 비영리조직에서 적용되는 마케팅 원칙을 영리조직과 구분하여 비영리조직 마케팅 또는 비영리마케팅이라 한다.

(2) 사회복지조직의 마케팅믹스

사회복지조직에서 마케팅믹스(marketing mix)를 활용하여 마케팅 전략을 수립할 때, 사회복지조직과 영리조직과의 마케팅 차이를 고려하여야 한다.

사회복지조직의 영리조직과 달리 소비자의 욕구나 성격, 규모 등을 세밀히 파악한 후 시장을 선정해야 한다. 특히 효과적인 시장을 관리를 위해서는 마케팅믹스의 핵심요소인 4P를 중심으로 전략을 세울 필요성이 있다. 보통 마케팅믹스에서 말하는 4P는 상품(product), 가격(price), 유통(place), 촉진(promotion)이다.

사회복지조직에서의 상품(product)의 범위는 다양하다. 제품이나 서비스뿐만 아니라 자원봉사와 기부활동 경험도 상품에 포함된다. 가격(price)은 시장의 가격결정 메커니즘과 달리 교환대상의 가치와 구매비용의 가치가 동일하지 않다. 이는 개인적, 사회적으로 바람직하다고 인식하는 활동에 대한 사회심리적 보상요인도 고려하기 때문이다. 유통(place)은 사회복지조직의 서비스에 대한 접근성과 편리성이 포함된다. 촉진(promotion)은 사회복지적 교환활동이 활발하게 일어날 수 있도록 계획되어야 하며 이를 통해 사회복지조직의 사회적 목적을 달성하게 된다.

3) 마케팅 과정

(1) 기관환경분석

마케팅은 기관환경 분석에서 시작된다. 기관의 존재 이유(미션과 비전), 프로그램, 기관지원, 기관지원의 당위성, 지원자에 대한 혜택과 같은 사항들에 대한 분석이 필요하다. 환경분석은 주로 "우리가 일하고 있는 상황(context)은 무엇인가?"에 중점을 두고 있다. 즉, 기회(상품, 시장, 기술 등)와 위협(정치, 종교 등의 압력과 경쟁 등) 요소를 파악한다. 기관환경분석에서는 사회제도적 환경과 조직 내부의 환경을 분석하는 방법이 있으며, 주로 SWOT분석을 사용하여 기관 마케팅상의 강점과 약점을 확인하고 외부환경인 기회요인과 위협요인을 규명한다.

① 사회제도적 환경

- 각종 법규와 정부정책, 경쟁상황

② 조직 내부의 환경

- 조직의 경쟁력과 조직 내 자원의 분석
- SWOT(strength, weakness, opportunity, threat)분석기법은 기관의 마케팅상의 강점과 약점을 확인하고, 외부환경인 기회요인과 위협적 요인을 규명하는 분석기법이다.

강점(strength)	약점(weakness)
• 기관 내부의 장점분석에 초점 • 목적 달성에 유효한 요소 규명 • 기관의 모든 장점 명세화	• 기관 내부 취약점에 초점 • 기관의 모든 단점 명세화
기회(opportunity)	**위협(threat)**
• 기관의 목적 달성과 운영에 도움이 되는 요소 • 기관발달에 기여할 수 있는 외적인 요소	• 기관의 발전에 위협이 될 수 있는 요소

출처: 박차상 (2008). 사회복지행정론.

(2) 마케팅 조사

마케팅 조사는 프로그램이나 서비스에 대한 잠재적 이용자와 그들이 원하는 바를 찾아내는 작업이다. 정확하고 충분한 자료를 얻기 위하여 관리자와 소비자를 직접 연결시켜 줄 수 있는 최선의 커뮤니케이션 수단이다. 마케팅 조사를 통해, 서비스에 대한 욕구가 있는가? 욕구를 지닌 사람들이 서비스를 구매하려는 잠재적인 욕구가 있는가? 서비스를 사기 위한 돈이 있는가? 충분한 돈을 소유한 자들이 그들이 원하는 서비스를 위해 기꺼이 쓰고자 하는 의지가 있는가? 등을 분명히 파악해야 한다.

① 시장조사와 조사 문제의 파악
② 시장조사 설계
③ 자료의 수집과 분석
④ 보고서 작성

(3) 마케팅 목표설정

마케팅의 목표를 설정하기에 앞서 기관의 목적을 살펴보아야 한다. 사회복지기관의 목적은 대부분 미션 헌장(mission statement)의 형식으로 기관의 현재 상태와 미래의 방향을 제시해 준다. 목표 설정은 정확한 문제의 진술, 표적집단의 성격과 규모, 기관의 정책, 자원 동원 등의 변수들에 의해 범위와 방향이 정해진다. 목표는 마케팅 기획의 초기단계에서 명확하게 규명되어야 하며, 특히 세부 목표는 그 중요성의 우선순위가 제시되어야 한다.

- 구체적, 측정 가능, 달성 가능, 결과지향적, 시간적 한계 명확하게 목표 설정

(4) 시장분석

시장분석은 시장세분화(segmentation), 표적시장 선정(targeting), 시장 포지셔닝(positioning)의 3단계로 구성되어 있다. 이를 표적 마케팅이라고 하며, 전체 시장 속에서 세분화된 특정 시장의 소비자 욕구에 대응하는 마케팅 활동을 의미한다.

시장세분화	표적시장 선정	시장 포지셔닝
• 시장세분화 기준 확인 및 세분화된 시장 평가 • 세분시장의 윤곽 개발	• 세분시장의 매력성 평가 • 표적 세분시장 선정	• 각 세분시장에 알맞은 제품 위치화, 개념규명 및 확인 • 포지셔닝 개념 선정, 개발 및 이에 대한 전달

① 시장세분화

- 대량 마케팅: 고객을 구분하지 않고 전체 소비자를 하나의 마케팅 프로그램으로 제공하는 방법
- 세분화 마케팅: 소비자의 욕구에 따라 세분화(예: 연령대)
- 틈새시장 마케팅: 세분시장을 더욱 세분화하여 적은 소규모 집단을 의미
- 미시적 마케팅: 개별적인 고객수준에서 각 고객의 욕구에 맞춰 제품과 마케팅 프로그램을 개발하여 제공

② 표적시장선정

- 단일구획 집중화: 단일시장을 선택하여 마케팅 노력을 집중
- 제품전문화: 한 가지 제품으로 다양한 고객층에 판매하는 제품 전문화
- 시장전문화: 특정 고객층이 지니고 있는 상이한 여러 욕구의 충족에만 집중하는 전략

- 선별적 전문화: 선수익성이 높고 기업의 자원이나 목표와도 부합되는 몇 개의 시장만을 선별해서 진출하는 전략
- 전체 시장 포괄: 각 고객집단들이 필요로 하는 모든 제품을 생산, 판매하는 전략

③ 시장 포지셔닝

- 제품 속성에 의한 포지셔닝: 제품 속성이 차별적 우위를 갖고 있음을 직접적으로 강조하는 방법
- 사용상황에 다른 포지셔닝: 제품이 사용될 수 있는 적절한 상황과 용도를 자사 제품과 연계시키는 방법
- 제품 사용자에 다른 포지셔닝: 표적시장 내의 전형적인 소비자를 겨냥하여 자사 제품이 그들에게 적절한 제품임을 소개하는 방법
- 경쟁제품에 의한 포지셔닝: 소비자의 마음속에 강하게 인식되어 있는 경쟁제품에 비한 자사 제품의 차별점을 제시하는 방법

02 | 자원개발[1]

1) 모금

사회복지조직에서 재원조성이란 조직의 미션과 비전을 달성하기 위하여 외부로부터 필요한 재원을 개발하는 모든 활동을 의미한다. 재원조성에 앞서 먼저 고민해야 하는 점은 조직의 지속적 생존전략이며, 지속적인 활동을 위해 재무구조를 파악하는 것은 필수요건이다. 조직에서 재무를 구성하는 과정이 재원조성이며, 모금은 재무구조의 하나로서 조직의 자기의사결정력, 조직의 활동 및 사회적

1) 2014년도 서울시 기부 길라잡이 자료를 인용함.

자리매김에 가장 효과적인 방법이라 할 수 있다. 모금은 단체의 정체성을 사회적으로 확인받고 재확산시키는 과정이기 때문이다. 조직의 모금이 활발해진다는 것은 그 사회 속에서 단체의 가치에 대한 인식이 확산되는 것이며, 지속적인 생존활동의 일환일 수 있다.

법률상[2)] 기부(donation)는 공익을 위하여 대가 없이 타인에게 금전, 물품 또는 금전적 가치가 있는 것을 제공하는 자발적 행위를 의미한다. 모금(fundraising)이란 서신, 광고, 그 밖의 방법으로 기부금품의 출연을 타인에게 의뢰, 권유 또는 요구하는 행위로 정의된다.

표 9-1 모금관련 유사개념 정리

개념	내용
기부(寄附, donation)	자선사업이나 공공사업을 돕기 위하여 돈이나 물건 따위를 대가 없이 내놓음
기탁(寄託, donation)	부탁하여 맡겨두는 것으로 내용상 기부와 같으나 실질적으로 위탁이라는 절차를 거치는 행위(ex: 기부신탁, 지정기탁사업)
후원(後援, sponsorship)	어떤 일에 재정적으로 도움을 주는 것으로 비교적 상응하는 반대급부가 있음
협찬(協贊, sponsorship)	후원과 동일하며 홍보와 공고 등의 반대급부가 있음

출처: 서울시 (2014). 서울시 기부 길라잡이.

2) 모금의 일반적인 원칙

모금을 위한 원칙은 단순히 모금에만 적용되는 것이 아니라 사회복지조직의 활동이나 진행하고 있는 사업에 적용된다.

(1) 단체의 목적 확립

모금 이전에 단체의 목적을 분명하게 수립해야 한다. 이러한 목적은 조직의 미션과 비전을 기반으로 해야 하고 이를 통해 단체의 가치를 명확하게 보여주어야

2) 기부문화 활성화 및 기부금품의 모집·사업에 관한 법률

한다.

(2) 사회문제와 해결방법, 소요자원의 설정

모금은 목적성을 지니고 있다. 모금을 통해 사회적 문제를 해결하고자 하는 대상을 설정하고 구체적인 해결방안을 제시해야 한다. 이는 모금 명분서(case statement)와 제안서(proposal) 작업에 적용될 수 있다.

(3) 내부자원 및 외부자원 확인

모금을 위해서는 내·외부자원이 필요하다. 내부자원은 인력, 예산, 기타 가용자원을 의미하며 외부자원은 지지자, 이사회, 협력기관 등 인적 네트워킹을 의미한다. 조직에서 활용할 수 있는 인적·물적 자원부터 접촉하고 가치를 공유하며 각각 어떤 식으로 참여시킬지 준비하는 과정이다.

(4) 시장조사 및 잠재기부자와의 관계구축

모금을 통해 얻고자 하는 목표, 그리고 이 과정에서 필요한 자원, 이와 관련된 시장조사와 연구가 선행되어야 한다. 국내외를 불문하고 성공한 모금단체에 대한 조사 및 분석, 즉 모금성공사례연구를 해야 한다. 이후 적절한 잠재기부 대상을 설정하여 관계를 만들어 나가야 한다.

| 표 9-2 | 성공모금 사례에 대한 비영리조직의 공통점

1. 모금관련 전담조직이 구성되어 계획적이고 체계적인 모금활동을 벌이고 있다.
2. 누명성, 신뢰성, 전문성을 모금의 원칙으로 하고 있다.
3. 단체의 비전과 사명을 근거로 기부금의 수락 여부를 결정하고 있다.
4. 다양한 모금 프로그램이 있으나 단체별로 비슷한 성격이 많다.
5. 대표 모금 프로그램은 해당 단체의 사명과 목표에 가장 잘 부합하는 것이었다.
6. 모금에 대한 철저한 평가가 이루어지고 있다.
7. 데이터베이스에 기반한 기부자 관리가 이루어지고 있다.

출처: 김운호 (2004). 비영리단체의 성공적인 모금사례.

3) 모금기획 내용

전략적 기획(strategic planning)을 통해 하나의 모금 프로그램뿐만 아니라 모금 프로그램의 내재적 설득력과 그것을 둘러싼 기회(market opportunity)를 함께 도출하는 것이다.

표 9-3 모금 프로그램 기획 결과물

내용(contents) "어떤 모금사업을 왜 할 것인가"	기회(opportunity) "어떤 대상에게 실현 가능성이 있는가"
• 기부명분서 • 모금 프로그램 • 모금 프로그램 예산 • 모금 프로그램의 진행방법	• SWOT • 모금사업 실행전략과 로드맵 • 잠재기부자 프로파일링(명단) • 기부자 개발전략
자원(resources) "우리가 활용할 수 있는 자원은 무엇인가"	**자료(materials) "모금사업에 필요한 유형물은 무엇인가"**
• 단체의 브랜드 이미지 • 내부인력(volunteer & staff resources) • 외부인력(door opener & networking) • 단체의 가용예산 • 홍보 및 마케팅 채널	• 제안서(proposal) • 연차보고서 또는 모금사업 결과보고서 • 모금 프로그램 안내서 및 기부 신청서 • 대표 슬로건 및 이미지, 홍보영상 • 기부자 예우제도

4) 모금윤리

기부행위에는 기부에 관한 실정법으로 다룰 수 없는 영역이 존재하는데 이를 기부금모집의 윤리라고 한다. 재정의 일부를 기부금에 의존하는 시민단체나 비영리조직은 공공의 신뢰에 기반하고 있으며, 따라서 기부금 모금에 관한 윤리를 포함해서 조직의 책임성의 문제는 비영리단체 역시 중요하게 고려해야 한다.

| 표 9-4 | 기부금모집의 윤리

규정	규정내용
정직(honesty)	모금기관은 항상 정직하고 진실되게 행동하여 대중의 신뢰를 얻고 기부자와 수혜자에게 잘못된 정보를 주지 않아야 한다.
존중(respect)	모금기관의 직원은 기관의 품위를 지키고 기부자와 수혜자, 더 나아가 함께 하는 모든 이들의 인격을 존중해야 한다.
이해관계 (conflict of interest)	모금기관은 항상 열린 마음으로 대중의 신뢰에 대한 책임을 가지고 일해야 한다. 실질적 혹은 잠재적으로 있을 수 있는 모든 이해·대립 상황을 공개하여 부당한 행위가 이뤄지지 않도록 해야 한다.
사생활 존중(privacy)	모금기관은 조직원의 개인가치와 선택의 자유를 존중하고 모든 영역에서 개인의 다양성을 인정해야 한다. 나아가 기부자의 개인 정보를 유출하거나 다른 목적으로 사용해서는 안 된다.
투명(openness)	모금기관은 자신들의 업무, 기부금의 활용과 분배, 그리고 모금과 관련된 비용에 대해 정확하고 알기 쉽게 보고해야 한다. 정기적인 회계보고를 통해 경영의 투명성을 유지해야 한다.
모금의 활동문제 (fundraising issue)	모금기관은 부정한 기부금을 받아서는 안 된다. 기부금은 기부자의 목적에 맞게 사용되어야 하며 부득이한 경우에는 반드시 기부자의 동의를 얻어야 한다.

03 | 사회복지조직의 홍보[3)]

1) 홍보의 이해

(1) 홍보의 개념

홍보는 영어로 PR, 즉 Public Relations는 원래 '대중과의 관계'를 의미하지만 그 관계의 상태만을 의미하는 것이 아니라 '대중과의 관계를 원활히 하기 위한 활동'을 말한다. 즉, 홍보는 단순히 상대방에게 알리는 것만을 의미하지 않으며,

3) 사회복지조직의 홍보 내용은 NCS학습모듈-사회복지조직 홍보 내용을 참고함.

특정의 목표를 가진 기관이 개인, 집단, 사회 등과의 전체적 관계를 영역으로 한다. 홍보에 대한 광의적 개념으로 사회복지사업을 알리고, 이해하게 하고, 이용 및 지지하게 하는 모든 것과 관련되어 있다.

PR의 다섯 가지 핵심 요소는 organization, publics, management, relationships, communication이다. 즉 PR은 조직이(organization) 공중(publics)과의 관계(relationships)를 관리(management)하기 위해서 커뮤니케이션(Communication)을 활용하는 행위라고 정의할 수 있다. 또한, 미국의 PR 협회인 PRSA(public relations society of America)에서는 PR의 중요 요소를 다음과 같이 제시하였다.

- 조직 관리의 한 부분으로 계획하고 실행한다.
- 조직(organization)과 공중(publics) 사이의 관계(relationships)를 다룬다.
- 조직 내외의 인식, 의견, 태도와 행위를 모니터하고 구체적인 변화를 추구한다.
- 정책, 절차, 행위가 공중에게 미치는 영향력을 분석한다.
- 공중의 이익과 조직의 생존 갈등에서 발견되는 정책, 절차, 행위를 조정한다.
- 조직과 공중에게 상호 호혜적인 것을 추구한다.
- 조직과 공중 사이의 쌍방향 커뮤니케이션을 수립하고 유지한다.
- 조직과 공중 사이의 새로운 지속적 관계를 형성한다.

여기서 또 주목해야 할 점은 공중(publics)은 누구인가이다. 1927년 존 듀이(John Dewey)는 공중을 비슷한 문제를 지니고(face a similar problem), 문제를 인지하고(recognize that the problem exists), 문제를 위해 조직화되어 있는(organize to do the about the problem) 존재로 정의했다. 즉 PR이란 조직이 비슷한 문제를 지니고, 이러한 문제를 인지하고, 조직화된 공중이라는 존재와의 관계를 관리하기 위해서 커뮤니케이션을 활용하는 행위라고 할 수 있다(SOCIAL PRISM, 2012).

(2) 홍보의 목적

사회복지조직의 홍보는 기관의 활동을 홍보하는 데 그치지 않고 궁극적으로

'지역사회가 어떻게 하면 복지생태가 될 수 있는가를 알려주는 홍보를 지향해야 한다(김종원 외, 2011). 즉 사회복지조직은 사회 약자를 배려하고 함께할 수 있는 방법을 제시해야 한다. 기관의 활동을 홍보할 때도 사회가 복지인식을 갖도록 하는 것이 홍보의 궁극적인 목적이다. 사회복지조직은 홍보 자체가 목적이 아니라 기관의 이미지 개선, 자원개발, 약자들에게 더 많은 혜택을 주기 위한 하나의 수단이다.

2) 홍보의 방법

(1) 홍보 인쇄물 제작 및 배포[4]

① 홍보물 목적 및 표적 선정

홍보물은 누가 볼 것인지, 목적은 무엇인지에 따라 방향이 달라지기 때문에 기획전에 목적과 표적을 설정해야 한다.

② 주요 표적 분석

표적이 선정되면 표적대상의 스타일과 주요 관심사를 파악한 후 그에 적합한 메시지를 도출해 내야 한다.

③ 조직의 서비스 목표 및 사업, 비전 분석

모든 조직의 홍보물은 사업목표, 사업내용, 비전을 효과적으로 설명해야 하므로 정확한 이해를 통해 독자의 눈높이에 맞게 쉽게 설명해야 한다. 조직의 사업내용, 조직의 비전, 연혁, 철학 등을 반영해야 한다.

④ 편집전략 및 콘셉트 수립

판형, 페이지 수, 이미지, 컬러, 톤 앤 매너, 문체, 내용 전개방법 등 편집에 따른 전략 및 디자인 콘셉트가 수립되어야 한다.

4) 김태욱 (2011). 똑똑한 홍보팀을 만드는 실전홍보 세미나. 서울: 커뮤니케이션북스.

⑤ 제작개요 확정

전반적인 제작에 따른 일정 및 예산, 담당자 등을 정하고 그에 따른 구체적인 일정관리 스케줄을 면밀히 세운다.

- 상세 일정표: 문안카피, 사진 촬영, 편집디자인, 인쇄 배포 등
- 예산: 기획비, 외주 디자인비, 사진 촬영비, 인쇄비, 기타 진행비 등

⑥ 핵심 메시지 도출

편집전략과 콘셉트가 정해지면 각 페이지마다 구체적인 핵심 메시지를 정리해 나간다. 향후 이 핵심 메시지가 기본 카피문안을 이루게 된다.

⑦ 표현 전략 및 표현 콘센트 수립

편집 전략과 콘셉트를 바탕으로 다시 표현 전략과 표현 콘셉트를 수립한다. 이 부분에서는 주로 카피의 방향과 디자인의 방향 등 창의적 요소가 많이 작용한다.

⑧ 디자인 및 시안 제작

카피 방향과 디자인 방향이 정해지면 본격적인 편집디자인 작업이 실행된다. 각 페이지마다 레이아웃이 정해지고 페이지별로 디자인과 카피가 올라가게 된다. 디자이너와 카피라이터의 작업이 가장 왕성하게 이루어질 때이고 산출물이 가장 눈에 띄게 나타나는 단계이므로 매우 중요한 단계이다.

- 디자인: 전체적인 디자인 콘셉트에 각 페이지별 디자인 조화가 잘 되는 비주얼 전략 필요
- 문안 카피: 타깃의 눈높이에 맞는 가독성이 좋고 세련된 카피 전략

⑨ 배포방법 및 리스트 작성

디자인과 카피 작업이 수행되는 동안 담당자는 표적 대상 리스트를 확보하여 배포방법을 검토힌다.

⑩ 카피 문안 완성 및 디자인 완료

디자인 시안이 완성되고 기본적인 카피가 이루어지면 카피라이터는 디자인에 카피가 얼마나 조화를 이루는지 검토하며 최종 카피 문안을 완성한다.

⑪ 인쇄 상태 점검 후 배포 실시

인쇄가 완료된 홍보물은 표적 대상자에게 직접 배달하거나 우편을 통해서 배포 한다.

⑫ 피드백 평가

배포를 마치면 반드시 피드백을 받도록 한다. 내용은 적합한지, 디자인은 세련되었는지, 가독성은 좋은지 등 의견을 듣고 향후 작업 시에 보완하도록 한다.

(2) 홍보인쇄물 사례 관찰 및 분석하기

홍보인쇄물 제작에 필요한 주요 요소 및 주의사항을 적용하여 관찰하고 분석한다.

① 주요 관찰 및 분석 체크리스트를 준비한다.

② 홍보물은 누가 볼 것이며, 목적은 무엇인가?

③ 주요 표적은 누구인가?

- 아동, 일반인, 중년, 노인, 청소년, 모자가정, 관청, 기업 등

④ 사업 목표, 사업 내용, 비전을 효과적으로 제시하였는가?

⑤ 편집 전략 및 콘셉트 수립: 전문제작진 혹은 전문기관과 협의할 내용을 구성한다.

- 판형, 페이지 수, 이미지, 컬러, 톤 앤 매너(tone & manner), 문체 등

⑥ 가독성, 가시성, 접근성, 배포 방법은 좋은가?

⑦ 비용의 문제는 어떠한가?

(3) 보도자료 작성

보도자료는 사회복지조직이 언론에 기사화를 목적으로 작성한 신문기사체로 작성한 자료를 말한다. 가능한 객관적으로 작성하여 다음과 같은 사항에 주의하여 작성한다(김태욱, 2011: 33~35).

① 보도자료 기본 구성은 헤드라인(head line), 리드(lead), 본문으로 구분한다.
- 헤드라인: 글 전체의 포인트를 명확히 알 수 있도록 구성. 헤드라인이 눈에 띄게 쓰며 간결하고 함축적으로 써야 효과적
- 리드: 본문이 주장하는 바를 함축적으로 표현
- 본문: 상세한 보도자료의 내용을 기술함. 본문 내용은 핵심사항을 육하원칙에 따라 누가, 언제, 어디서, 무엇을, 어떻게, 왜 했는지 서술

② 본문 내용은 역피라미드 형식을 취하여 중요한 사항을 먼저 쓰면서 점점 상세한 내용을 기술한다.
③ 직설적이고 자연스럽게 기술하여 이해하기 쉽게 작성한다.
④ 독자의 입장에서 글을 써야 한다. 난해한 전문용어나 홍보성 내용에 집중하는 경우는 기사화되기 어렵다.
⑤ 과장이나 허위를 피하고 진실을 써야 하며, 허위적 사실 제공은 조직에 치명적인 결과를 초래할 수 있다.
⑥ 사진 자료가 없으면 단순해 보이는 경우가 있으므로 가능한 한 사진을 포함한 보도자료와 함께 보내야 하며, 사진게재에 대한 개인정보 동의도 반드시 받아야 한다.
⑦ 마지막에는 반드시 자료 작성자나 문의처를 기재한다. 기자가 받은 자료를 기사화하는 경우에는 대부분 담당자에게 전화를 해서 자료의 내용을 꼼꼼히 확인한다. 기자가 보도자료 내용을 문의하는 전화를 하였다면 가판 신문이나 인터넷 검색으로 반드시 확인할 필요가 있다.

(4) SNS 활용한 홍보

① SNS의 특징과 목적 인지

SNS는 매개 커뮤니케이션, 사회적 관계망, 마케팅 도구, 영향력(정치 커뮤니케이션), 컴퓨터 활용 대상(빅데이터) 등 다양한 관점에서 그 특징이 정의되고 있다. SNS를 어떤 관점에서 접근하는지는 사용자의 몫이겠지만, 일종의 커뮤니케이션을 위한 관계망이라는 것에는 이견이 없으며, 오프라인의 관계가 온라인으로 확장되었다는 측면에서 사회복지조직의 홍보와 관련해 다양한 의미 부여와 활용이 가능할 것이다. 소셜미디어는 비용이 들어가지 않는 홍보를 할 수 있다는 점이 매우 특징적이다. 기존의 매체인 TV, 라디오 등을 통하지 않고서도 친구, 친구의 친구를 타고 멀리 퍼질 수 있는 것이다(신철민, 2011).

최근 사회복지영역에서도 트위터나 페이스북과 같은 소셜미디어를 다양하게 활용하고 있지만, 소셜미디어 운영자들이 그 목적을 명확하게 인지하지 못하거나 조직의 비전과 내부지침이 부족한 상황에서 운영되고 있다(신철민, 2011). 사회복지조직에서의 소셜미디어의 중요한 세 가지 활용 목적은 다음과 같다. 첫째, 기관 운영에 필요한 자원 획득이나 서비스 이용자들에게 도움을 제공, 둘째, 기관의 활용 내용과 사업 홍보, 셋째, 사회적 관계망이 약한 클라이언트와 지역 자원을 연계. 이러한 소셜미디어를 활용하는 목적 중에 조직의 홍보는 매우 중요한 부분을 차지한다.

② SNS를 활용한 사회복지시설의 홍보 사례 내용 검토

페이스북(Facebook)을 활용하여 특정 사회복지조직의 웹사이트의 콘텐츠를 모바일화하는 작업을 할 수 있다. 다음은 수용자 자녀를 지원하는 단체의 페이스북 사례이다.

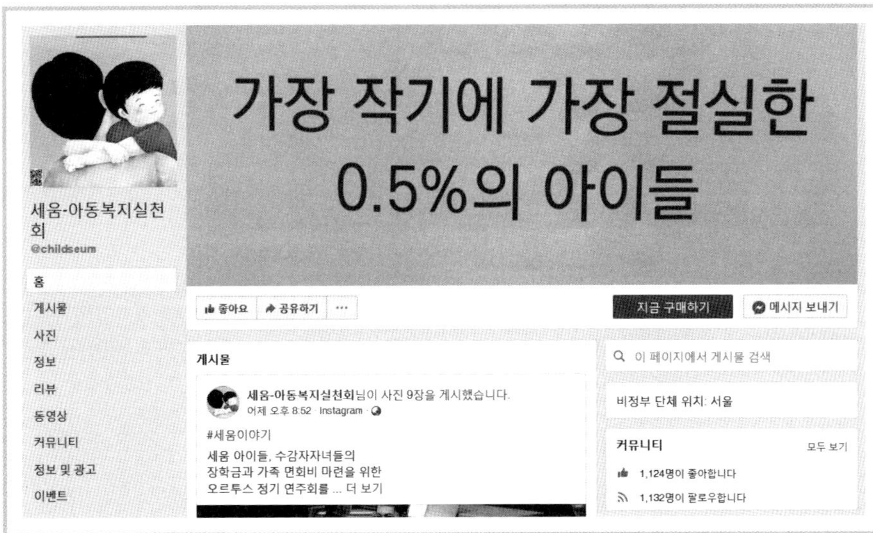

③ 소셜미디어를 활용한 결과: 'You Tube' 사례

사회복지조직의 홍보에 대한 다양한 형태로 진행되고 있으며, 특히 한 복지관은 유튜브채널을 운영하고 있다. 기관소식지를 바탕으로 하여 직원 인터뷰, 프로로그램 등을 영상으로 제작하여 홍보하고 있다.

(5) 사회복지조직에서의 소셜미디어 운영의 전략과 요령 익히기

① 트위터나 페이스북을 개설하기 전에 미리 조직 내부적으로 활용 목적과 방향성을 설정하는 것이 중요하다. 목적이 불명확하면 실제 운영 시 많은 혼란과 시행착오가 나타난다.

② 소셜미디어 운영에서 콘텐츠는 매우 중요하다. 트위터의 경우 140글자를 이용해 효과적으로 소통할 수 있는 콘텐츠로 정리할 수 있어야 한다.

③ 웹을 이해하고 소셜미디어가 가지고 있는 도구의 특징을 잘 이해하여야 한다.

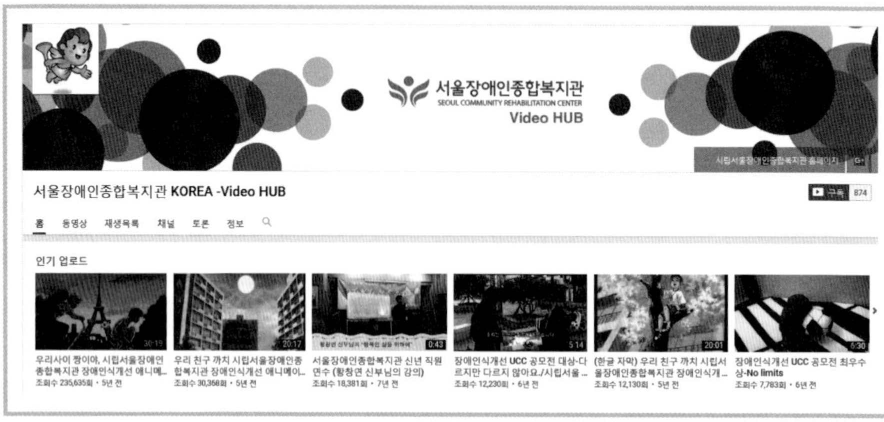

④ 소셜미디어 운영은 즐겁고 재미있게 하여야 한다. 소셜미디어가 유행하게 된 것은 쉽고 단순하고 재미있기 때문이다. 즐겁지 않은 소셜미디어 운영은 더 이상 발전하기 어렵다.

⑤ 다른 기관이 페이스북, 트위터를 운영하는 방법과 전략을 배우는 것이 중요하다.

Chapter 10

지역사회 네트워크

Social Welfare Administration

10

Chapter

지역사회 네트워크

01 | 개념

1) 지역사회

지역사회(地域社會)는 한 지역의 일정한 범위 안에서 지연(地緣)에 따라 자연스럽게 이루어진 생활 공동체(표준국어대백과서전)이며, 지역공동체로 맥락을 같이 하고 있다.

그리고 커뮤니티(community)의 사전적 의미는 공동체를 뜻하는 영어 단어이다. 어원을 살펴보면, 외부와 뚜렷한 경계를 가지며, 내부는 다소 느슨한 결속력으로 결합되어 있는 특성을 지닌다. 귀속력과 연대성을 가진 지역사회를 지칭한다.

커뮤니티를 사회조직체의 단위(공간적, 지역적)로 구분하고 이 단위와 연관된 심리학적인 소속감을 지칭한다. 더 나아가 개인을 서로 연결하는 감정과 태도의 총체를 의미한다(두산백과).

로스(Ross)는 지역사회를 지리적 의미와 기능적 의미로 구분하였다(사회복지교육연구센터, 2015).

지리적 의미는 지형 · 기후 · 토양 등의 지리적 환경에 따른 경계로 지역적인 특성을 강조하는 개념이다. 즉, 물리적인 공간 내에 사람들이 함께 모여 사는 특정한 집단을 의미한다. 지역사회에 대한 다양한 정의 중 가장 전통적으로 사용되고 있는 지역사회의 의미이기도 하다.

기능적 의미는 공통의 이해관계나 특성 등에 따라 모인 사람들의 집합체를 의미한다. 어떤 특성이나 신앙, 민족, 종교, 생활방식, 이념, 사회계층, 취미활동 등을 중심으로 구성되는 동질성을 지닌 공동체이며, 구성원의 공동이익을 중심으로 형성되는 이익공동체로서의 성격을 갖는다.

따라서, 지역사회는 지리적 환경의 경계를 기본적으로 가져가면서 그 안에 모인 사람들이 행복한 삶을 위한 실천이 지역사회복지라 할 수 있다.

2) 공동체

지역사회는 지역공동체와 맥락을 같이 하며, 이와 관련된 공동체는 사람들이 모여 하나의 유기체적 조직을 이루고 목표나 삶을 공유하면서 공존할 때 그 조직을 일컫는다. 단순한 결속보다는 더 질적으로 강하고 깊은 관계를 형성하는 조직이다. 공동체는 상호의무감, 정서적 유대감, 공동의 이해관계와 공유된 이해력을 바탕으로 한 사회적 관계망이다(네이버 지식백과).

플라톤은 인간은 주변사람에게 의존하며, 만들어진 공동체에 의존하고, 아리스토텔레스(공동체주의)도 인간은 협력적이며, 정치적인 동물이기 때문에 공동체를 지향하고 있다고 한다. 그리고 공동체는 사회적 결합 전체에 대한 고유한 자원, 사회적 행위자들 사이의 사회적 유대 등 네트워크 차원에서 사회적 자본으로서 중요한 기능을 하고 있다.

인간이 살아가면서 공동체는 중요한 조직체이면서 다양한 방식으로 공동체를 구성해 나가고 있다. 다만, 현대사회는 공동체가 악화되어 왔으며, 전통적인 공동체를 벗어난 탈전통 공동체화를 요구하고 있다. 특히 코로나19로 공동체의 중요성이 두드러졌으며, 기존의 공동체 방식에서 벗어난 공동체의 필요성이 대두되고 있다.

인간의 삶은 기본적으로 공동체적이다. 함께 어울려 살아가야 하는 존재이다. 코로나로 인해 삶은 분절되어 있고, 더욱더 개별화되어 인간관계를 분열시킨다. 서로 협동하고 의지하며 살아가는 공동체로의 삶을 가로막고 있다. 가난하고 소외된 사람들은 자신의 삶의 자리에서 협동적으로 조직하는 것이 필요하다. 공동체는 주민이 스스로 살아갈 수 있는 지혜로운 삶의 방식이다. 공동체 참여는 분절되고 개별화시켰던 사회에서 인간관계를 회복하는 공동체를 조직해야 한다.

공동체는 아래로부터 자생하는 것이 일반적이며, 풀뿌리 민주주의의 근간이 되기도 한다. 현재 대부분은 지자체에서 마을공동체 사업으로 기획하여 진행하고 있다. 단발성 사업으로 진행하는 것은 마을공동체라고 보기 어렵다.

마을공동체는 시간이 많이 걸리며, 열심히 한 것에 비해 실망감을 넘어 절망감이 찾아올 정도로 쉽지 않다. 마을이라는 일상생활에 감수성과 리듬을 자연스레 몸에 새기는 '주민 되기' 수련이 필요하다. 마을활동가(조직화 활동가)는 네트워크가 중요하다. 일상에서 만나고 융합할 수 있는 판이 네트워크이기 때문이다. 주민을 만나지 않고 마을공동체 사업을 주민에게 내미는 것은 실패할 확률이 크다.

마을공동체를 구성한다는 것은 주민을 조직화하여, 스스로 행동할 수 있는 힘을 체계화 하는 것이다. 주민조직은 주민의 힘이 모아지고 발산되는 통로가 된다. 지역주민이 문제의식을 공유하고 이를 해결하기 위해 참여하고 행동하는 힘의 실체가 되는 것이다. 자발적으로 이루어지지 않으면 조직화 되었다고 할 수 없다. 자발적이지 않은 공동체는 지속될 수 없을 것이다.

지역사회는 혁신적인 장소이며, 일상생활을 이웃들과 관계 맺으면서 살아가는 공간이다. 서로 융합하여 일상생활을 혁신함으로써 지역을 재구성해야 한다.

3) 네트워크

지금 시대를 초연결 시대로 '초연결 사회'가 구현되었다고 한다. '초연결'은 네트워크를 이용해 사람-사람, 사람-사물, 사물-사물끼리 커뮤니케이션할 수 있는 상태를 의미한다.

지금 시대는 네트워크가 매우 중요한 시기가 되었고, 사람과 사람이 소속되어 있는 조직(공동체)의 네트워크뿐만 아니라 사물까지도 네트워크를 할 수 있는 상황이다.

네트워크는 본래 사람들을 연결시키고 사회학적 지위나 집단이나 조직을 연결시키는 관계의 묶음이다. 네트워크론자들은 사람들이 권력을 획득하고 집단이 움직이는 이유 등의 문제를 설명할 수 있다고 주장한다.

네트워크는 효과적이고 효율적인 전달체계 구축 및 운영을 위한 기관 간의 관계망을 의미한다(이용표, 2005). 둘 이상의 행위 주체들이 존재하고, 행위 주체들 간의 상호 작용이 발생한다는 점, 그리고 이러한 상호 작용은 개인 및 조직 차원에서 긍정적이고 유용한 성과를 가져올 수 있다는 특성들이 나타난다(정남숙, 2014).

사회복지적 관점에서의 네트워크란 사회복지 실천 영역에서 다양한 사회복지 및 관련 조직들 간의 협력적 활동과 상호작용은 물론 공동의 사회복지 목적을 도출하고 이를 함께 실현해 가는 과정이자 활동들이라고 할 수 있다(우수명, 2008).

네트워크 정의에서 보이는 특징을 정리해보면 다음과 같다(홍현미라 외, 2015).

첫째, 네트워크를 이루는 개별 조직들 간의 수평적 관계다. 네트워크는 공통의 목적달성을 원하지만, 참여하는 조직들은 상이한 독립적인 목표를 가지기 때문에 각 조직의 독립성이 유지되어야 한다.

둘째, 네트워크는 서로 간의 신뢰와 호혜성에 기반하여 관계가 유지되고 서로의 보충적인 이해를 위해 작동된다.

셋째, 조직 간 상호의존성이다. 네트워크의 거래는 다조직 혹은 다부문 간에 걸친 상호의존적 구조다.

넷째, 느슨한 연계다. 네트워크에서 조직 간 느슨한 연계는 거래당사자 간의 자율성을 보장하며, 복수의 지도자가 존재하면서 구성원의 진입과 퇴출이 자유롭다는 것을 의미한다.

지역사회에서는 네트워크가 꼭 필요하며, 복지적인 측면에서 네트워크뿐만 아니라 문화예술, 경제, 스포츠, 경영 등 다양한 분야에서 네트워크가 구축되어야 한다.

02 | 지역사회에서 네트워크의 필요성

지역사회에는 공공조직, 민간조직 등 다양한 조직들로 구성되어 있다. 공공조직과 민간조직 전체적으로 조직 내부에서 자체적인 사업(운영)을 수행하는 것이 아니다. 조직에서는 조직이 목적을 달성을 위해, 또는 미션과 비전을 실현하기 위해서는 지역사회의 다양한 조직들과의 네트워크가 필요하다는 것을 인식하게 된다. 지역사회 내 한 조직이 가진 자원은 매우 한정적이며, 제한되기 때문에 공동의 목적을 가진 조직과 네트워크를 통해 다음과 같은 측면에서 효과적이라고 볼 수 있다.

1) 자원의 효율성 증대

지역사회 자원 간의 효율적이고 기능적인 연계와 공유를 통해 효율성을 높일 수 있다. 한정된 자원에 대한 중복을 확인할 수 있으며, 지원에 대한 공백을 줄이고 제한된 자원을 가장 적절한 방법으로 배분하여 활용할 수 있는 중요한 방법이 지역사회 네트워크인 것이다(변숙영 외, 2019 재인용).

혁신을 추구하며 급변화하는 사회 환경에서는 개별 조직들의 제한된 자원만으로는 조직의 생존은 물론 지역사회 실천에 대한 효율성을 기대하기가 쉽지 않다. 대부분의 사회복지 서비스 조직은 자체적으로 수익을 창출하기보다는 조직의 외부로부터 지원이나 기부에 의존하고 있기 때문에 사회의 다른 조직들에 비해서 외부 환경에 대한 의존도가 매우 크다.

2) 지역주민들의 다양한 욕구 충족

지역사회에서 지역주민들의 욕구는 다양하고 매우 복잡하다. 그리고 지역주민들이 속해 있는 공동체도 목적 달성을 위해 서로 능동적으로 대응해야 한다. 한 조직에서 할 수 없는 것은 연계하거나 연대를 통해 지역주민과 그들의 공동체의 욕구를 충족이 가능하다. 네트워크는 지역사회 내의 지역주민 중심의 관점에서 매우 중요한 의미를 가지고 있다.

3) 사회 자본 구축

네트워크를 수행하는 조직이나 개인들이 정보 공유를 통하여 공식비공식 제도가 정확한 정보를 제공하고 서로 간에 신뢰를 가지도록 하여 지역사회 공동의 문화, 행동, 의식이 형성될 수 있다(행정학사전, 2009).

03 | 지역사회 네트워크 유형

1) 민간기관 주도의 네트워크

민간기관 주도의 네트워크는 민간기관들이 자발적으로 공식적 네트워크를 구성한 경우이다. 공식적 네트워크 조직에 대한 가입 및 활동에 큰 강제성이 없으며, 목적에 부합하는 상황 내에서 유연하게 운영할 수 있다. 외부 지원기관의 도움이나 자발적 공동 재정부담으로 운영 재정적 어려움이 있기도 하다. 그리고 가입과 활동이 강제적이지 않으나 현실적으로 정보나 서비스를 받기 위해서는 가입해야 하는 상황도 발생하기도 한다.

2) 행정기관 주도의 네트워크

행정전달 체계의 변화 및 초점 사업 변화에 따라 구성되거나 강조되고 있다.

안정적 재정기반 확보 및 다양한 기관의 참여가 장점이나 정부 조직에 의해 강제되는 모습이 나타날 수도 있다.

1. 지역사회보장협의체 구성 체계

- (개념) 지역의 사회보장을 증진하고 사회보장과 관련된 서비스를 제공하는 관계 기관·법인·단체·시설과 연계·협력을 위해 시군구 단위로 설치하는 민관협력 기구
- (심의사항) 시군구의 지역사회보장계획 수립·시행 및 평가, 지역사회보장조사 및 지역사회보장지표, 사회보장급여 제공 및 사회보장 추진, 읍면동 단위 지역사회보장협의체의 구성 및 운영에 관한 사항 등
  * 사회보장급여법 제14조, 제41조, 시행규칙 제5조, 제6조, 제7조
- (체계) 지역사회보장협의체-실무협의체·실무분과-읍면동 협의체의 수평적 네트워크를 통해 지역사회보장증진을 위한 단위별 역할 수행

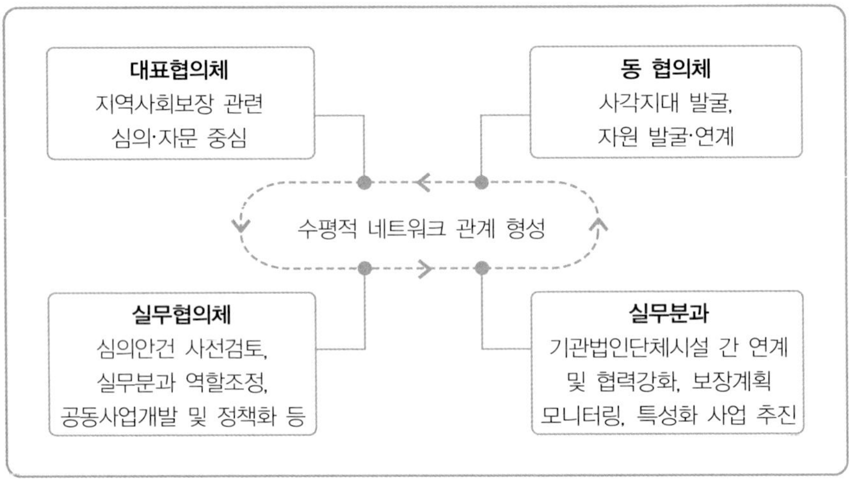

2. 지역사회보장협의체의 기능 및 법적 근거

■ 지역사회보장협의체의 기능

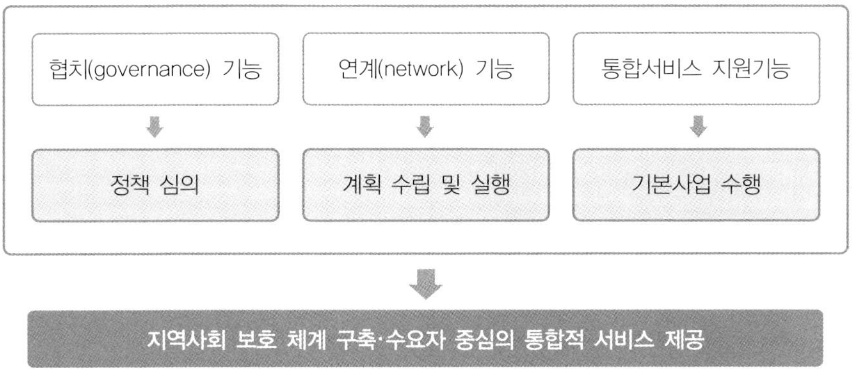

주요 기능	내용
협치(governance) 기능	• 지역사회보장계획의 수립·과정·평가 등 지역사회보장의 주요 사항에 대하여 민간과 공공이 협력하여 정책적 심의·자문
연계(network) 기능	• 사회보장과 관련된 서비스를 제공하는 관계 기관·법인·단체·시설과 연계·협력 강화를 위한 계획 수립 및 실행
통합(integrate) 기능	• 협의체 내 각 분과 간 통합 및 조정역할을 수행하고 지역주민의 욕구를 반영한 통합적 서비스 제공체계 지원 및 기본 사업 수행 • 통합서비스 제공을 위해 기존의 보건복지뿐만 아니라 고용·주거·교육·문화·환경 등 다양한 영역과 연계

3. 지역사회보장협의체의 법적 근거

(1) 시군구 지역사회보장협의체의 법적 근거

■ 「사회보장급여법」 제41조 2항에 따라 심의·자문 역할 수행

「사회보장급여법」 제41조(지역사회보장협의체)

② 지역사회보장협의체는 다음 각 호의 업무를 심의·자문한다.
1. 시·군·구의 지역사회보장계획 수립·시행 및 평가에 관한 사항
2. 시·군·구의 지역사회보장조사 및 지역사회보장지표에 관한 사항
3. 시·군·구의 사회보장급여 제공에 관한 사항
4. 시·군·구의 사회보장 추진에 관한 사항
5. 읍·면·동 단위 지역사회보장협의체의 구성 및 운영에 관한 사항
6. 그 밖에 위원장이 필요하다고 인정하는 사항

(2) 읍면동 지역사회보장협의체의 법적근거

■ 「사회보장급여법 시행규칙」 제7조 1항에 따라 지원 역할 수행

「사회보장급여법 시행규칙」 제7조(읍·면·동 지역사회보장협의체의 구성 및 운영)
① 법 제41조제7항에 따른 읍·면·동 단위 지역사회보장협의체(이하 "읍·면·동 단위 지역사회보장협의체"라 한다)는 다음 각 호의 업무를 지원한다. 1. 관할 지역의 저소득 주민·아동·노인·장애인·한부모가족·다문화가족 등 사회보장사업에 의한 도움을 필요로 하는 사람 발굴 업무 2. 사회보장 자원 발굴 및 연계 업무 3. 지역사회보호체계 구축 및 운영 업무 4. 그 밖에 관할 지역 주민의 사회보장 증진을 위하여 필요한 업무

3) 직능단체 네트워크

사회복지 직능분야에서의 활동을 위하여 각 직능분야에 소속하여 활동한다. 사회복지관은 한국사회복지관협회, 지역아동센터는 한국지역아동센터연합회, 요양기관은 한국노인장기요양기관협회에 소속해서 정보를 공유하고 자원의 창구로 활용한다.

그림 10-1 직능단체 네트워크

한국사회복지관협회 Korea Association of Social Welfare Centers https://kaswc.or.kr/	한국노인종합복지관협회 KOREA ASSOCIATION OF SENIOR WELFARE CENTERS http://www.kaswcs.or.kr/
사단법인 한국장애인복지관협회 http://www.hinet.or.kr/	한국지역아동센터연합회 Korea Child Welfare Center Association http://www.hly.kr/
한국학교사회복지사협회 Korea Association of School Social Workers https://www.kassw.or.kr/	(사)한국노인장기요양기관협회 Korea Association of Long Term Care Center for Senior Citizens http://hnh.or.kr/

4) 사회복지사 자조형 네트워크

사회복지사들 간의 사적인 비공식 네트워크인 경우가 많다. 사회복지사가 자신의 자원을 확보하기 위해 개별적인 네트워크를 구성하거나 참여한다. 대부분 역량강화를 위한 모임형태로 자유롭게 운영된다. 사회복지기관에 네트워크가 중요해진 만큼 업무와 관련된 네트워크를 공식적으로 활동할 수 있는 동아리모임을 구성하여 활동하기도 한다. 또한, 중부재단, 사회복지사협회, 충남사회서비스원 등 사회복지사들의 네트워크를 적극 권장하고 있다.

■ 중부재단(http://www.jbfoundation.or.kr/)
사회복지사 지식공유네트워크 [이:룸] 사업
같은 업무, 동일한 관심주제를 갖는 실무자들끼리 삼삼오오 모여 자발적인 네트워크를 구성하고, 이를 통해 학습과 소통의 기회를 가짐으로써 스스로 역량강화 할 수 있도록 사회복지사 지식공유네트워크 팀에게 최대 150만원을 지원한다.

■ 서울사회복지사협회(https://www.sasw.or.kr/zbxe/)
회원 활동을 지원하고 네트워크 및 연대를 확산하기 위한 동아리 활동 지원사업을 실시하고 있다. 동아리별로 60만원 이내 활동비를 2023년 기준 총 32팀(553명)지원하고 있다.

04 | 지역사회 네트워크 구축 방안

네트워크는 한 개인이 노력한다고 되는 문제는 아니다. 참여하려고 하는 개인, 같이 네트워크를 구축하려고 하는 조직, 조직할 수 있게 촉진시켜줄 수 있는 지역사회 시스템 및 환경이 매우 중요하다. 그래서 지역사회 네트워크는 신뢰를 기반으로 할 수 밖에 없나. 구싱원에 대한 신뢰, 조지에 대한 신뢰, 구성원들 간의 신뢰가 있어야 네트워크는 가능하다. 신뢰를 가지고 있다면 네트워크에 참여하는 구성원들 간의 풍부한 교류를 할 수 있도록 구조적인 지역사회 내 여건을 조성해야 한다. 구성원들 간의 의사소통이 활발하게 이루어져야 조직의 목적에 달성하는 데 긍정적인 영향을 준다. 다만, 효과적인 지식공유가 되기 위해서는 누가 어떤 정보를 가지고 있는가를 파악하여 체계적인 관리가 필요하다.

지역사회 네트워크는 단기간에 형성될 수 없다. 사람을 지속적으로 만나고, 영향적인 있는 개인, 집단, 조직과 끊임없이 관계가 이루어져 한다.

또한, 사회복지사의 역량과 최고관리자의 능동적인 노력이 있어야만 지역사회 네트워크를 통해 기관의 목적을 달성하고 미션과 비젼을 실현하는데 효과적으로 수행이 가능하다.

Chapter 11

사회복지 프로그램 개발과 평가

Social Welfare Administration

11

Chapter

사회복지 프로그램 개발과 평가

01 | 사회복지 프로그램의 이해

사회복지 프로그램은 사회복지와 프로그램의 합성어로 많은 학자들에 의해 다음과 같이 정의된다.

- 특정 목표를 달성하기 위한 활동의 집합체(Rapp & Poerter, 1992)
- 조직의 설립이념 또는 사명을 충족시키기 위해서 서비스 기술이 클라이언트 집단에 적용되는 활동이 이루어지는 체계(Patti, 1983)
- 목표를 달성하기 위한 일련의 상호 의존적인 활동(York, 1983)
- 일정한 기관에서 목적을 달성하기 위하여 모든 과정을 마칠 때까지 요구되는 내용의 선정과 조직, 활동목표 체계, 시설, 자원, 지원체계, 기긴 등에 관한 전체적인 계획(정무성 외, 2001)
- 특정한 목적 달성을 위해 자원과 기술이 투입되어 일정한 절차에 따라 이루어지는 조직의 계획적 활동체계(황성철, 2008)
- 사회복지 관련 목적을 달성하기 위해 자원과 기술이 투입되어 일정한 절차에 따라 수행되는 조직의 계획적인 모든 활동의 집합체(이민홍 외, 2012)
- 특정한 목적과 목표를 성취하기 위해 설계된 조직적인 활동으로서 사회복지사와 사회복지조직의 사명을 실현하는 수단(김상곤 외, 2017)

이를 종합해 보면, 사회복지 프로그램은 "개인, 가족, 집단, 지역사회의 욕구 충족과 문제해결을 위해 사회복지의 가치를 기반으로 전문적인 지식 · 기술과 지역사회자원을 활용하여 일련의 절차에 따라 이루어지는 계획된 활동체계"로 정의할 수 있다.

02 | 사회복지 프로그램의 중요성

1) 사회복지 대상자의 욕구와 문제해결

사회복지 프로그램은 개인적 또는 사회적으로 해결해야 하는 욕구나 문제를 바람직한 방향으로 변화시키기 위한 체계적이고 조직된 활동체계로 본다면 결국 사회복지 프로그램은 사회복지 대상자의 삶을 긍정적인 방향으로 변화시키고 삶의 질을 향상시키는 데 기여한다는 점에서 매우 중요하다.

2) 사회복지조직의 책무성 증진

사회복지조직에 투입되는 모든 인적 · 물적 자원은 국민, 정부, 후원자, 자원봉사자, 이용자들로부터 제공된 것이다. 사회복지조직은 이들이 제공한 자원을 투명하게 사용함은 물론 사업의 효율성과 효과성을 높여야 할 책무성을 가지고 있다. 책무성은 특정과업에 대한 책임뿐만 아니라 수행과정에 대한 정당성까지도 고려하는 개념으로 사회복지 프로그램은 서비스 대상의 적절성, 재원의 투명성, 서비스의 양과 질 등에 대한 평가를 객관적인 증거를 바탕으로 입증할 수 있어 사회복지조직의 책무성을 확인할 수 있는 근거가 된다.

3) 사회복지종사자의 책임감, 참여의식, 역량 강화

사회복지 프로그램의 기획, 운영, 평가단계에 참여하는 사회복지종사자들은 프로그램의 목적과 내용 등에 관하여 충분히 이해하고, 프로그램을 성공적으로 운영하기 위하여 협업하는 과정에서 책임감과 참여의식을 느낄 수 있을 뿐만 아니라, 성취감과 소속감 증진을 통하여 사회복지 전문가로서의 역량을 강화시킬 수 있는 기회가 될 수 있다.

03 | 사회복지 프로그램 유형

사회복지 프로그램은 문제해결을 위한 전문 임상 프로그램, 문화 및 여가생활 프로그램, 발달 및 성장 프로그램, 사회연계 프로그램, 사회운동 프로그램, 소득보장 프로그램 등 여섯 가지로 분류할 수 있다(김희성, 2009).

- 문제해결을 위한 전문 임상 프로그램: 개인이나 가족 등 개별화된 대상의 심리적 문제해결이나 감소를 돕기 위한 전문적 개입 프로그램을 의미한다.
  예 가족치료, 심리상담, 심리치료 등
- 문하 및 여가지원 프로그램: 보편석인 삶의 질을 높일 수 있는 문화 및 여가 관련 프로그램을 의미한다.
  예 예술 활동 체험 프로그램, 여행 프로그램 등
- 발달 및 성장 프로그램: 단계별 인간 발달에 필요한 욕구를 충족시키거나 사회화나 발달을 돕는 프로그램을 의미한다.
  예 사회성 향상 프로그램, 아동 야간보호 프로그램 등

• 사회연계 프로그램: 지역사회를 중심으로 필요로 하는 이들에게 자원을 발굴하고 연결시켜 주는 프로그램을 의미한다.

예 자원봉사 프로그램, 결연 후원 프로그램, 자조집단 프로그램 등

• 사회운동 프로그램: 정책이나 제도 등의 변화를 위한 프로그램을 의미한다.

예 캠페인, 권익옹호 활동, 법률개정 운동, 지역공동체 프로그램 등

• 소득보장 프로그램: 소득 유지나 증진을 위한 프로그램을 의미한다.

예 직업훈련 프로그램, 직업알선 프로그램 등

04 | 사회복지 프로그램 기획

1) 사회복지 프로그램 기획의 의미

기획은 '어떤 일을 꾸미어 계획한다'는 의미로 기획은 계획과 혼용되어 사용되기도 하는데 프로그램 기획은 '프로그램의 목적을 성취하기 위해 프로그램에 대한 전체적인 계획을 수립해 나가는 과정'이고, 프로그램 계획은 '프로그램 기획을 통해 도출된 결론'이라는 점에서 차이가 있다(양정하 외, 2011). 이런 의미에서 사회복지 프로그램 기획은 사회복지의 목적을 효과적으로 달성하기 위하여 내용과 방향을 설계하는 과정을 말하며, 기획단계에서는 미래 지향, 목적 지향, 수단과 목적의 정합성, 의사 결정, 지속성의 요건을 지향해야 할 필요가 있다.

2) 사회복지 프로그램 기획과정

그림 11-1 사회복지 프로그램 기획과정

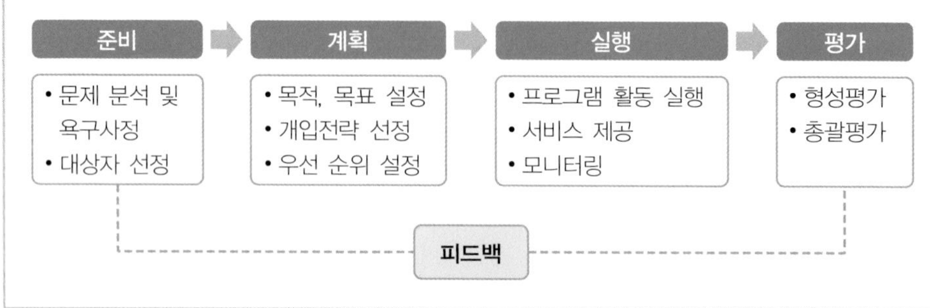

(1) 문제 분석 및 욕구사정

문제 분석 및 욕구사정단계는 사회복지 프로그램 기획의 가장 기초적인 단계로 "누가, 얼마나, 어느 정도"의 문제나 욕구를 가지고 있는지 진단하는 과정이다. 이 단계에서는 개인의 욕구와 사회문제에 대한 기본적인 이해가 있어야 하며, 명확한 주제, 문제의 심각성에 대한 객관적 자료, 지역사회와 이용자의 특성, 프로그램의 필요성 등에 관한 기초자료를 수집하여야 한다.

사회문제는 상당수의 사람들이 그 현상으로 인해 부정적인 영향을 받고 있는 상태를 의미한다. 어떤 사회현상이 사회적 가치나 규범에서 벗어나고, 그 원인이 사회적인 것에 있으며, 다수의 사람들 혹은 영향력 있는 사람들이 사회문제로 규정해야 한다. 또한 사회가 개선을 요구하고, 문제의 개선과 해결을 위해서는 집단적 · 사회적 행동이 요청되는 것으로 이해할 수 있다.

프로그램을 기획하기 위해서는 프로그램을 통하여 개선하고자 하는 문제와 원인을 정확하게 파악하는 것이 무엇보다 중요하다. 따라서 문제를 분석하기 위해서는 문제의 규모, 심각성, 개인과 사회에 미치는 영향, 현행 프로그램의 한계를 명확히 파악해야 하는데 이를 위해 요크(York, 1982)가 제시한 사회문제 분석틀 10가지를 활용해 보자.

- 바람직하지 못한 조건과 상황은 무엇인가?
- 어떤 이들이 그 문제로 고통을 받고 있는가?
- 현재의 이득은 누구로부터 얻는 것인가?
- 그것을 사회문제로 규정한 사람은 누구인가?
- 누가 그것을 사회문제로 규정하지 않는가?
- 문제의 원인은 무엇인가?
- 그 문제에 대해 접근하고 있는 프로그램은 무엇인가?
- 이 프로그램이 중단되면서 발생되는 결과는 무엇인가?
- 사회 변화의 목표는 무엇인가?
- 드러난 욕구와 갖고 있는 자원 간의 격차나 편차를 줄이는 데 찬성하는 자와 반대하는 자는 누구인가?

욕구조사는 현재의 사업과 자원으로는 충족하지 못하는 욕구를 찾아 그 욕구를 해결할 사회복지 프로그램을 기획하기 위한 기초를 다지는 단계이다. 따라서 인간이 가지는 기본적인 욕구에 대한 이해가 전제되어야 한다. 매슬로(Maslow)는 인간의 욕구를 5단계로 분류하여 설명하고 있다.

- 1단계 생리적 욕구(physiological needs): 생존에 필요한 가장 낮은 욕구, 기본적인 의식주 추구
- 2단계 안전의 욕구(safety needs): 지속적 생존을 보장하는 안전에 대한 욕구, 신체적 안전 추구
- 3단계 소속 및 애정의 욕구(love & belonging needs): 타인과 친하고 집단에 속하고 싶은 욕구, 소속, 인정, 애정 추구
- 4단계 자존(존경)의 욕구(self-esteem needs): 남으로부터 존경받고, 명예나 권력을 추구하고자 하는 욕구, 능력 승인 욕구
- 5단계 자아실현의 욕구(self-actualization needs): 자아를 완성하고 자신의 잠재력을 최대한 발휘해 보고자 하는 욕구

매슬로의 인간욕구 5단계를 사회복지 프로그램에 적용시키면 〈표 11-1〉과 같다.

| 표 11-1 | 욕구단계별 요구되는 서비스

욕구단계	전형적인 프로그램/서비스	특정기관 제공 프로그램/서비스	향후 필요한 프로그램/서비스
1단계 생리적 욕구	식사/의료/목욕서비스	도시락 배달 서비스 이동목욕서비스	가정간호서비스
2단계 안전의 욕구	집단거주 프로그램	공동생활가정서비스	재가방문지원서비스
3단계 소속 및 애정의 욕구	경로당활성화 프로그램	노인대학 운영서비스	자원봉사자와 멘토링 프로그램
4단계 자존의 욕구	정신건강 강화 지원 프로그램	생애주기별 맞춤형 프로그램	노년기 적응 프로그램
5단계 자아실현의 욕구	자원봉사활동 지원 서비스	노노케어서비스	봉사단체 조직지원 서비스

출처: 문수열 외 (2013).

욕구조사방법으로는 크게 직접조사법, 사례조사법, 간접조사법으로 구분할 수 있으며 세부 내용은 〈표 11-2〉와 같다.

| 표 11-2 | 욕구조사의 방법

구분	조사방법
직접조사법	• 일반인구조사방법, 표적인구조사방법 • 델파이기법 • 관찰법 • 심층면접법 • 지역사회 공개토론회(공청회)
사례조사법	• 프로그램 운영자 및 서비스 제공자 조사 • 주요 정보제공자 조사 • 서비스 통계 이용
간접조사법	• 사회지표분석 • 행정자료분석 • 비활동 자료분석

(2) 클라이언트 선정

클라이언트 선정은 사회복지 프로그램 기획에서 누구를 프로그램의 대상자로 삼을 것인가를 결정하는 단계로 관리의 측면, 재정적 측면, 서비스의 효율성 측면을 모두 고려하여야 한다. 재정 여건과 수행인력을 감안하여 적정 인원을 산정하고, 프로그램 이용에 따른 자발적 동의를 한 대상자, 프로그램 참여에 필요한 일정 수준 이상의 능력과 자원을 갖춘 이용자를 선정해야 한다.

클라이언트 선정은 주로 일반집단, 위험집단, 표적집단, 클라이언트 집단의 4단계로 구분하여 범위를 좁혀가며 이루어진다.

첫째, 일반집단(general population)은 사회복지 프로그램의 대상자 집단 가운데 가장 포괄적 인구집단으로 문제나 욕구를 갖고 있다고 판단되는 해당 지역의 전체 대상 집단을 의미한다. 클라이언트가 속한 관할지역 또는 행정구역 내에 있는 모든 사람을 포함하는 것으로 프로그램과 관련되는 전체 인구집단을 말한다.

둘째, 위험집단(at-risk population)은 일반집단 중에서 특정 사회문제에 더욱 취약성을 보이거나 그 문제를 경험한 사람들 또는 어떤 욕구를 가지고 있거나 이러한 욕구가 잠재되어 있다고 추정되는 인구집단이다.

셋째, 표적집단(target population)은 프로그램 제공을 통해 문제해결의 대상으로 삼는 인구집단으로, 위험집단 중에서 프로그램의 직접적인 수혜자가 될 적격성을 갖춘 집단을 의미한다. 서비스에 대한 접근성, 예산 등의 여건이 확보된다면 반드시 서비스가 제공되어야 하는 대상집단이다.

마지막으로 클라이언트 집단(client population)은 표적집단의 하위집단으로 프로그램에 참여하여 실질적인 혜택을 받을 수 있는 직접적 대상자인 클라이언트를 지칭한다. 사회복지 프로그램 대상자 선정과정의 구체적 예시는 〈표 11-3〉과 같다.

| 표 11-3 | 사회복지프로그램 대상자 선정 과정

구분	대상인구	인원수
일반집단	○○시에 거주하고 있는 65세 노인 인구	35,000명
위험집단	○○시에 거주하고 있는 65세 노인 중 치매노인	3,570명*
표적집단	위험집단 중 기초생활수급자 가정의 치매노인	357명**
클라이언트 집단	표적집단 중 경증 치매로 본인이나 가족이 프로그램에 참여를 희망하는 노인	30명

* 중앙치매센터 고시 2023년도 기준 치매 유병률 10.2%로 계산
** ○○시 통계연보에 따르면 노인 중 10%가 치매노인으로 조사됨

(3) 목적 및 목표 설정

목적과 목표의 설정은 프로그램을 통하여 변화시키거나 해결하고자 하는 상황이나 문제에 대한 지향점과 기준을 명확히 하는 단계이다.

목적은 포괄적인 서비스의 사명에 대한 의도적인 표현이며, 목표는 프로그램을 통하여 이루고자 하는 구체적 결과를 명시해 놓은 것으로 정의할 수 있다.

프로그램 목표는 어떤 원인으로 인하여 나타날 수 있는 부정적인 결과를 사회복지 프로그램의 개입활동을 통하여 긍정적인 결과로 변화시킬 수 있도록 하는 중요한 역할을 한다고 볼 수 있다. 프로그램을 기획할 때 목적과 목표를 분명히 수립하여야 하는 이유로는 프로그램 기획자에게는 구성방향을, 프로그램을 실천하는 종사자에게는 행동지침을, 프로그램 평가자에게는 평가의 기준을 제시하기 때문이다.

(4) 프로그램 활동 실행계획 수립

프로그램 활동 실행계획은 프로그램의 목적과 목표를 달성하기 위하여 구체적으로 실행할 활동 내용들을 구성하는 단계이다. 따라서 이 단계에서는 목표와의 연계성을 고려하여야 하며, 서비스 대상의 수준과 능력, 흥미를 파악하여 적합한 내용을 선정해야 한다. 또한 아무리 좋은 내용이라고 해도 실현 가능성이 낮은 프로그램은 선정하지 않도록 한다. 이외에도 포괄성 및 다양성, 실용성 및 현실

성, 지역성, 적절성 및 효율성, 자발성 등의 요인들에 대하여 고려하여 활동계획을 수립한다.

이 단계에서는 주로 세부 프로그램, 수행인력, 프로그램 진행기법, 홍보, 자원활용 및 연계계획 등이 수립되며 자세한 사항은 아래와 같다.

① 세부 프로그램

세부 프로그램은 프로그램의 목적 및 목표와의 관계성을 확인하여 작성하도록 하는데 실행활동의 명칭, 실행활동의 수행방법, 시행 횟수와 규모, 시행 시기 등을 구체적으로 수립하도록 한다.

② 수행인력

사회복지 프로그램의 수행인력은 주로 프로그램 담당자, 슈퍼바이저, 외부전문가, 자원봉사자 등으로 구성된다. 프로그램 담당자는 프로그램의 기획, 실행, 평가하는 일련의 과정을 수행하는데, 1인, 팀 단위, 조직 전체가 담당자가 될 수 있다. 슈퍼바이저는 실무자에게 슈퍼비전을 줄 수 있는 전문성을 갖춘 인력으로 선정되어야 하며, 외부전문가는 교육·훈련을 위한 전문강사와 같이 프로그램의 전문성을 확보하기 위한 외부인력을 가리킨다. 자원봉사자는 프로그램 담당자의 수행을 지원하는 인력으로 잘 훈련된 봉사자를 확보하면 성공적인 프로그램 운영에 많은 도움이 될 수 있다.

③ 홍보

사회복지 프로그램 홍보의 목적은 프로그램 참여자(이용자) 모집, 자원봉사자·후원자 모집, 프로그램에 대한 이미지 제고 등을 들 수 있다. 따라서 홍보의 목적에 따라 다양한 홍보방법을 활용할 필요가 있다. 주요 홍보방법으로는 포스터·현수막·광고지 등을 제작하여 유동인구가 많은 곳에 게시하거나 배포하는 방법이 있으며, 홈페이지나 소식지와 같이 기관에서 정기적으로 발간하거나 관리하고 있는 홍보물에 관련 사항을 안내하는 방식을 취하기도 한다. 지역신문이나 생활정보지, TV와 라디오 방송 등 언론매체를 활용하기도 하며, 최근에는 문자, 메신저, 블로그 등 SNS(social networking service)를 활용한 홍보가 활성화되고 있다. 마지막으로 직원, 자원봉사자, 강사, 기관의 프로그램 이용자, 후원자 등 기관의 인적 네트워크를 활용하여 홍보하는 방법도 적극적으로 활용한다.

④ 자원 활용 및 연계

프로그램 운영에 있어서 효율성과 효과성 그리고 전문성을 높이기 위한 방안으로 지역사회의 다양한 자원을 활용하는 방안도 실행계획 단계에서 마련되어야 할 중요한 요소이다. 자원 활용계획은 주로 연계 대상 기관명, 연계 내용, 연계 방법, 연계 횟수 등의 계획을 구체적으로 수립하도록 한다.

⑤ 예산 수립

적절한 예산의 수립과 효율적인 집행은 프로그램의 목적을 성공적으로 수행하기 위하여 반드시 필요한 사항이다. 사회복지 프로그램의 예산항목은 주로 인건비, 사업비, 관리운영비, 기타로 구성된다. 구체적인 내용은 〈표 11-4〉와 같다.

| 표 11-4 | 예산 항목

구분	내용
인건비	프로그램을 수행할 담당자의 급여, 보험료 등의 항목
사업비	프로그램 운영에 직접 소요되는 경비 – 물품 구입비, 교통비, 입장료, 식비, 다과비, 회의비 등
관리운영비	프로그램 운영을 위하여 사용되는 간접경비 – 차량비, 전기 · 가스 · 수도 비용, 소모품 비용 등
기타	위항 목에 해당되지 않는 기타 경비 – 예비비

(5) 평가

평가는 프로그램 운영과 관련된 제반 활동에 대한 과정과 성과를 체계적으로 가치판단하는 단계로 “프로그램의 기획, 실행, 결과에 관한 자료를 과학적 절차와 방법을 통해서 수집, 분석하여 서비스와 프로그램의 질적 향상과 개발에 관한 중요한 의사결정을 돕는 조사활동", "한 기관의 전체 또는 선별된 프로그램의 효율, 효과 및 적절성을 철저하게 그리고 비판적으로 검토하는 과정" 등으로 정의할 수 있다. 평가를 통하여 단기적으로는 프로그램 성과의 실증적, 과학적 증명과 가치의 판단, 책무성 중심의 프로그램 수행 정도를 확인할 수 있고, 장기적 관점에서는 유효한 개입전략과 전술의 수정, 장기적으로는 전문성을 인증하고 사회복지실천의 이론화를 이루어낼 수 있다.

평가의 유형은 평가 주체, 평가 항목, 평가 시기, 평가자료 수집방법에 따라 〈표 11-5〉과 같이 구분할 수 있다.

표 11-5 사회복지 프로그램 평가 유형

구분	평가 유형	평가 내용
평가 주체	자체평가	• 프로그램 담당자 스스로 행하는 평가 • 프로그램에 대한 많은 정보, 비용 절약 • 공정성, 객관성 확보의 어려움
	내부평가	• 프로그램을 직접 담당하지 않은 조직 내부자에 의한 평가
	외부평가	• 프로그램을 담당하는 조직 밖의 전문가에 의해서 수행되는 평가
평가 항목	효율성 평가	• 프로그램의 결과가 투입된 비용에 비해서 정당화될 수 있는지 여부를 판단
	효과성 평가	• 프로그램 원래 달성하고자 설정했던 목표가 달성되었는지에 초점을 둔 평가
평가 시기	총괄평가	• 프로그램이 종료되는 시점이나 완전히 종결된 후 실시 • 프로그램의 성과(outcomes)와 영향(impacts) 파악
	형성평가	• 프로그램 수행과정에서 문제점을 발견하여 프로그램 수정 및 보완을 목적으로 이루어지는 평가 • 서비스 전달체계 향상 및 서비스의 효율성 증진을 도모
자료수집 방법	양적평가	• 수집되는 자료가 주로 계량화되어 실험조사와 같은 설계를 통해 객관적 자료가 연역적 방법으로 분석되는 것을 강조하는 평가
	질적평가	• 수량화되지 않은 자료를 수집하여 귀납적으로 자료를 분석하는 데 의미를 두는 조사평가

사회복지 프로그램을 평가하는 기준으로는 노력성, 효과성, 효율성, 서비스 품질, 클라이언트 만족도, 과성, 영향 등을 들 수 있다.

- 노력성: 목표의 달성을 위한 자원의 투입량, 프로그램에 투입된 인력, 예산, 활동의 양을 평가
- 효과성: 목표의 달성 정도로 프로그램 평가에서 가장 중요한 기준
- 효율성: 투입된 비용 대비 산출된 서비스의 양과 성과
- 서비스 품질: 목표의 달성을 위해 필요한 방법과 기술 사용의 정도
- 클라이언트 만족도: 서비스의 효과와 질을 클라이언트가 직접 평가한 결과
- 과정: 정해진 절차나 규정에 따라 서비스 제공이 이루어졌는지 평가
- 영향: 의도했던 사회문제의 해결에 어느 정도 영향을 미쳤는지 평가

05 | 사회복지 프로그램 실행

사회복지 프로그램을 실행은 프로그램의 목적과 목표 달성을 위하여 계획된 프로그램을 실제로 수행한다는 의미이다. 프로그램을 실행하는 단계는 프로그램 계획이 수립된 후, 참여자 접수 및 선정(대상자 모집), 프로그램 진행(서비스 제공), 보고 및 진행과정 기록 관리, 종결로 진행된다.

1) 참여자 접수 및 선정

사회복지 프로그램의 실행은 〈표 11-6〉과 같이 프로그램의 대상자, 즉 클라이언트를 모집하는 것부터 시작된다. 클라이언트는 인쇄물, 우편물, 전화, 온라인 등의 홍보물을 통하여 프로그램과 관련된 정보를 확인하고 참여를 신청할 수 있다. 이 외에도 프로그램을 필요로 하는 클라이언트를 직접 방문하여 참여를 안내하고 참여 접수를 받는 방법도 있다. 미리 마련한 참여자 선정 기준에 따라 이용자를 선정한 후에는 참여가 확정된 클라이언트에게 프로그램의 내용과 이용자의 권리 등을 담은 설명서를 제공해야 하고, 사회복지시설과 서비스 제공 전문가의

역할과 책임, 이용자의 권리와 의무 등이 담긴 프로그램 참여 계약서를 작성하여 보관한다.

표 11-6 참여자 선정 과정

구분	실행내용	준비사항
이용자(참여자) 모집	• 프로그램 관련 홍보물 배포 • 개별면담에 의한 소개 • 사회복지시설의 게시판 안내문 부착	• 인쇄물 • SNS 및 온라인 홍보물
참여 희망자 신청 접수	• 방문접수 • 온라인 접수 • 아웃리치	• 프로그램 참가신청서
참여자 선정	• 선정 기준에 따른 이용자 선정 – 대상, 목적, 수행방법 등의 기준으로 선정 • 이용자를 위한 안내사항 제공 – 프로그램 내용, 이용자 권리, 개인 정보보호 관련 사항, 편의사항, 담당자, 기타 사항	• 프로그램 설명서
프로그램 참여 계약	• 계약은 클라이언트와 기관의 의무와 과업, 구체적 실천 활동을 상호 약속하는 행위 – 프로그램명, 대상자, 날짜, 시간, 장소, 목표, 계획, 평가	• 프로그램 참여 계약서

2) 프로그램 운영

프로그램 계획서에 있는 내용들을 진행하기 위해서 일정계획을 참고로 하여 세부진행 매뉴얼을 준비한다. 진행 매뉴얼은 사회복지사가 프로그램을 총체적으로 관리하기 위해 작성하는 것으로 어느 누가 진행하더라도 가능할 정도로 세부적인 사항들을 정리해 놓은 것이다.

매뉴얼의 기록이 어려우면 프로그램 관리자 노트를 만들어 준비사항들을 점검해 가며 진행하는 세심한 관리가 필요하다.

또한, 프로그램에 영향을 미칠 수 있는 천재지변, 전염성 질환, 기관 차원에서의 어려움, 프로그램 자체의 위험성, 기타 사건이나 상황 발생하는 외부환경과 건강상의 문제, 사고 발생 등 이용자의 상황 변화에 유의하면서 프로그램이 원활히 운영될 수 있도록 한다.

3) 보고 및 진행과정 기록 관리

사회복지 프로그램의 실행은 기록 및 보고와 함께 진행된다. 먼저, 보고는 기록을 통한 보고와 회의 시 보고, 구두보고 등으로 진행된다.

| 표 11-7 | 프로그램 진행상황 보고방식

구분	실행 내용
기록을 통한 보고	• 프로그램 일지, 과정기록지를 활용 • 결재과정을 통해 보고
회의시 보고	• 팀회의, 부서장회의, 전체회의 등 기관의 정기/비정기회의를 통해 보고 • 프로그램 공지사항 전달 및 연계
구두보고	• 슈퍼바이저나 동료 등과의 면담방식으로 시행 • 매회 진행과정에서 있었던 일 중 긴급히 의논되어야 할 사항이나 협의가 필요한 사항

프로그램의 진행과정에 대한 기록은 클라이언트의 욕구 및 사회복지실천 활동을 문서화한 것으로 직접적인 서비스 제공의 근거와 사례의 지속성을 마련하는 데 필요하다. 기록을 통하여 슈퍼비전과 조사연구를 위한 자료를 제공하고, 전문가 간의 의사소통을 활성화시키는 데 도움을 준다. 또한 클라이언트와의 정보 공유와 효과적인 서비스를 위한 모니터링, 클라이언트의 욕구, 서비스의 유형, 직무 관리, 지원의 직무 수행, 자원의 분배에 관한 행정적 결정을 위한 정보를 제공하기 위하여 필요하다.

기록은 사회복지실천에서의 효과성과 효율성을 높이기 위한 중요한 요소로 과중한 업무와 시간 부족의 이유로 기록을 소홀히 한다면 프로그램의 목적을 성공적으로 달성하는 데 어려움이 생길 것이다. 따라서 다음의 양식을 참고하여 프로그램의 과정을 체계적으로 기록하는 연습을 해야 할 것이다. 또한 프로그램 관련 양식은 기관 및 프로그램의 대상자 특성에 따라 내용에 차이가 있다는 것을 이해하고, 문제의식을 가지고 기록지의 내용이나 형태, 기록방법 등에 대하여 지속적으로 개선해 나가야 한다.

프로그램과 관련된 기록은 프로그램 일지, 프로그램 과정기록지, 참여관찰 기록지, 경과보고서(중간/최종), 개별평가서, 사전/사후평가 결과보고서 등을 들 수 있으며, 사회복지시설에서는 사회복지시설정보시스템을 활용하여 프로그램과 관련된 정보를 입력 · 관리할 수 있다.

4) 종결

종결이란 사회복지사와 클라이언트의 전문적 관계가 종료되는 원조과정의 마지막 단계이다. 종결은 성공적인 결과를 반영한 계획적인 과정일 수도 있고, 예기치 못한 결과로 나타날 수 있다. 종결도 사회복지실천의 한 과정이므로 사회복지사는 의미 있는 실천과정으로 다루어야 한다(이원숙, 2008). 클라이언트에게서 제시된 문제나 욕구가 성공적으로 해결된 종결, 참여자의 약속 불이행이나 서비스 중단과 거절, 사망, 기관의 역량을 넘어서는 서비스 요청에 따른 의뢰 등의 사유가 있을 때 종결된다. 이때 인적사항, 접수일, 종결일, 종결 시 참여자의 상태 및 반응, 목표 달성 정도, 사회복지사의 의견 등을 기록한 보고서를 작성해 두도록 한다.

06 | 사회복지 프로그램 평가

프로그램의 평가는 평가기획 및 설계단계, 평가자료 수집 및 분석단계, 결과 진단과 활용의 단계로 이루어진다. 각 단계별 주요 과업과 수행 내용은 〈표 11-8〉의 내용과 같다.

| 표 11-8 | 프로그램 평가 절차

단계	주요 과업	수행 내용
평가기획 및 설계단계	• 평가의 목적 확인 • 평가방법과 도구 결정	• 평가의 대상과 범위 설정 • 평가 절차와 일정 확인
자료수집 및 분석단계	• 자료의 출처 확인과 선정 • 자료수집방법에 따른 체계적 수집 • 평가결과의 종합 정리	• 지표의 정리 및 선정 • 적절한 분석방법과 기법의 활용
결과 진단과 활용의 단계	• 평가결과의 추론과 가치판단 • 평가결과의 활용	• 평가보고서의 작성과 제출

프로그램 평가결과는 평가보고서로 작성한다. 평가보고서에는 프로그램의 목적, 운영개요, 총괄평가, 과정평가, 성과평가, 예산집행에 관한 평가, 외부자원 연계 관련 평가, 사진 등 관련 자료로 구성하여 작성한다.

07 | 논리(Logic)모델을 활용한 프로그램 기획

논리모델은 프로그램이 어떻게 작동할 것인지에 대한 우리의 기대와 예측을 도표로 나타낸 것으로, 프로그램 운영에 투입되는 자원, 계획하고 있는 활동, 달성하고자 하는 변화 또는 결과 간의 관계에 대한 이해를 제시하고 공유하는 체계적이고 시각적인 방법이다(the W. K. Kellogg Foundation, 2004; 윤성호, 2021 재인용). 논리모델은 성과를 중요시하고 공급자 중심이 아닌 수요자 중심의 프로그램 모델로 사회복지 분야에서도 프로그램을 기획하고 평가하는 과정에 매우 유용하게 활용되고 있다.

1) 논리모델의 구성

논리모델은 4가지의 요소로 구성된다.

첫째, 투입(input)은 프로그램 수행에 필요한 모든 물적·인적자원을 의미한다. 인적자원은 사회복지사, 클라이언트, 자원봉사자 등이며, 물적자원은 자금, 협력기관, 시간, 시설, 장비, 서비스, 기술 등이다.

둘째, 활동(activity)은 클라이언트의 문제해결을 위해 제공되는 활동으로 프로그램, 도구, 전략, 기법, 행동을 의미한다. 클라이언트의 문제와 욕구해결을 위해 제공할 서비스 내용과 개입방법 등을 의미한다.

셋째, 산출(output)은 프로그램에 참여하는 클라이언트에게 제공되는 결과물, 상품, 서비스 등 프로그램 활동 종료 상태에서 나타나는 직접적 결과물이다.

넷째, 성과(outcome)는 활동이나 결과로부터 나오는 변화나 이익으로 프로그램이 추구하는 목표라고 할 수 있다. 프로그램 참여자의 행동, 지식, 기술, 지위, 기능 수준의 구체적이고 긍정적인 변화를 의미하며 결과의 방향과 시간에 따라 단기성과, 중기성과, 장기성과로 구분한다.

2) 논리모델을 활용한 평가

논리모델은 프로그램의 형성평가와 결과평가를 적용하는 데도 매우 유용하다. 먼저, 형성평가는 논리모델에 따라 개입이 적절히 이루어졌는지를 평가하는데, 자원의 확보, 프로그램 활동의 수행, 계획한 산출물의 생산의 적절성을 점검한다.

결과평가는 프로그램의 목표가 달성되었는지 입증하는 과정으로 프로그램의 영향으로 단기성과가 이루어지고 그 결과로 장기성과가 달성되었는지 입증한다.

그림 11-2 논리모델의 구성요소

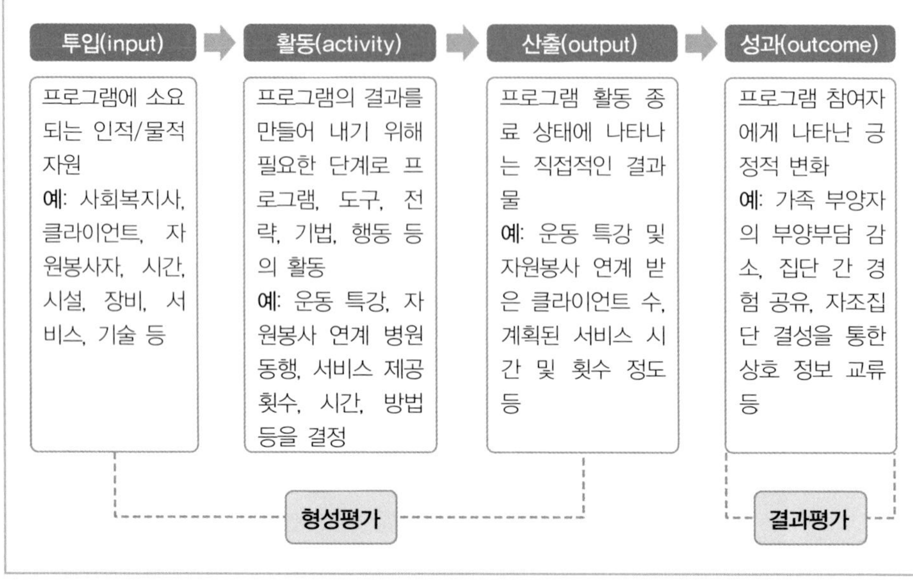

출처: 김나리 외 (2022). 사회복지행정론

Chapter 12

사회복지시설 안전관리

Social Welfare Administration

12 Chapter

사회복지시설 안전관리

01 | 사회복지시설 안전관리의 필요성

사회복지시설에서는 사회복지서비스를 제공하기 이전에 클라이언트와 종사자의 생명과 안전을 지키기 위한 최소한의 안전장치를 마련하고 체계적인 안전관리를 실시해야 한다. 특히 사회복지시설의 노후화, 대형화 등 위험요인은 계속해서 증가하고 있으며, 클라이언트의 욕구 및 실천현장의 다양화, 실천방식의 다변화, 지역사회의 환경변화에 따라 일상적인 위험에 더해 신규 위험까지 대응해야 하는 상황이다(이경진, 2017).

사고라는 것은 인긴행동과 위험이 상호작용하면서 발생한다고 볼 때(하가 시게루, 2014) 사회복지서비스가 생산되고 소비되는 대부분의 과정이 인간에 의해 이루어지는 사회복지 현장은 많은 위험요소가 잠재하고 있으며, 다양한 사고 발생 가능성이 존재하고 있다. 특히 지역사회를 기반으로 지역주민 누구에게나 개방되어 있고 사회복지실천의 영역이 시설 내에서 재가(在家), 지역사회로 다양화되는 상황에서 그 위험성이 더욱 높다. 사회복지시설에 근무하는 종사자 대상 안전과 관련된 교육이나 훈련이 충분하지 않고, 이용자의 상당수가 노인과 어린이 그리고 장애인 등 안전 취약계층임을 고려할 때, 사회복지시설의 안전에 대한 관심과 대처방안에 대한 사회적 노력이 더욱 필요하다(이경진, 2022).

안전은 인간의 기본적 욕구이며 생명존중의 사상으로부터 시작된다. 안전관리는 인간의 생명과 재산을 지키기 위한 활동으로 사회복지시설에서의 안전관리는 종사자와 클라이언트의 생명과 건강을 위협하는 요소를 사전에 조사하고 개선하도록 하며, 각종 교육을 통하여 위험 상황에 대처할 수 있도록 한다. 이러한 활동은 서비스의 질에 영향을 주고, 클라이언트와 지역사회로부터 신뢰를 쌓아가는 과정이자 복지권의 보장이기도 하다. 사회복지실천 과정에서의 안전관리는 결국 이용자들의 만족도를 높이고, 결국 사회복지시설 경영을 유지하고 발전시켜 나가기 위한 기본적인 원칙이기도 하다.

02 | 사회복지시설 안전관리의 이해

1) 안전관리의 개념

안전관리의 개념을 이해하기 위해서는 먼저 '안전'의 개념에 대하여 살펴볼 필요가 있다. 사전적 의미의 안전은 '위험이 생기거나 사고가 날 염려가 없음 또는 그런 상태'로 정의되는데, 여기에서의 '위험'은 '해로움이나 손실이 생길 우려가 있음 또는 그런 상태'로 이해할 수 있다. 따라서 안전관리는 해로움이나 손실이 생길 우려가 있는 위험의 상태가 발생할 염려가 없거나 그런 상태를 유지하기 위하여 이루어지는 활동으로 정의할 수 있다.

안전에 관한 국제적 가이드라인인 ISO/IEC Guide 51(2014)에서는 관계자 간에 사고(思考)의 통일성을 기하기 위하여 안전(Safety)을 "수용 불가능한 위험성이 없는 상태(Freedom from risk which is not tolerable)"로 정의하고 있다.

재난 및 안전관리 기본법(제3조 제4항)에서는 "안전관리"를 재난이나 그 밖의 각종 사고로부터 사람의 생명 · 신체 및 재산의 안전을 확보하기 위하여 하는 모든 활동으로 정의하고 있다.

재난은 태풍 · 홍수 · 호우 · 지진 등과 같은 자연재난과 화재 · 폭발 · 교통사고·감염병 등과 같은 사회적 재난을 의미하는데, 재난은 위험성을 인식하지 못하고 무관심한 상태에서 발생하면 그 피해가 매우 크지만 사전예방이나 철저한 대비 활동으로 그 피해를 최소한으로 줄일 수 있다는 특성을 가지고 있다.

이를 종합하여 볼 때, 사회복지시설에서의 안전관리는 발생 가능한 안전문제[1]의 사전예방과 사후대응을 통하여 사회복지종사자 및 클라이언트, 기관의 안전을 증진시키기 위한 모든 활동으로 개념화할 수 있다.

2) 사회복지시설 위험의 분류

사회복지시설의 위험을 클라이언트, 사회복지사, 기관의 측면에서 분류하는 위험과 사회복지 안전관련 법률 및 지침 등에서 규정하고 있는 위험으로 나누어 살펴보면 다음과 같다.

박미은(2010)이 클라이언트 사회복지사 기관의 측면에서 위험을 분류한 내용은 〈표 12-1〉과 같다.

표 12-1 ❙ 사회복지시설 위험의 분류

구분	위험
클라이언트	• 주변인으로부터 겪는 위험(예: 아동학대) • 스스로 자초한 위험(예: 자해, 자기방임) • 주변인에게 행사하는 위험(예: 부모 폭력)
사회복지사	• 클라이언트와 주변인으로부터 겪는 위험(예: 클라이언트 폭력) • 클라이언트와 주변인에게 행사하는 위험(예: 서비스 제공사에 의한 폭력) • 입무상 부주의와 과실에 의한 위험(실천과오) • 업무과중, 열악한 근무환경으로 인한 위험(예: 소진, 스트레스, 감정노동)
사회복지시설	• 업무와 관련한 위험(예: 업무관련 각종 사고, 보안, 위생) • 경영과 관련한 위험(예: 경영수지 악화) • 사회적 차원의 위험(예: 전문가의 부정행위) • 재해, 재난 위험(예: 방화, 화재, 수해, 교통사고, 전염성 질환)

1) 사회복지시설의 안전을 위협하는 위험요인들은 수없이 많고 다양하다. 최근에는 폭력과 소진, 스트레스, 감정노동, 전문가로서의 부정행위 등 다양한 안전문제에 대한 관심이 증대되었지만, 이 장에서는 사회복지시설 관리 안내와 사회복지시설 안전관리 매뉴얼에서 공통으로 다루고 있는 내용을 중심으로 살펴보고자 한다.

사회복지시설 안전관련 법률 및 지침 등에서 규정하고 있는 위험 유형은 〈표 12-2〉의 내용과 같다.

표 12-2 사회복지시설 위험 유형

구분	위험
재난 및 안전관리기본법	• 자연재난과 사회재난
사회복지사업법	• 화재, 안전사고 • 시설의 구조 및 설비와 관련한 위험
사회복지시설 관리안내	• 산업안전보건법에 의한 위험요인 • 업무 관련 위험요인 - 요양, 목욕, 청소/세탁, 환자 이송 및 운반 시 근골격계 질환, 휠체어 이동시 걸림, 충돌, 미끄러짐, 감전, 화상, 화재 시 대피 곤란 - 조리 전 과정: 미끄러짐, 감전, 화상, 외상, 근골격계 질환, 화재 • 전염성 질환이나 정신병이 있는 근로자의 건강악화
사회복지시설 안전관리매뉴얼	• 자연재난과 사회재난
사회복지시설 평가기준	• 위생문제 및 감염성 질환으로 인한 위험 • 화재(보일러, 가스, 전기)로 인한 위험 • 건물의 구조 관련 위험(내외부 균열과 파손)

출처: 김문근 (2015). p.135 참조하여 재구성

3) 사회복지시설 안전관리의 법적 근거

사회복지관의 안전관리는 관련 법령(〈표 12-1〉 참조) 및 지침, 관련 부처에서 발행하는 사업 운영규정을 근거로 수행하고 있다.

「사회복지사업법」 제43조 제1항, 「사회복지사업법」 시행규칙 제27조에서는 사회복지시설의 서비스 최저기준으로 '시설의 안전관리'를 명시하고 있으며 장애인복지법, 노인복지법, 아동복지법, 영유아보육법, 정신건강복지법 등에서도 사회복지시설 유형에 따른 안전관리 관련 조항들을 제시하고 있다. 또한 사회복지사업법 시행령 제18조의4에서는 안전점검 실시대상 시설, 안전점검 시기, 안전점검 기관 및 그 절차 등에 관하여 정하고 있다.

국가안전관리기본계획, 소방시설 설치 · 유지 및 안전관리에 관한 법률, 보건복지부 발간 사회복지시설 관리 안내 및 사회복지시설 안전관리 매뉴얼, 사회복지시설 평가지표 등 관련 법령과 지침에서 사회복지시설 안전관리와 관련된 구체적인 규정 등을 확인할 수 있다.

표 12-3 사회복지시설 안전관련 법령

구분	법령
건축물 관리	• 건축법 • 건축물의 설비기준 등에 관한 규칙 • 건축물의 피난 · 방화구조 등의 기준에 관한 규칙
소방시설관리	• 화재예방, 소방시설 설치 · 유지 및 안전관리에 관한 법률 • 시설물의 안전 및 유지관리에 관한 특별법 • 소방기본법 • 공공기관의 소방안전관리에 관한 규정 • 국가화재안전기준(NFSC) • 다중이용업소의 안전관리에 관한 특별법
전기시설관리	• 전기안전법
가스시설관리	• 도시가스사업법
승강기시설관리	• 승강기시설안전관리법
보일러시설관리	• 에너지이용합리화법 • 열사용기자재관리규칙
급식사업관리	• 식품위생법 및 동법 시행규칙
산업안전보건관리	• 산업안전보건법

'사회복지시설 관리안내'에서는 보험가입 여부 확인, 시설 안전점검 실시, 안전관리 인력 확보, 안전관리 교육 · 훈련, 재난 · 안전 관련 주체별 주요 임무, 「산업안전보건법」상 사업주의 의무, 사회복지시설 종사자 안전보건을 위한 현장 점검 등 사회복지시설에서 준수하여야 할 안전관련 공통 사항들을 제시하고 있고, '사회복지시설 안전관리 매뉴얼'은 사회복지시설에서 발생하는 화재, 전기, 가스, 위생, 시설물, 자연재난 등으로 인해 재난사태가 발생하거나 우려될 때 관리자나 이용자들이 지켜야 하는 임무나 역할, 조치사항 등을 규정하여 체계적이고 신속

한 대응이 이루어져 피해를 최소화할 수 있도록 하고 있다. 본 장에서는 사회복지시설 관리 안내와 사회복지시설 안전관리 매뉴얼의 내용을 중심으로 살펴보고자 한다.

03 | 사회복지시설 안전관리 실무

1) 보험 가입 여부 확인[2)]

사회복지시설의 운영자는 화재 및 시설 이용과 관련된 사고 등으로 인한 손해배상책임을 이행하기 위하여 손해보험회사가 영위하는 책임보험에 가입하여야 한다. 이를 위해 국가 또는 지방자치단체는 예산의 범위 안에서 책임보험에 소요되는 비용의 전부 또는 일부를 보조할 수 있으며 보험에 가입하지 않고 시설을 운영할 경우 300만원 이하의 과태료에 처한다. 따라서, 시설 정기안전점검 시 각 시설의 대인 · 대물 책임보험 또는 책임공제 가입 여부를 점검하여야 하며, 특히 화재로 인한 손해발생 시 적정한 보상이 담보될 수 있도록 1인당 배상책임보험액의 적정성 여부를 확인해야 한다. 시설에서 발생할 수 있는 각종 사고 위험에 대응하기 위한 보험의 종류로는 상해보험, 영업배상보험, 자동차 보험, 기타 보험 등이 있다.

2) 시설 안전점검[3)]

사회복지시설은 정기 및 수시안전점검을 실시하고 있다. 정기안전점검은 매반기를 주기로 실시하고, 안전에 문제가 있을 경우 수시안전점검을 진행한다. 시설

2) 사회복지사업법 제34조의3

3) 사회복지사업법 제34조의4

장은 정기안전점검 결과를 지자체장에게 제출하여야 하고, 정기안전점검 결과 해당 시설의 구조 · 설비의 안전도가 취약하여 위해의 우려가 있는 때에는 안전점검기관에 수시안전점검을 의뢰한다. 시장 · 군수 · 구청장은 안전에 필요한 경우 시설의 운영자로 하여금 시설의 보완 또는 개보수를 요청할 수 있으며 이때 비용의 전부 혹은 일부를 보조할 수 있다. 사회복지시설에서 안전점검을 수행하지 않을 경우 300만원 이하 과태료를 부과한다.

그림 12-1 **사회복지시설 안전점검 과정**

	정기안전점검	수시안전점검	결과보고 (정기·수시)	개·보수 요구
실시 주체	• 시설장 • 매반기	• 시설장 (점검자: 안전진단전문기관, 전문건설업자)	• 시설장 → 지자체 → 복지부 • 매반기	• 시장·군수·구청장 • 필요 시
시기	• 매반기	• 위해발생 우려 시	• 매반기	• 필요 시

사회복지시설 안전점검의 각 시기별 점검 항목을 일일, 주간, 월간, 연간, 계절별로 나누어 살펴보면 〈표 12-4〉와 같다. 이는 사회복지시설에 공통적으로 적용할 수 있는 항목을 중심으로 작성되었으므로, 시설 유형별, 클라이언트의 특성별, 사회복지시설의 구조와 특성에 따라 점검항목을 추가하여 활용하도록 한다.

표 12-4 **안전점검 시기 및 주요 점검항목**

구분	시기	주요 점검항목
일일 관리	매일	• 전체 시설 점검(일일 체크리스트 작성) • 보일러 가동/중지 및 각종 펌프 가동/중지 • 에어컨, 온풍기 등 냉난방 시설 가동 및 중지(실내 적정온도 유지) • 시설관리에 따른 민원사항 수시접수 및 처리
주간 관리	주 1회	• 가스 정압기 각종 계기 점검 및 연소기 상태, 배관의 가스누설 여부 점검 • 각층 실별 출입문 점검 및 현관 자동출입문 점검 • 정화조 약품 투입 및 시스템(판넬) 각종 정화조 기기 점검

		• 내외부 시설물 각 기능 점검 및 파손여부 점검 보수 • 층별 분전반 절연 체크 및 누전검사(지하층~옥상층)
월간 관리	월 1회	• 소방시설 소화기 등 외관 및 기능점검, 방화관리 업무 • 저수조탱크 수질상태 점검 및 위생유지 • 월 유지보수 점검 및 확인(승강기, 전기설비, 정수기 등) • EHP 시스템에어컨 실외기 소음점검 및 필터청소(연 4회) • 각종 급 · 배기팬 V-벨트 장력 및 소음 등 이상유무 점검
연간 관리	연 1회 이상	• 승강기 정기검사(연 1회) • 가스사용시설 정기검사(연 1회) – 특정가스사용시설 정기검사 – 액화석유가스사용시설 정기검사 • 보일러 정기점검(연 1회) • 소방시설 안전점검(연 1회) – 자체검사(종합점검, 작동점검) – 화재예방 안전점검
계절별 관리	해빙기 2~3월	• 건조한 날씨로 인한 화재발생이 우려되므로 예방에 주력 – 화재경보기, 비상등, 스프링클러 작동상태 확인 – 주방 가스렌지 및 난방기기 주변 인화물질 소재 여부 – 비상통로 확보 및 비상문 잠금장치 상태 등 • 해빙기 시설물의 이완에 따른 균열, 탈락 등에 대한 중점조사 – 시설물 벽면 및 담장 등에 대해 상세한 육안검사를 통해 이상 유무 확인 – 수돗물 벽면 누수로 인한 시설물의 융기, 균열발생 여부 – 지반침하에 따른 시설물의 기울어짐, 하중불균형에 의한 변형
	하절기 5~6월	• 여름철 집중호우 및 태풍 대비 시설물 균열 · 누수상태 – 건축물 지하실의 방수 및 배수로 상태 – 건축물 외부 부착물 상태 및 석축 · 옹벽의 이상 유무 – 건축물 주변 지표면 상태 및 균열 · 손상 발생 유무 등 • 집단식중독, 콜레라 등 전염병 사고예방을 위한 위생관리상태 – 조리원의 위생장비 착용 및 청결 등의 위생상태 – 원료 및 조리 · 가공식품의 관리상태 – 조리 · 가공설비 및 시설의 관리상태 등
	동절기 11~12월	• 한파 및 폭설 등 기후변화에 따른 시설물 안전관리 – 각종 구조물의 동해방지를 위한 예방시설 및 조치상태 – 기둥, 옹벽 등 철근 부위 적설 예방 – 제설장비 구비 및 계획 등 • 화재발생이 빈번하므로 화재예방 시각에서 점검 – 화기 취급에 대한 소화장비 및 계획 – 비상통로 확보 및 비상문 잠금장치 상태 등

〈표 12-5〉는 사회복지시설 정기안전점검을 위한 안전점검표이다.

| 표 12-5 | 사회복지시설 안전점검표

시·군·구	시설 유형	시설명(운영법인)	시설담당자	연락처
운영주체	□ 지자체 및 공공기관 □ 민간(법인) □ 민간(개인)			
시설소재지			시설장	
점검유형	□ 시설 자체점검 □ 지자체 현장점검 □ 민관 합동점검		연락처	

분 야 별 안 전 점 검			
분야		점검항목	점검결과
안전관리 계획수립 안전관리자 교육 훈련		(1) 시설 안전관리계획서를 작성하여 매년 수정 보완하고 있는가?	결과, 사유, 조치사항
		(2) 안전관리책임관(시설장) 및 정·부 안전관리자가 지정되어 있는가?	
		(3) 시설 이용자와 종사자에게 안전 교육훈련을 실시하고 있는가? (생활시설 연2회, 이용시설 연1회 이상)	
		(4) 사회복지시설안전관리 매뉴얼을 비치하고, 활용하고 있는가?	
책임보험 가입여부		(1) 「사회복지사업법」 제34조의3에 따른 손해배상책임보험 또는 책임공제에 가입하였는가?	
		(2) 가입된 배상책임보험의 사망 시 1인당 보장한도액은 얼마인가?	
		(3) 가입된 배상책임보험의 사고 당 보장한도액은 얼마인가?	
소방안전관리	소화기	(1) 복도나 각 실마다 소화기가 비치되어 있는가?	
		(2) 소화기의 압력계 지침 위치가 녹색이며 내부 분말은 굳어 있지 않은가?	
	소화설비	(3) 소방 관련법에 따른 자동화재 탐지설비·자동화재 속보설비·간이스프링클러설비 등 강화된 소방시설이 설치되어 있고 정기점검을 받고 있는가?	
		(4) 옥내소화전함 내에 호스와 관창의 상태가 양호하며, 개폐밸브가 잘 열려 물이 방수되는가?	
		(5) 소화전 주변 장애물로 인해 사용상 불편함이 없으며, 설비 표지를 제대로 부착하고 있는가?	
		(6) 스프링클러 헤드가 미설치된 부분이 있거나 살수반경 내에 장애물은 없는가?	
		(7) 화재 시 사용할 수 있는 소방용수는 적정량을 확보하고 있는가?	
		(8) 소방차 진입로와 소화 작업공간이 확보되어 있는가?	
	자동화재 탐지설치	(9) 수신기의 모든 스위치가 정상위치에 있으며, 표시등이 항상 켜져 있는가?	

		(10) 자동화재속보설비는 수신기와 연동되어 소방서로 정상 연결되고 있는가?	
	피난 설비 등 적정 관리	(11) 복도나 실내에 피난계획에 따른 피난지도와 피난방법이 부착되어 있는가?	
		(12) 피난유도등은 항상 켜져 있으며, 식별에 방해가 되는 장애물은 없는가?	
		(13) 비상조명등이 지정위치에 설치되어 있으며, 정상 작동하고 있는가?	
		(14) 시설별 이용자특성에 맞는 피난기구가 설치되어 있는가?	
		(15) 설치된 피난기구는 견고하며 설치 위치 표시 및 사용방법 표시가 부착되어 있는가?	
		(16) 피난로가 확보되어 있으며, 비상구 폐쇄 및 장애물 적치 등으로 피난에 어려움이 없도록 지속적으로 관리하고 있는가?	
		(17) 방화문(방화셔터)가 설치되어 있으며, 정상적으로 작동되고 있는가?	
		(18) 제연설비가 규정에 맞게 설치되어 있는가?	
		(19) 배연설비가 규정에 맞게 설치되어 있는가?	
		(20) 방염대상물품을 방염성능기준 이상의 것으로 규정에 맞게 갖추고 있는가?	
	출입통제 구역관리	(21) 기계실 등 접근 제한 장소에 출입통제 조치가 되어 있는가?	
전기안전관리		(1) 분전반의 배선용차단기 및 누전차단기가 적절하게 설치되어 있고, 정상적으로 작동하는가?	
		(2) 규격에 맞는 전선과 콘센트를 사용하며, 노출된 전선에 피복이 벗겨진 부분은 없는가?	
		(3) 연 1회 이상 전기안전점검을 받고 있는가?	
가스안전관리		(1) 가스누출경보차단장치 및 가스누출 자동차단기가 설치되어 있는가?	
		(2) 가스배관에 손상이 없으며, 비눗물 등을 활용하여 가스누출여부를 정기적으로 확인하고 있는가?	
		(3) 보일러와 배기통이 정상적으로 연결되어 있으며, 급기구와 환기구는 막힌 곳이 없는가?	
		(4) LPG 저장용기 주변에 가연물이나 화기가 없으며, 보관상태가 적절한가?	
		(5) 연탄 · 도시가스 · LPG 등 각종 가스사고 예방을 위해 정기 · 수시 점검을 받고 있는가?	
시설물 안전관리		(1) 건축물 지반침하, 구조체(벽, 지붕, 옥상 등)에 변형 및 누수의 흔적이 있는가?	

		(2) 철근의 노출 · 부식, 콘크리트의 벗겨짐 또는 떨어짐, 창호 개폐 불량 등 건축물에 이상 현상이 발생한 부분은 없는가?	
		(3) 지붕 · 옥상배수관 · 홈통 또는 주변의 하수구, 배수구에 막힘 부분은 없는가?	
		(4) 시설 주변의 담장이나 옹벽에 손상된 부분이 있는가?	
급식위생안전고나리	조리원 위생상태	(1) 식품 제조 · 가공 · 조리 시, 위생모 · 위생복 · 등을 착용하며, 청결하게 유지하고 있는가?	
	식재료 가공 시설관리	(2) 부패 · 유통기한이 경과한 식재료를 사용하지 않는가?	
		(3) 식품이나 재료의 저장조건과 포장 · 용기 등의 관리상태가 적정한가?	
		(4) 벌레 · 쥐 · 이물질 등의 혼입방지를 위해 노력하고 있는가?	
		(5) 칼 · 도마 · 행주 · 조리기구 및 조리용 설비 등을 정기적으로 세척 · 소독하여 사용하는가?	
		(6) 조리장 내 수세시설 및 소독시설이 구비되어 청결상태를 유지하고 있는가?	
	식수폐기물관리	(7) 먹는 물은 정기적으로 수질검사를 하고 있으며 쓰레기장의 청결관리가 이루어지고 있는가?	
감염병 관리 대책		(1) 감염병 유행 대비 사회복지시설 대응지침을 마련(현행화) 운영하고 있는가?	
		(2) 감염병 관련 비상연락체계(격리시설/관할보건소/시군구 및 시도)를 구축하여 현행화되고 있는가?	
		(3) 의심증상 확인, 출입통제 등 시설별 감염관리 책임자 (방역관리자)가 지정되어 있는가?	
		(4) 종사자, 이용자, 입소자 등 예방수칙 및 감염 대응지침 등 교육 및 전파를 실시하고 있는가?	
		(5) 손소독제, 마스크, 체온계 등 방역물품을 확보 및 보유하고 있는가?	
		(6) 시설 내 주요 공간 주기적 청소, 소독, 환기 등 위생관리를 철저히 하고 있는가?	
		(7) 시설 내 감염병 증상자(의심환자) 발견 시 격리(대기)할 수 있는 격리시설(공간)을 확보하고 있는가? * (이용시설) 대기공간 / (생활시설) 격리공간	

종합의견 및 건의사항		기능보강 및 소요예산	

상기와 같이 해당 ○○○○시설을 조사함

조사자: 소속 　　　　성명 　　　　서명

3) 안전관리 인력 확보

(1) 소방안전책임관 지정

사회복지시설은 시설장을 '안전관리책임관'으로 지정하여 시설장 책임하에 안전관리 및 점검을 철저히 실시하여야 한다. 안전관리 책임관은 안전업무실무자를 관리하고, 안전관리 전반을 지휘 · 감독 · 지원하도록 하고, 시설별 안전계획서 작성을 통해 직원별 업무를 명확히 하여 안전사고를 예방하고 사고발생 시 신속히 대응하도록 교육 · 훈련을 반복해야 한다.

(2) 소방안전관리자 선임

스프링클러설비, 간이스프링클러설비, 물분무 등 소화설비 또는 옥내소화전설비, 자동화재탐지설비를 설치해야 하는 사회복지시설(노유자 생활시설 및 연면적 400m^2 이상 노유자시설)은 소방시설법 시행령 제23조 따른 '소방안전관리자'를 선임하여야 한다.

소방안전관리자는 소방시설법 제20조 제6항에 따라 소방계획서의 작성 및 시행, 자위소방대 및 초기대응체계의 구성 · 운영 · 교육, 피난시설, 방화구획 및 방화시설의 유지 · 관리, 소방훈련 및 교육, 소방시설 및 소방관련 시설의 유지 · 관리, 화기(火氣) 취급의 감독 및 그 밖에 소방안전관리에 필요한 업무를 수행한다.

4) 안전관리 교육 · 훈련

소방안전관리자를 선임하여야 하는 사회복지시설에서는 소방시설법 제22조 제3항의 규정에 의하여 그 장소에 상시 근무하거나 거주하는 사람에게 소화 · 통보 · 피난 등의 훈련과 소방안전관리에 필요한 교육을 연 1회 이상 정기적으로 실시하여야 한다. 이 경우 피난훈련은 그 소방대상물에 출입하는 사람을 안전한 장소로 대피시키고 유도하는 비상대피훈련을 포함하여야 하며, 응급처치교육, 식중독예방교육, 전염병예방교육, 폭력예방교육 등을 실시한다(표 12-6). 교육 · 훈련은 계획단계부터 교육의 평가 및 환류 과정을 통해 시설 내 각종 시고를 사전에 예방하고 유사 시 신속한 대응을 통하여 인명 및 재산적 피해를 예방하는 데 그 목적이 있다.

‖ 표 12-6 ‖ **사회복지시설 안전교육·훈련의 종류**

구분	내용
모의훈련	화재 및 지진 시 행동요령, 자위소방조직의 조직편성표상의 임무, 화재 진압 교육, 실제상황 대처기술, 화재 예방 교육 등
산업안전보건교육	근로자가 작업장의 유해 위험작업 수행과정에서 발생할 수 있는 산업재해를 예방하기 위한 교육
응급처치교육	응급처치 시 절차 및 대처요령, 행동요령 등
식중독예방교육	설사·복통·식중독 발생 시 응급조치방법, 상한 음식을 먹고 탈이 났을 경우 대처방법 등
전염병예방교육	법정전염병, 전염성질병에 대해 교육하고 예방을 최우선 과제로 교육 실시
폭력예방교육	상담 및 프로그램 진행 시 폭력·공격성 기타 불안전한 행동으로 발생되는 안전규칙, 대처방법, 사전예방에 대해 교육 실시

소방안전관리자는 교육·훈련 계획을 수립하여 시설의 연간 사업 운영계획서에 포함하여야 한다. 교육·훈련 계획의 수립에는 교육·훈련의 종류, 대상, 목표에 따라 교육 내용, 시기, 강사, 교육 장소 및 시간을 효율적으로 운영할 수 있도록 고려하여야 한다. 필요한 경우에는 소방서 등 관련 기관의 협조를 얻어 교육 강사 파견 및 교육 기자재 대여 등의 지원을 받을 수 있으며, 이용자나 입소자를 대상으로 하는 교육의 경우 안전에 더욱 유의해야 할 것이다. 〈표 12-7〉은 안전교육·훈련 계획안의 예시이다.

| 표 12-7 | 안전교육·훈련 계획안 예시

<table>
<tr><th colspan="3">20○○년 제 1차 안전교육·훈련 계획안</th></tr>
<tr><td>일시</td><td colspan="2">20○○년 ○○월 ○○일</td></tr>
<tr><td>장소</td><td colspan="2">3층 강당, 2층 주간보호센터</td></tr>
<tr><td rowspan="7">교육 개요</td><td>교육 주제</td><td>수동식 소화기 사용법</td></tr>
<tr><td>교육 대상</td><td>종사자(□경력직원 □신입직원) □자원봉사자
□이용, 생활인 □기타 ( )</td></tr>
<tr><td>교육 목표</td><td>▪화재 종류에 따른 적응성 있는 소화기의 숙지
▪소화기 사용요령 및 관리요령의 숙지</td></tr>
<tr><td>준비 사항</td><td>▪분말소화기 3개, 이산화탄소 소화기 2개, 영상자료</td></tr>
<tr><td>교육강사</td><td>○○소방서 소방관 ○○○</td></tr>
<tr><td>소방안전관리자</td><td>안전관리팀 팀장 ○○○</td></tr>
<tr><td>교육, 훈련 구분</td><td>□자체 훈련 □합동 훈련</td></tr>
<tr><td rowspan="3">교육 진행 내용</td><td>이론교육</td><td>▪교육훈련 진행과정 및 개요 설명
▪화재 시 초기 소화활동 및 소화기의 중요성 설명
▪교육 동영상 상영
▪소화기의 적응성 및 사용법에 대한 이론 교육</td></tr>
<tr><td>체험, 실습 교육</td><td>▪화재 유형별(일반, 유류) 소화기 특성 체험
▪소화기의 사용요령 현장 체험
▪소화기의 관리 및 점검 요령 체험
▪소화기 사용 시 유의사항 체험</td></tr>
<tr><td>교육 평가</td><td>▪훈련 후 질의응답을 통한 교육훈련 숙지 상태 파악
▪훈련 후 강평 및 차후 훈련 사항 전달</td></tr>
<tr><td>기타사항</td><td colspan="2">▪모의 화재 체험 시 안전조치 강구(소화기, 안전요원 배치)
▪생활인 보호를 위한 교육인원의 교대조 편성</td></tr>
<tr><td>첨부</td><td colspan="2">교육자료</td></tr>
</table>

5) 사회복지시설 종사자 안전보건 증진

「산업안전보건법」에 의거 사업주(시설장)은 종사자로 하여금 시설이나 설비·물질, 작업환경 등으로부터 안전하게 보호할 의무가 주어진다. 이를 위한 최소한 기본 안전점검표를 토대로 주기적인 점검을 실시하고, 지체 없이 문제점을 개선하여 안전한 상태로 유지 · 관리하여야 한다. 종사자의 안전을 위해 넘어짐, 추락, 화재 · 피난, 기타 및 관리사항으로 구분하여 안전점검표를 작성하여 정기적으로 점검하고, 점검 결과 이상이 있을 항목에 대해서는 대안을 마련하도록 한다.

| 표 12-8 | 종사자 안전을 위한 기본 안전점검표

발생 유형	점검항목	점검결과
넘어짐	▪문 · 문턱 등의 구조 · 상태(걸려 넘어질 위험 제거)	
	▪바닥의 미끄러움 방지조치(기름기 · 물기 등 제거)	
	▪계단에 미끄럼 방지 테이프 시공 등 안전한 상태 유지	
	▪신발이 미끄럽지 않으며, 올바른 착용 여부	
	▪계단에서 뛰지 않고 천천히 보행하는지의 여부	
추락	▪계단이나 높은 장소에 안전난간 설치 · 상태	
	▪이동식 사다리작업 시 넘어짐 방지 위해 붙잡아 주기	
	▪높은 곳에서 무리하게 뛰어내리지 않기	
	▪형광등 등 조명램프 교체 시 고정 작업대 사용	
화재, 피난	▪개인 · 투척용 소화기 등의 위치 및 관리 상태	
	▪피난 유도등 램프의 정상 점등 여부	
	▪비상계단, 완강기 등 탈출 시설 · 설비의 상태	
	▪조작반, 경보시설 등이 항시 사용 가능한지의 여부	
기타	▪누전차단기 설치, 월 1회 이상 이상유무 점검 상태	
	▪전선의 피복, 손상, 콘센트 파손 여부	
	▪가스감지기 · 경보기 설치, 주기적인 가스누출 점검	
	▪모터 · 주방기기의 v-벨트 덮개 설치 상태	
	▪중량물 취급 · 반복적 작업에 대한 유해요인 조사, 작업시설 개선 여부 등	
관리사항	▪안전점검, 매월 4일 합동안전점검 실시	
	▪주기적인 안전교육 실시 및 교육일지 작성	
	▪매년 전 종사자 건강진단 수검 및 사후관리 실시	
	▪보호구 지급(허리 · 손목 보호대 · 안전화 · 안전모 등)	

* 점검결과: 양호 ○, 보통 △, 불량 ×

6) 사고발생대비 응급조치 및 사후수습 체계

(1) 시설별 응급조치반 편성

사회복지시설에서는 사고발생 시 체계적이고 신속한 대처를 위해 시설별 응급조치반을 편성 · 운영하도록 한다.

그림 12-2 응급조치반 편성예시

| 표 12-9 | 응급조치반별 역할

구분	반별	역할
본부 (통보연락반)	지휘반	현장업무 총괄
	훈련반	연간 및 월간 소방훈련계획 수립 및 실시
	경보반	119 신고 및 시설 내 전파, 관계기관에 통보
소방 (초기소화반)	소화반	자체 소방시설을 활용한 소화활동
	급수반	소방용수의 보존과 급수활동
방호복구 (소방대유도반)	대피 및 반출반	인명검색 구조, 대피유도 및 중요물품 반출 이동
	경계반	비화경계, 반출물건의 경비, 출입인원의 통제, 관설소방대 유도
	방호조치 및 복구반	방화문 폐쇄, 기타 문의 개방, 가스 위험물 등 소방활동상의 장애물 제거와 복구

의료구호	의료반	질식 · 중경상자의 응급처치
	방독반	민방위 업무수행
	후송반	사망자 안치 및 질식 등, 경상자 지정 병원으로 긴급 후송 · 치료조치

(2) 사고발생 시 처리절차

사회복지시설에서는 사고발생 시 긴급대피, 구조 · 구난활동 및 복구의 신속을 기하기 위하여 처리절차를 명시하고 발생한 사고의 유형에 따라 앞서 제시한 응급조치반의 담당별 역할을 수행할 수 있도록 전 종사자가 관련 내용을 숙지할 수 있도록 수시로 점검, 교육, 훈련을 실시한다(표 12-10).

| 표 12-10 | 사고발생 시 처리절차

구분	처리절차
사고발생	• 사고 발생 시 편성된 응급조치반 및 방재장비 동원하여 수용자 긴급대피, 구조 · 구난 및 신속복구 실시 • 인명구조를 최우선으로 하되 자력피난이 곤란하거나 불능인 자 우선 대비
경보전파	• 사고발생 사실을 비상연락체계를 통해 긴급 유선 연락 • 소방서 · 경찰서 · 군 · 기타 협조기관에 즉시 응급지원 요청
재난상황 파악	• 119구조대 등 협조기관이 도착하기 이전에 인명에 관한 정보, 화점, 연소범위, 붕괴상황, 건물 내외구조, 기타 제반 피해상황 파악 • 119 구조대 등 협조기관 도착 시 즉시 통보
응급복구	• 협조기관과의 협력하에 화재진압, 구조 · 구난 및 신속복구를 실시하고 피해확대 방지 • 응급복구는 생활과 직결되는 상 · 하수도, 전기시설, 교통 · 통신시설의 복구를 우선하여 실시
사고 수습 후	• 재난복구 및 사후수습에 필요한 각종 재원의 조속한 지원 • 시 · 군 · 구, 시 · 도, 보건복지부와 긴밀한 협조체계를 유지하여 적기에 지원받을 수 있도록 노력

출처: 이경진 (2022). 사회복지와 안전. p.127.

7) 사회복지시설 재난별 안전관리

보건복지부에서는 사회복지시설 전 종사자로 하여금 화재, 전기, 가스, 위생, 시설물, 자연재난 등에 대하여 예방 · 대비 · 대응 · 복구활동 방법에 대한 사항을 숙지하여 각종 사고로 인한 피해를 최소화 할 수 있도록 '사회복지시설 안전관리 매뉴얼'을 제작 배포하였다. 다음의 내용은 '사회복지시설 안전관리 매뉴얼'의 내용을 정리한 것이다.

(1) 화재안전관리

화재는 인간이 원하지 않는 연소현상으로 발생하여 인명피해나 재산피해를 동반하는 것으로 가연물, 점화원, 산소의 3요소가 주어진 공간에서 쉽게 발생하며 소화활동이 필요하다.

화재 발생 원인으로는 일반화재(담뱃불, 실화, 불장난, 산불화재, 자연발화 등), 유류화재, 전기화재, 가스화재 등이 있다. 화재는 연간 발생하는 재난 중 피해가 가장 큰 사회적 재난으로 시간과 장소를 가리지 않고 수시로 발생하며 가연물이 연소될 때 생성되는 유독가스가 빠른 속도로 확산되기 때문에 짧은 시간에 많은 인명피해를 동반한다. 하지만 철저한 사전예방과 대응활동이 있다면 화재로부터의 피해를 최소화할 수 있다.

표 12-11 사회복지시설 화재안전관리

구분	활동내용
예방활동	• 불에 타는 물건과 점화원(성냥, 촛불)은 항상 분리보관 • 전기나 가스 사용 후 뒤처리 철저 • 화재 시 활동해야 할 내용의 수시 교육 · 훈련 • 자체 소방대조직을 통한 교육과 실전훈련 실시 • 소화기 · 소화전 · 경보벨 · 피난기구 수시 점검 • 피난용 안내도 및 계획서 작성 및 교육

대응활동	• 최초 화재 발생자는 큰소리로 "불이야"를 외쳐 알림 • 가까이 있는 소화기나 소화전을 이용하여 화재 진압 • 불이 켜져 번지기 시작하면 실내에 있는 사람 피난 유도 • 엘리베이터 사용은 금지하고 가능한 아래층으로 피난 • 혼자 피난 가능한 자는 동료를 부축하여 피난토록 교육 • 관리자는 각 실의 방문을 열고 내부에 있는 이용자 확인
복구활동	• 안전대피소에 도착 후 관리자는 이용자 인원 파악 후 보고 • 화재가 완전히 끝나도 곧바로 실내로 진입하지 말 것 • 화재 후 전기나 가스는 전문가 확인 후 공급 • 화상환자는 함부로 만지거나 물집을 건드리지 말 것

(2) 전기안전관리

전기(電氣)안전관리는 이용자와 종사자가 감전 · 합선 · 누전 등과 같은 전기재난을 사전에 예방하기 위한 대비책을 마련하고, 재난 발생 시 적절한 대응활동을 통하여 피해를 최소화하는 안전수칙을 규정하여 시설 이용자들의 안전한 생활환경을 조성하는데 목적이 있다.

전기는 위험 감지가 어렵고 발생 시 사망률이 다른 재해에 비해 높으며 전도나 추락 등의 2차적인 재해를 동반하는 경우가 많다. 또한 전기에 대한 사용자의 지식이 낮아 재난발생 시 대처능력이 떨어진다는 특징을 가진다.

전기사고 유형은 크게 누전, 합선, 감전으로 구분할 수 있다.

누전은 전류가 흘러야 할 정상적인 도선으로 흐르지 않고 전선 피복이 손상되어 전기가 새고 있거나 손상된 피복으로 다른 전기기계, 전기기구, 금속재료 등으로 흘러가는 현상을 말한다. 합선은 과전류로 인한 열의 발생으로 진선 피복이 녹아 양극과 음극으로 된 두 전선이 맞닿은 상태로, 이때 스파크와 불꽃이 동시에 일어나 고열이 발생하는 재난을 의미한다. 마지막으로 감전은 전기가 누전되어 흐를 때 사람이나 동물이 전기에 접촉되어 전류가 인체에 통하게 되어 전기를 느끼는 현상으로 〈표 12-12〉와 같은 예방, 대응, 복구활동을 통해 전기재난으로부터의 피해를 최소화해야 한다.

▌표 12-12▐ 사회복지시설 전기안전관리

구분	활동내용
예방활동	• 노후 전선은 확인 후 즉시 교체 • 하나의 콘센트에 여러 개 코드 동시 사용 금지 • 콘센트 구멍을 뚜껑으로 막을 수 있는 구조로 변경 • 전기를 사용하는 난방기구 사용 통제 • 누전차단기의 도입과 정기적인 청소 실시 • 선풍기나 TV에 묻어 있는 오래된 먼지 제거
대응활동	• 태풍이나 홍수로 침수된 지역에서는 누전차단기 점검 필수 • 지진 · 화재와 같은 재난 시 전원스위치 차단 • 정전이 발생한 경우는 인접지역 동시 정전 여부 확인 • 자기 시설만 정전인 경우는 누전차단기 점검 필요
복구활동	• 가스 누설 여부를 확인한 후 전기 스위치 작동 • 침수된 가전제품은 수리 후 사용 • 전기제품 · 전기설비는 이상 유무를 전문가 의뢰 후 사용 • 물 묻은 손으로 전기를 만지지 말 것

(3) 가스안전관리

가스는 지각변동으로 인해 땅속에 유기물이 묻혀 오랜 시간 동안 압력과 열 · 화학작용 등을 통해 생성된 에너지로 사회복지시설에서는 연료용으로 주로 사용되고 있다. 가스재난의 경우 폭발 및 질식이나 중독위험이 있고, 불씨가 주어지면 쉽게 점화하여 폭발성 화재로 변해 매우 위험하다. 시설 내 · 외에 가스 유출로 인해 발생되는 화재를 예방하고 가스 누출에 따른 재난발생 시 적절한 대응활동을 통하여 시설의 피해를 최소화하고 시설 이용자들을 안전하게 보호하기 위하여 〈표 12-13〉의 가스안전관리 활동내용을 숙지하도록 한다.

┃ 표 12-13 ┃ 사회복지시설 가스안전관리

구분	활동내용
예방활동	• 가스에 대한 위험성을 수시로 교육 필요 • 정기적으로 가스의 누설 여부 점검 • 가스 보일러실 주변에 불에 잘 타는 물건 적치 금지 • 가스배관 주변의 누설 여부 수시 점검 • 가스저장탱크는 흔들리지 않도록 단단히 고정
대응활동	• 가스 중간밸브를 모두 차단하고 전기스위치를 만지지 않음 • 창문을 열고 수건이나 부채와 같은 도구로 가스를 배출시킴 • 선풍기를 이용한 환기는 절대 금물 • 가스 흡입으로 정신없는 자는 신선한 공기가 있는 곳으로 이동 • 소방서나 도시가스 취급소로 즉시 신고
복구활동	• 가스가 누출되었던 실은 완전 환기 후 입실토록 조치 • 홍수나 태풍으로 침수된 지역에서는 전문가 확인 후 사용

(4) 위생관리

위생은 건강의 보전 · 증진을 도모하고 질병의 예방 · 치유에 힘쓰는 일을 의미한다. 위생안전은 시설의 위생상태를 청결하게 유지하여 이용자 및 종사자들의 건강과 생명에 중대한 영향을 미칠 수 있는 비위생적인 환경을 제거하여 각종 질환을 예방하는 역할을 담당한다. 위생의 유형은 환기, 채광 및 조명, 실내온도와 습도, 소음, 공기질, 폐기물, 급식위생, 기타 환경 위생 등으로 분류한다.

┃ 표 12-14 ┃ 사회복지시설 위생관리

구분	활동내용
예방활동	• 시설 이용자의 규칙적인 손 씻기 습관 들이기 • 식중독이나 전염병 예방을 위한 청결한 실내외 환경 유지 • 정기적인 방역활동을 통한 청결상태 유지 • 시설관리자의 위생관리 중요성에 대한 정기교육 실시 • 위생에 대한 위기관리 및 정보공유 대응체계 구축
대응활동	• 관련 기관에 정확한 상황보고(시 · 군 · 구청, 소방서, 보건복지부 등) • 행정기관에 긴급 협조체계 가동토록 조치 의뢰 • 긴급한 방역과 전염예방을 위한 통제조치 시행 • 시설 이용자나 관리자의 일시적 격리조치를 통한 전염예방

복구활동	• 시설 이용자를 위한 긴급 구호활동을 관계기관에 요청 • 지원계획이나 복구에 대한 관계기관의 지원계획 확인 • 지속적인 격리조치 필요성과 격리수용 여부 결정 조치 • 예방백신이나 예방관련 약품 확보 요청

(5) 시설물 안전관리

시설물 재난의 경우 시설물 노후화에 의한 붕괴위험, 천재지변에 의한 시설물 유실 및 붕괴위험, 인재의 의한 시설물 재난 손실 위험 등의 특징을 가진다. 적절한 유지관리를 통하여 사회복지시설의 안전을 확보하고 효용성을 증진시킴으로써 사회복지시설 이용자나 관리자들의 안전한 생활환경을 조성하기 위하여 다음의 사회복지시설 건축물과 주변 토지에 대한 안전관리를 실시하도록 한다.

표 12-15 사회복지시설 시설물관리

구분	활동내용
예방활동	• 건축물의 실내와 외벽을 안전 점검하여 이상 발견 시 보수 • 시설 주변의 산이나 하수구 등을 점검하여 위험성 보수 • 태풍이나 홍수 예보 시 배수로 막힘 여부 확인 • 재난발생 대응을 위한 현장중심교육 실시 • 대형사고 시나리오 작성에 의한 훈련 실시 • 유관기관의 협조체제 구축에 의한 훈련 실시
대응활동	• 재난 발생 시 인명구조와 구호활동 우선 실시 • 재난 위험성 발견 즉시 이용자를 안전장소로 대피 • 재난 진행상황을 수시로 기관에 보고하여 합동 대응책 마련 • 관리자가 무리한 구조나 구호활동을 삼가하도록 지시 • 시설물 붕괴로 다친 환자는 함부로 던지지 말 것
복구활동	• 시설물 붕괴는 가스누설과 전기누설을 동반하므로 주의 • 이용자 · 관리자는 건물 정밀검사가 끝나기 전까지 입실금지 • 산사태나 축대의 붕괴 등은 매몰 위험성이 있으므로 주의 • 복구계획은 유관기관과 협의하여 지원여부 결정 후 수립

(6) 자연재난 안전관리

① 태풍 · 호우재난 안전관리

태풍이 발생하면 풍랑, 해일, 호우, 강풍, 산사태 등으로 시설물 및 시설 이용자들에게 인적 · 물적 피해가 돌아간다. 집중호우는 지형적인 특성과 강우전선의 불안전성 등으로 짧은 시간에 많은 양의 비가 좁은 지역에 내려 국지성 집중호우로 피해를 가져온다. 여러 지역에서 동시다발적으로 내리는 게릴라성 집중호우는 산사태를 일으켜 시설물 붕괴 · 매몰 위험 또는 진입로, 부속건물 침수피해 등이 발생시킨다.

따라서 태풍, 호우, 지진 등 자연재해 경감을 위한 예방 및 대응태세를 사전에 구축하고 재난발생 시 초기 응급대책 및 긴급 지원체계의 신속한 가동을 통하여 피해를 최소화할 수 있도록 한다.

| 표 12-16 | 사회복지시설 태풍 · 호우재난 안전관리

구분	활동내용
예방활동	• 언론을 통해 태풍 · 호우에 대한 정보수집과 전파활동 지속 • 시설 내외의 하수구, 산사태, 배수구 등 점검 실시 • 응급약품, 손전등, 식수, 비상식량 등 준비 • 바람에 날아갈 위험이 있는 지붕, 창문, 출입문 등 정비 • 낡은 창문은 바람에 견디도록 테이프를 바르고 단단히 고정
대응활동	• 대피 시 수도, 가스, 전기 차단 • 집안의 창문이나 출입문 잠가둠 • 집 안팎의 전기수리를 하지 않음 • 비상식수가 떨어졌어도 아무 물이나 먹지 않음 • 시설 등에 대한 보수 · 복구 시에는 반드시 사진 촬영

② 지진 · 해일재난 안전관리

지구 내부의 활동과 판구조 운동으로 인해 지구 내부, 특히 지각에서 장시간 축적된 에너지가 순간적으로 방출되면서 그 에너지의 일부가 지진파의 형태로 사방으로 전파되어 지표면의 지반이 흔들리는 자연현상을 지진이라 한다. 그리고 바다 밑에서 대규모 지진이 발생하여 지반이 하강 또는 상승됨으로써 발생되는 긴 주기를 갖는 해양파를 해일재난이라 한다.

지진이나 지진해일에 의해 대규모 사회복지시설 내 이용자나 관리자 등의 인명과 재산피해가 발생할 수 있는 비상상황에서의 활동요령과 방향을 이해하고 대응활동에 적용하도록 한다.

표 12-17 사회복지시설 지진·해일재난 안전관리

구분	활동내용
대응활동	• 지진은 낙하물에 의한 피해가 발생하므로 머리 조심 • 실내에서는 견고한 탁자나 화장실로 대피 • 진동이 진행 중이면 질서를 유지하면서 위치한 장소에 대기 • 출입문을 사전에 열어두어 피난할 수 있도록 준비 • 도시지역에서는 내진설계된 대형건물이 안전 • 내진설계 없는 건물은 1층보다 2~3층이 더 안전함
복구활동	• 여진이 반드시 일어나므로 계속 주의 요함 • 부상자 구조 후 환자를 함부로 건드리지 말기 • 의식을 잃은 환자에게 물을 주어서는 안 됨 • 전기나 가스관에 문제가 있으므로 불씨를 만들지 않기 • 소방관, 경찰관, 구조요원의 도움이 있기 전까지 피해지역 접근 금지

③ 황사·대설·한파재난 안전관리

황사는 바람에 의해 날려 올라간 미세한 모래먼지가 대기 중에 퍼져서 하늘을 덮었다가 서서히 떨어지는 현상 또는 그 모래흙을 의미하며, 호흡기질환, 안질환 등 그 피해가 날로 커지고 있다. 황사 발생에 따른 시설 이용자 피해 최소화와 황사 발생 시 신속한 피해상황 파악, 그에 따른 초동대응 조치로 발생 초기의 혼란방지, 2차 피해 최소화 및 조기 복구를 유도하도록 한다.

표 12-18 사회복지시설 황사·대설·한파재난 안전관리

구분	활동내용
대응활동	• TV나 라디오의 일기예보 청취 • 야외활동 자제시키기 및 재난대비 교육실시 • 방향감각 상실 등을 느낄 경우 저체온증을 의심하고 병원 가기 • 외출 시에는 보호안경, 마스크, 긴소매 의복을 착용 • 황사에 노출된 채소, 과일, 생선 등은 충분히 세척 후 요리 • 대설 시 자가용보다 지하철, 버스 등 대중교통 이용
복구활동	• 실내공기를 충분히 환기시킴 • 황사에 노출되어 오염된 물품은 충분히 세척 후 사용 • 감염병에 대한 예방접종과 식당 등에 소독 실시 • 대설 방생 시 노약자 및 어린이는 집 밖으로 나가지 말기 • 설해 대비용 안전 장구(체인, 모래주머니, 삽 등) 준비

Chapter 13

사회복지시설 평가와 조직혁신

Social Welfare Administration

13

Chapter

사회복지시설 평가와 조직혁신

01 | 사회복지시설 평가의 이해

1) 사회복지시설 평가의 목적

1998년, 사회복지사업법이 개정되면서 사회복지시설 평가는 의무화되었고 보건복지부 장관 및 시·도지사가 3년마다 1회 이상 사회복지시설에 대한 평가하도록 하고 있다. 사회복지시설 평가의 목적은 다음과 같다.[1)]

- 사회복지시설에 대한 평가를 통하여 사회복지시설의 운영 효율화 및 서비스의 질을 높임으로써 사회복지시설 이용자·생활자에 대한 사회복지서비스의 질 향상 도모
- 합리적 평가지표와 평가체계의 개발을 통한 사회복지시설에 대한 객관적인 평가틀 마련
- 전국적으로 사회복지시설 평가를 통하여 사회복지시설 운영 수준에 대한 지역별·시설 종별 차이를 파악하고, 이의 개선을 위한 사회복지시설운영 수준의 균형화 대책 마련을 위한 기초 자료 확보

1) 한국사회보장정보원 사회복지시설평가 홈페이지 자료 인용

• 사회복지 수요 증대에 따른 사회복지시설 운영 상태에 대한 정보 제공으로 사회복지시설에 대한 국민의 선택권 확대 및 보장
• 국민에게 직접 복지서비스를 제공하는 사회복지시설의 기능 강화를 통해 사회안전망을 강화하고 시설운영의 선진화를 통하여 국민의 복지 수준 향상에 기여

2) 법적 근거

사회복지시설 평가는 사회복지사업법, 사회복지사업법 시행규칙, 사회서비스 지원 및 사회서비스원 설립 · 운영에 관한 법률에 근거해서 시행된다.

■ **사회복지사업법 제43조의 2(시설의 평가)**

① 보건복지부장관과 시 · 도지사는 보건복지부령으로 정하는 바에 따라 시설을 정기적으로 평가하고, 그 결과를 공표하거나 시설의 감독 · 지원 등에 반영할 수 있으며 시설 거주자를 다른 시설로 보내는 등의 조치를 할 수 있다.

② 보건복지부장관이나 시 · 도지사는 제1항의 평가결과에 따라 시설 거주자를 다른 시설로 보내는 경우에는 제38조 제3항의 조치를 하여야 한다.

■ **사회복지사업법 시행규칙 제27조의2(시설의 평가)**

① 보건복지부장관 및 시 · 도지사는 법 제43조의2에 따라 3년마다 시설에 대한 평가를 실시하여야 한다.

② 제1항에 따른 시설의 평가 기준은 법 제43조 제1항에 따른 서비스 최저기준을 고려하여 보건복지부장관이 정한다.

③ 보건복지부장관과 시 · 도지사는 제1항에 따른 평가의 결과를 해당 기관의 홈페이지 등에 게시하여야 한다.

④ 제1항의 규정에 의한 평가의 방법 기타 평가에 관하여 필요한 사항은 보건복지부장관이 정한다.

■ **사회서비스 지원 및 사회서비스원 설립 · 운영에 관한 법률 제32조(중앙 사회서비스원의 업무)**

1. 사회서비스 품질향상을 위한 지원 · 관리 및 평가 등에 관한 사무
2. 제5조 제1항에 따른 기본계획의 수립 지원

3. 사회서비스 수급계획 및 사회서비스 관련 정책의 연구 · 조사 · 개발
4. 사회서비스 종사자 처우 개선 등을 위한 사업
5. 사회서비스 이용자의 권익 보호를 위한 사업
6. 시 · 도 서비스원 설립 및 운영에 필요한 상담 · 자문 및 지원
7. 중앙 사회서비스원 및 시 · 도 서비스원의 정책홍보, 시 · 도 서비스원 직원교육 제공 및 지원
8. 사회서비스와 관련하여 이 법 또는 다른 법률에서 위탁하는 사업
9. 그 밖에 보건복지부장관이 사회서비스의 공공성 제고를 위하여 필요하다고 인정하는 사업

3) 사회복지시설 평가의 원칙

사회복지시설 평가는 평가기준 및 지표 개발, 평가 시행, 평가결과 활용에 있어서 다음 여섯 가지의 평가원칙에 따라 시행되고 있다(사회복지교육연구센터. 2016).

- 운영개선 및 서비스 질 제고를 유도하는 수단으로 작용해야 한다.
- 평가 기준은 모든 사람이 이해하고 수용할 수 있도록 쉽게 구성되어야 하며, 평가 기준과 평가과정을 사전에 공개하여 평가지표에 대한 이해를 명료하게 인지시킴으로써 평가절차의 투명성을 확보해야 한다.
- 평가대상 기관이 평가과정에 참여하는 참여자로서 스스로 기관의 문제점을 객관적으로 인식하고 개선할 수 있도록 하여야 한다.
- 평가의 목적은 사회복지기관이 전체적으로 최저수준 이상을 견지할 수 있도록 유도하는 것을 기본 목표로 한다.
- 이용자 중심의 평가로서 이용자 만족도와 서비스 질을 고려하도록 한다.
- 사회복지기관과 지역사회의 원활한 상호관계를 유도하는 방향으로 평가내용을 구성한다.

4) 사회복지시설 평가 추진체계 및 절차

사회복지시설 평가를 위해 보건복지부에서 평가를 정책 수립 총괄하고 사회복지시설 평가위원회에서 지표 개발, 평가 운영 실무, 자문단의 기능을 수행한다. 한국사회보장정보원은 시설평가사업의 실질적인 운영관리 업무를 담당하고 있다. 사회복지시설의 평가 추진체계는 [그림 13-1]과 같다.

그림 13-1 사회복지시설 평가 추진체계 및 절차

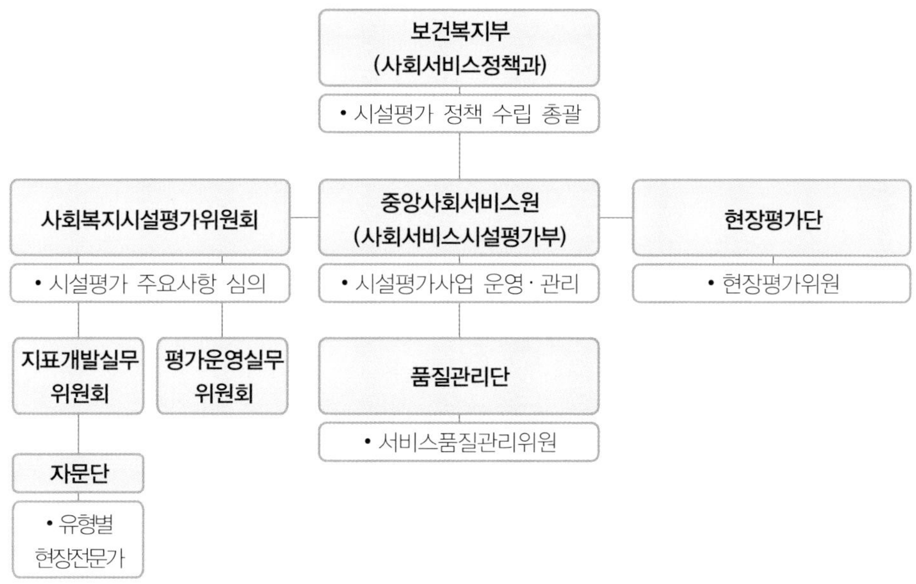

출처: 사회서비스원 사회복지시설 평가 홈페이지(www.w4c.go.kr)

사회복지시설 평가는 자체평가, 현장평가, 이의신청 확인 및 1차 결과분석, 확인평가 및 결과확정, 평가종료로 구성된다.

그림 13-2 **사회복지시설 평가절차**

절차	내용	역할
자체평가	• 사회복지시설정보시스템을 통한 해당 시설의 자체 평가서 입력(완료)	해당 시설
현장평가	• 현장평가 7일 전 일정 통보(현장평가위원 → 시설) • 해당 시설 방문하여 현장평가 실시	평가위원
이의신청 확인 및 1차 결과분석	• 현장평가 이의신청 접수(현장평가일 기준 7일 이내) 및 확인 • 평가팀별, 지역별 평가결과 편차 등 분석	중앙사회서비스원
확인평가 및 결과확정	• 확인평가 대상 선정 • 해당 시설 확인평가 실시	중앙사회서비스원
평가종료	• 확인평가 결과 취합 및 평가결과 확정 • 평가결과 보고서 작성	중앙사회서비스원

출처: 사회서비스원 사회복지시설 평가 홈페이지(www.w4c.go.kr)

5) 사회복지시설 평가지표

사회복지시설 평가지표는 시설 유형별로 다소 차이가 있으나 시설 및 환경, 재정 및 조직 운영, 프로그램 및 서비스, 이용자의 권리, 시설운영 전반 등으로 구성된다. 다음은 사회복지관 평가지표 구성 내용이다(중앙사회서비스원, 2022).

표 13-1 **사회복지시설 평가 공통지표 주요 내용**

평가영역	평가항목
A. 시설 및 환경	1. 시설 이용의 안전성 2. 시설 이용의 편리성 3. 시설 이용의 쾌적성
B. 재정 및 조직 운영	1. 후원금 2. 사업비 3. 직원충원율 4. 직원 근속률 5. 직원 교육활동비 및 내·외부 교육 참여시간

	6. 외부자원개발 7. 직원 채용의 공정성 8. 시설장 및 최고중간관리자의 전문성 9. 직원교육 10. 직원복지 11. 직원의 권리 및 안전보장 13. 사회복지관 직원의 급여(보수)수준 향상을 위한 노력
C. 프로그램 및 서비스	1. 사례관리 실행체계 2. 사례관리 인력의 전문성 3. 사례관리 수행의 전문성 4. 사례관리 협력 연계 5. 프로그램 기획의 전문성 6. 프로그램 수행과정 7. 프로그램 평가 8. 지역 조직화 실행체계 9. 지역 조직화 수행의 전문성 10. 지역사회 네트워크
D. 이용자의 권리	1. 비밀보장 2. 학대 예방 및 인권보장 3. 고충 처리 4. 이용자의 자기 결정권
E. 시설운영 전반	1. 시설운영의 전반적 수준(시설장 인터뷰) 2. 서비스 질적 수준(직원 인터뷰) 3. 자체평가의 정확성 4. 시설의 정보화 수준

6) 사회서비스 분야 평가 현황

사회서비스 분야에서는 사회복지시설 평가와 더불어 「사회서비스 및 이용권 관리에 관한 법률」에 근거한 사회서비스 품질평가, 「노인장기요양보험법」에 근거한 노인장기요양급여평가, 「영유아보육법」에 근거한 보육서비스 평가인증 등이 시행되고 있으며 자세한 사항은 〈표 13-2〉와 같다.

| 표 13-2 | 사회복지시설 평가 및 사회서비스 품질 관련 평가 기제 현황

평가영역	사회복지시설	사회서비스 바우처	노인장기요양급여	보육서비스
근거법령	사회복지사업법	사회서비스 및 이용권 관리에 관한 법률	노인장기요양보험법	영유아보육법
평가주관	사회보장정보원	사회보장정보원	국민건강보험공단	한국보육진흥원
성격	사회복지시설평가	사회서비스품질평가	장기요양급여평가	평가인증
시행연도	1999년	2010~11년(시범) 2012년	2009~2012년(임의) 2013년	2006년
평가주기	3년	3년	2년	-
평가방식	현장방문 평가 (3인 1조)	현장평가 (2인 1조)	수급자, 종사자 현장평가(3인 1조)	현장관찰 심의
평가인력	학계, 공무원, 현장전문가	학계, 공무원	학계, 공무원	현장관찰자

출처: 김제선(2021)을 수정함

02 | 사회복지조직 환경변화와 혁신

1) 사회복지조직의 환경

사회복지조직의 성공적인 변화와 혁신을 위해서는 조직을 둘러싼 환경을 이해하고 환경의 변화에 적응해나가는 것이 매우 필요하다. 사회복지조직의 환경은 내부환경과 외부환경, 일반환경과 과업환경으로 나누어 볼 수 있다.

(1) 내부환경

기관의 목적, 사명, 철학, 전략, 상호작용, 서비스, 기술자원, 재정자원 등

(2) 외부환경

- 정치적 경향: 규제, 법률, 정치적 풍토(분위기) 등
- 경제적 추세: 재정자원, 소비자, 공급자, 경쟁자 등
- 사회적 추세: 지역사회 인구통계, 지역사회의 문제와 욕구 등
- 기술적 추세: 새로운 기술, 새로운 실행모델 등

(3) 일반환경

정치적 환경, 경제적 환경, 사회적 환경, 법적 환경, 문화적 환경, 인구통계학적 환경, 제반 기술적 환경

(4) 과업환경

- 재정지원 제공자: 정부, 보건복지부, 공적/사적 사회단체, 외국 민간단체, 개인 등
- 합법성과 권위 제공자: 사회복지사업법, 보건복지부, 시 · 도청, 시 · 군 · 구청, 한국사회복지협의회, 한국사회복지사협회
- 클라이언트의 제공자: 서비스를 받는 개인, 가족, 클라이언트를 의뢰하는 타 조직, 집단 · 개인 등으로 학교, 경찰, 청소년단체, 교회, 사회복지관 등

2) 사회복지조직의 변화와 혁신

사회복지조직은 사회서비스 제공을 통한 사회적 가치 실현과 동시에 자원 및 이용자 확보, 자원의 효율적 사용을 통해 자립해 나가야 하는 상황에서 내 외부적으로 혁신이라는 도전에 직면하고 있다(Kanter & Summers, 1987).

최근 사회복지조직을 둘러싼 환경의 변화와 사회복지조직 내부에서 발생하고 있는 자성, 자원의 효과적 · 효율적 사용에 대한 책임성 검증의무, 외부 프로포절(proposal), 기부 · 후원금, 서비스 이용료 등을 통한 자원 확보와 다원화, 사회복지조직의 꾸준한 증가와 다양한 공급 주체의 진입으로 이용자 확보를 위해 동종 및 유사조직과 경쟁해야 하는 상황에 직면하였다. 이러한 환경적 변화와 더불어

사회복지서비스 제공자 내부에서 서비스 질 및 자원 운용의 효율성 향상을 위한 자생적 노력으로서 혁신 필요성이 제기되고 있다(최상미, 2014).

사전적 의미로 혁신(innovation)은 "묵은 풍속, 관습, 조직, 방법 따위를 완전히 바꾸어서 새롭게 함"으로, 변화(change)는 "사물의 성질, 모양, 상태 따위가 바뀌어 달라짐"으로 정의된다.

조직의 변화와 혁신은 같은 의미로 사용되기도 하지만 혁신은 변화의 하위개념으로(김제선, 2021) 또는 부분집합으로 파악된다.

(1) 사회복지조직의 변화

사회복지조직의 변화는 크게 목표변화, 절차상의 변화, 프로그램의 변화 등으로 분류할 수 있다.

| 표 13-3 | 사회복지조직의 변화와 형태

변화의 형태	목표의 변화	절차상의 변화		프로그램 변화
		내부적인 변화	외부관계 변화	
변화의 내용	• 목표의 명확화 • 목표 우선순위 변경 • 새로운 목표의 추가 • 근본적 이념의 변경	• 조직 내 권력 구조 변화 • 직원 역할 및 보상변화 • 의사소통 구조의 변화	• 조직 간 의사소통 경로 및 용이한 협력 절차 마련 • 협력 · 조정의 태도로 변화	• 서비스의 추가, 축소, 수정

(2) 사회복지조직의 혁신 활동의 유형

사회복지조직의 혁신 활동 유형은 페리(Perri 6, 1993)의 유형이 가장 대표적이다. 페리는 사회복지조직의 혁신을 제품 · 산물혁신(클라이언트 제공 서비스 · 프로그램 내용 관련 혁신), 공정 · 과정혁신(서비스 생산과정혁신), 행정 · 관리혁신(조직의 내 · 외적 변화유도혁신)으로 구분하여 살펴볼 수 있다. 첫 번째 유형은 제품 · 산물혁신으로 새로운 산물과 서비스의 개발을 의미한다. 이 혁신 유형은 새로운 산물이나 서비스가 개발을 의미하는 급진적 혁신, 기존의 산물이나 서비스가 새로운 형태로 변화하는 산물 차별화 혁신 및 기존의 산물이나 서비스를 다른 시장, 소비자 또는 이용자 집단에 제공하는 시장 차별화 혁신의 3가지 하위 유형으로 구분된다. 두 번째 유형은 공정 · 과정혁신인데, 주어진 기술조건에서 새로운 실천방법의 도입을 의미하는 실천혁신과 새로운 실천기술을 도입하는 기술혁신의 2가지 하위 유형으로 나뉜다. 세 번째 유형은 행정 · 관리혁신으로 조직혁신을 외부혁신과 내부혁신으로 구분하는데, 내부혁신은 새로운 조직구조의 생성이, 외부혁신은 외부기관과 새로운 연계 또는 협력 관계의 설정 등을 그 예로 제시하고 있다.

표 13-4 페리의 사회복지조직의 혁신 유형

조직혁신 유형	하부혁신 유형
제품 · 산물혁신 (Product Innovation) 서비스 및 프로그램 내용 관련 혁신	• 급진적 산물 혁신(Radical Product Innovation) 기존에 제공하지 않았던 새로운 서비스 · 프로그램의 개발 • 산물 차별화 혁신(Product Differentiation) - 기존에 제공되었던 서비스 · 프로그램의 변화 • 수요 차별화 혁신(Market Differentiation) - 기존 서비스 · 산물을 새로운 클라이언트 집단에 확장 제공
공정 · 과정혁신 (Process Innovation) 서비스 생산과정혁신	• 실행혁신(Practice Innovation) - 기존의 기술을 유지하면서 새로운 생산방법 도입 • 기술혁신(Technical Innovation) - 새로운 기술을 도입
행정 · 관리혁신 (Administrative Innovation) 조직의 내 · 외적 변화유도혁신	• 내부혁신(Internal Innovation) - 기관 내부구조의 새로운 변화를 위한 활동 • 외부혁신(External Innovation) - 타 기관들과 새로운 협력 관계를 구축하는 활동

출처: Perri 6 (1993).

정은하(2011)는 사회복지조직의 혁신을 서비스 혁신(신규 서비스 도입, 기존 서비스 변화, 새로운 대상 개발), 운영관리혁신(구조 · 절차 변화 및 업무 효율화, 마케팅 변화, 내부소통 및 외부관계의 변화), 인적자원혁신(채용 · 훈련 · 보상 · 평가 변화, 조직의 미션 · 비전 변화)으로 분류하기도 하였다.

그림 13-3 사회복지조직의 혁신 유형 분류

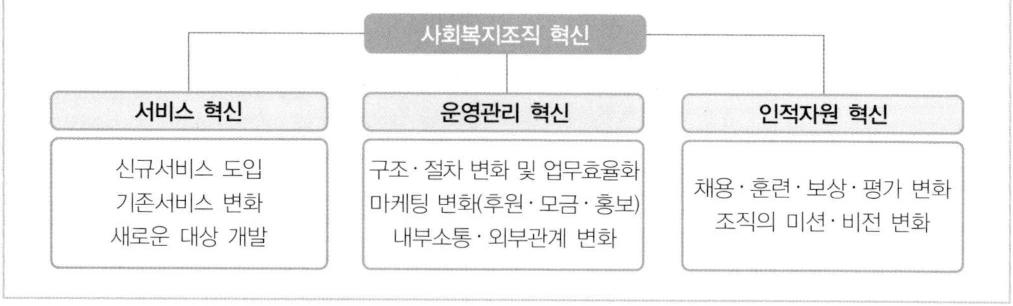

출처: 정은하 (2011).

(3) 사회복지조직 혁신의 단계

코터(John Kotter, 1996) 교수는 저서 『기업이 원하는 변화의 리더』에서 혁신을 성공으로 이끄는 8단계 과정을 소개하고 있다. 조직의 혁신관리는 첫 번째 위기의식을 높이는 것에서부터 시작된다. 변화를 막는 두려움이나 현재에 대한 안일한 만족을 감소시키기 위한 위기의식과 조직 구성원들의 협력이 필요한 단계이다. 두 번째 단계는 변화를 주도할 주도세력의 결집이 필요하다. 조직에서는 변화를 주도할 세력이 신뢰를 가지고 조직에 충성할 수 있도록 지원해야 한다. 세 번째 단계로 조직의 비전과 전략을 세워야 한다. 또한, 비전을 성취할 수 있는 전략을 개발하도록 한다. 네 번째 단계로 비전을 전파하기 위한 활발한 의사소통이 필요하다. 조직 구성원들의 참여를 유도하고 새로운 비전과 전략에 대해 논의할 수 있는 소통을 전개해야 한다. 다섯 번째, 변화의 조직적, 감정적 장애를 제거하고 위험을 감수하고, 창의적 문제해결을 위한 격려가 필요하다. 여섯 번째 단계는 단기성과를 축적하고 가시화하는 단계로 새로운 비전에 따른 단기적이고 작은 성과들을 계획하고 성과를 달성하였을 때는 인정, 승진, 금전적으로 적절하게 보상할 수 있도록 한다.

일곱 번째 단계는 변화의 가속화 단계로 지속적인 변화를 창조하도록 격려하고 향상된 변화 평가와 변화 과정 조정이 필요한 단계이다. 마지막 여덟 번째 단계에서는 성과를 공유하고 조직에 새로운 변화를 정착시키는 단계이다. 조직 변화에 적합한 새로운 행동이나 태도가 형성되면 조직의 성과는 높아진다는 점과 개인에게도 보상이 이루어진다는 것을 보여줌으로써 변화된 행동이나 태도를 강화하여 새로운 행동 양식을 제도화하고 정착함으로써 조직의 혁신을 달성하는 단계이다.

표 13-5 조직 혁신관리 8단계

단계	내용
① 위기의식 고취	• 시장과 경쟁상황 조사 • 위기와 기회 확인
② 주도세력 결집	• 변화 노력을 주도하기에 충분한 힘을 가진 집단 소집 • 집단이 팀으로 일할 수 있도록 장려
③ 비전과 전략 구축	• 변화 노력을 이끄는 데 유용한 비전 설정 • 비전을 성취할 수 있는 전략 개발
④ 비전 전파	• 새로운 비전과 전략에 대해 논의할 수 있는 가능한 모든 방법 동원
⑤ 장벽 제거, 권한 부여	• 변화의 장애물 제거 • 현재 장애가 되는 체계나 구조 변경
⑥ 단기성과 축적	• 눈에 두드러지는 업무 수행상의 개선점 계획 • 개선 달성 • 개선을 보인 직원에 대한 인정과 보상
⑦ 변화 가속화	• 비전을 추구하기 위한 정책, 구조, 체계를 변경하는 데 있어서의 신빙성 제고 • 비전을 실행할 수 있는 직원 고용 및 개발
⑧ 새로운 제도 정착	변화 결과를 확실하게 정착 새로운 행동과 조직의 성공과의 관계를 유기적으로 연결

급변하는 환경 속에서 사회복지조직의 혁신은 경쟁력 향상과 성공을 위한 필수적 운영철학이자 전략이 된다. 따라서 사회복지조직의 구성원들은 조직혁신 활동 수행에 대한 필요성을 인식하고 서비스와 프로그램의 다양화를 위한 다각적인 노력을 기울여야 할 것이다. 또한, 사회복지조직의 변화와 혁신에 영향을 미치는 중요 요인으로서의 리더십에 대한 성찰이 필요하다.

사회복지조직을 둘러싼 환경은 급격히 변화하고 있다. 공공복지뿐만 아니라 민간 복지 전달체계의 변화는 물론이고, 4차 산업혁명의 도래, 코로나-19 등과 같은 위험은 사회복지 현장에서 활동하고 있는 다양한 주체들의 역할과 기능에 대하여 새롭게 성찰하고, 그에 따른 조직 운영 및 활동 방식에서의 혁신이 필요하다는 인식이 확대되고 있다.

이러한 인식의 변화를 바탕으로 사회복지조직의 경영과 프로그램 운영에서도 많은 변화가 진행되고 있다. 4차 산업혁명은 사물인터넷과 인공지능기술로 컴퓨터가 기계와 데이터를 주고받으면서 인간의 개입 없이도 스스로 상호작용하는 체계로 작동하도록 하는데 이미 사회복지 조직에도 이를 기반으로 디지털 기술이 활용되고 있고, 초연결 사회와 공동체 그리고 공유경제에 관한 관심이 증가하고 있다. 사회복지 영역에서는 향후 ITC를 활용한 공공복지 행정의 정보화, 자동화, 효율화를 높이고, 사회복지서비스 분야 칸막이로 인해 미비하였던 보건과 복지, 공공과 민간, 민간기관 간 정보연계를 확대하고, 사회복지전문가와 ITC 전문가, 보건·의료 전문가들의 융합과 협력이 더욱 강화되어야 할 것이다.

마지막으로 조직의 혁신에 있어 리더는 중요한 의사결정을 할 수 있고, 조직 구성원에게 혁신을 강조하고 고무시킬 수 있는 매우 중요한 존재이다. 따라서 변화하는 환경에 적응하고 지속 가능한 복지경영의 기틀 마련을 위한 리더십의 발굴과 리더의 진정성과 변화를 받아들이는 구성원들의 태도가 조직문화로 형성되어야 할 것이다.

표 13-6 사회복지조직의 혁신을 위한 과제

구분	내용
인식변화	• 격변하는 사회적, 경제적 환경에 적응하기 위하여 조직혁신 활동이 필수적인 활동이라는 인식의 변화
서비스· 프로그램 다양화	• 새로운 프로그램 기술과 서비스 전달 방법의 개발 • 인력의 효율적 활용, 자원봉사자 활용 방안 등 기관의 효율성을 높이기 위한 관리 방식 변화 • 새로운 재원 마련을 위한 다각적인 노력
리더십	• 비전을 갖고 조직혁신 활동을 배양하는 기관장의 리더십 • 기관 혁신이 기관구성원의 창의성에서 시작될 수 있다는 인식 • 구성원들의 창조적 아이디어 적극 수용 • 기관의 주요 결정사항에 중간계층 구성원들의 적극적인 참여 유도 • 기관 관리에 기업가 정신 접목 • 다른 사회복지기관과의 협력체계 구축 • 새로운 복지 수요 동향과 정보 파악

참고문헌 reference

강종수 (2011). 사회복지행정의 이해: 복지경영적 접근. 서울: 학지사.

경기복지재단 (2016). 사회복지노무관리매뉴얼.

경기복지재단 (2017). 사회복지관 슈퍼비전 실행체계 개발연구.

고용노동부 (2022). 노무관리가이드북.

김나리 (2022). 사회복지행정론. 서울: 어가.

김상곤 · 최승희 · 안정선 (2017). 사회복지 프로그램 개발과 평가. 서울: 학지사.

김영모 (1982). 현대사회문제론. 서울: 한국복지정책연구소.

김영종 (2001). 사회복지행정. 서울: 학지사.

김제선 (2021). 사회복지행정론. 고양: 공동체.

김종원 · 양원석 · 신현환 · 조향경 · 김동찬 · 김세진 (2011). 홍보로 사회사업하기. 서울: 푸른복지.

김태욱 (2011). 똑똑한 홍보팀을 만드는 실전홍보 세미나. 서울: 커뮤니케이션북스.

김형식 · 이영철 · 신준섭 (2007). 사회복지행정론. 파주: 양서원.

김희성 (2009). 사회복지 프로포절 작성법. 고양: 공동체.

김희성 · 함수연 · 정민아 (2017). NCS기반 사회복지행정론. 고양: 공동체.

문수열 · 김병 · 이창희 · 정정란 · 정창훈 (2013). 사회복지 프로그램 개발과 평가. 파주: 정민사.

문수열 · 박순미 · 김윤배 · 박서영 (2017). NCS기반 사회복지 프로그램 개발과 평가. 파주: 정민사.

박상진 · 김정순 (2019). 사회복지시설노무가이드북. 서울특별시사회복지사협회.

변숙영 · 홍선이 · 박지영 · 김은예 (2019). 지역사회네트워크. 한국직업능력개발원.

보건복지부 (2014). 사회복지시설안전관리매뉴얼.

보건복지부 (2022). 차세대 사회보장정보시스템 개통(2차).

보건복지부 (2023). 사회복지법인 관리안내.

보건복지부 (2023). 사회복지시설 관리안내.

보건복지부 (2023). 지역사회보장협의체 운영안내.

사회보장정보원 (2018). 사회복지시설정보시스템 매뉴얼.

사회복지공동모금회 (2018). 2019배분사업안내.

사회복지교육연구센터 (2015). 지역사회복지론. 서울: 나눔의집.

서울시복지재단 (2011). 창의아카데미 상반기 홍보 마케팅교육자료.

서울시사회복지협의회 (2016). 2016 사회복지법인 및 시설 재무회계 매뉴얼.

신복기 · 박경일 · 이명현 (2015). 사회복지행정론. 고양: 공동체.

신철민 (2011). 소셜네트워크 서비스를 이용한 홍보 마케팅 시작하기. 창의아카데미 상반기 홍보 마케팅교육자료. 서울시복지재단.

양정하 · 임광수 · 김치영 · 황인옥 · 이종운 · 박남철 (2011). 사회복지 프로그램 개발과 평가. 파주: 정민사.

오세영 (2018). 사회복지행정론. 서울: 신정.

우수명 (2008). 지역사회복지 관련 조직간 네트워크 성장에 영향을 미치는 요인 연구. 숭실대학교 대학원 박사학위논문.

윤석진 (2019). 실효적 사회복지시설 안전관리를 위한 입법과제. 중앙법학, 21(2).

이경진 (2022). 사회복지와 안전. 서울: 사람이야기.

이민홍 · 정병오 (2012). 사회복지프로그램 개발과 평가. 서울: 나눔의집.

이용표 (2005). 지역사회네트워크와 지역복지조직의 활동방향. 사회복지리뷰, 10.

이창승 · 김대석 · 나산용 (2021). 장애인거주시설 인사노무가이드북. 한국장애인복지시설협회.

이효선 · D. Garz (2007). 사회복지 실천을 위한 인간행동과 사회환경의 이해. 고양: 공동체.

전라북도사회복지협의회 (2018). 실무중심형 문서관리 완전정복.

정남숙 (2014). 노인 여가복지서비스의 지역사회 네트워크 활성화에 관한 연구: 서대문구 노인여가복지시설을 중심으로. 명지대학교 대학원 박사학위논문.

정무성 · 정진모 (2001). 사회복지 프로그램 개발과 평가. 파주: 양서원.

조달청 (2018). 물품관리업무 매뉴얼.

천정웅 · 김용환 · 김승돈 (2015). 사회복지행정론. 서울: 신정.

최선화 · 박광준 · 황성철 · 안홍순 · 홍봉선 (2008). 사회문제와 사회복지. 파주: 양서원.

최성재 · 최일섭 (1995). 사회문제와사회복지. 파주: 나남출판.

행정안전부 (2020). 2018 행정업무운영편람.

홍현미라 · 김가율 · 민소영 · 이은정 · 심선경 · 이민영 · 윤민화 (2010). 지역사회복지론. 서울: 학지사.

황성철 (2008). 사회복지 프로그램 개발과 평가. 고양: 공동체.

황희숙 (2020). 사회복지행정론. 서울: 창지사.

Merton, R. K., & Nisbet, R. (Eds.). (1971). *Contemporary social problems* (4th ed). Boston: Allyn and Bacon.

Hasenfeld, Y. (1983). *Human Service Organizations*. Englewood Cliffs, NJ: Prentice-Hall.

Hasenfeld, Y. & English, R. A. (1983). *Human Service Organizations*. Ann Arbor: The University of Michigan Press.

Patti, R. J. (1983) Social welfare administration: managing social programs in a developmental context. Prentice-Hall.

Rapp, AC. A., & Poertner, J. (1992). Social administration: A client-centered approach. Longman.

York, R. O. (1982). Human service planning: concept, tools, and methods. North Carolina: The University of North Carolina Press.

강원랜드복지재단 홈페이지 www.klf.or.kr
개인정보포털 www.privacy.go.kr
국가직무능력표준 www.ncs.go.kr
롯데재단 홈페이지 www.lottefoundation.or.kr/main.do
사회복지공동모금회 홈페이지 www.chest.or.kr
삼성복지재단 홈페이지 www.samsungfoundation.org
서울시 사회적경제지원센터 www.senavi.org
아름다운재단 홈페이지 www.beautifulfund.org
아모레퍼시픽복지재단 홈페이지 www.awf.amorepacific.co.kr
아산사회복지재단 홈페이지 www.asanfoundation.or.kr
조달청 홈페이지 www.pps.go.kr
파라다이스복지재단 홈페이지 www.paradise.or.kr
한국마사회 홈페이지 www.kra.co.kr

찾아보기 index

인명

ㄱ

ㄴ

ㄷ

ㅇ

ㅈ

A

저자소개

강순화

강남대학교 사회복지전문대학원 졸업(사회복지학박사)
현, 강남대학교 평생교육원 사회복지과 전임교수
현, 연구공간 나무와숲 소장

이경진

강남대학교 사회복지전문대학원 졸업(사회복지학박사)
수원시우만종합사회복지관, 용인시처인노인복지관 외 근무
현, 용인예술과학대학교 사회복지과 전임교수

안수경

강남대학교 사회복지전문대학원 박사수료
현, 연구공간 나무와숲 책임연구원

사회복지행정실무의 이해(2판)

초판발행 2019년 3월 10일 **1판 1쇄** | 2020년 9월 10일 **1판 2쇄**
2판발행 2023년 9월 10일 **2판 1쇄** | 2024년 9월 10일 **2판 2쇄**

지은이 강순화 이경진 안수경
펴낸이 최용구 | **펴낸곳** 도서출판 **신정**
주소 (04316) 서울시 용산구 원효로 89길 19(원효로1가)
전화 02)3211-4782, 0266(영업부), 3211-4783(편집부), 3211-4784(팩스)
이메일 sjbook2002@naver.com | **홈페이지** www.sjbook.co.kr
등록 2001년 5월 11일 제13-702호
기획마케팅 최용구 장만동 최충구 송대용 | **책임편집** 석기은 황가연

ISBN 978-89-5912-866-2 93330
정가 19,000원